Moderne Datenzugriffslösungen mit Entity Framework 6

Datenbankprogrammierung mit .NET und C#

Manfred Steyer und Dr. Holger Schwichtenberg

Moderne Datenzugriffslösungen mit Entity Framework 6

Datenbankprogrammierung mit .NET und C#

Manfred Steyer und Dr. Holger Schwichtenberg

This book is for sale at www.amazon.com

Diese Version wurde veröffentlicht am 2015-11-24

ISBN 3-934279-13-9

Leser-Website: www.IT-Visions.de/Leser
Losungswort für Registrierung: Interstellar

Inhaltsverzeichnis

Vorwort

Um die Handhabung von relationalen Datenbanken in objektorientierten Systemen natürlicher zu gestalten, setzt die Software-Industrie seit Jahren auf O/R-Mapper. O steht dabei für objektorientiert und R für relational. Diese Werkzeuge bilden demnach Konzepte aus der objektorientierten Welt, wie Klassen, Attribute oder Beziehungen zwischen Klassen auf entsprechende Konstrukte der relationalen Welt, wie zum Beispiel Tabellen, Spalten und Fremdschlüssel, ab. Der Entwickler kann somit in der objektorientierten Welt verbleiben und den O/R-Mapper anweisen, bestimmte Objekte, welche in Form von Datensätzen in den Tabellen der relationalen Datenbank vorliegen, zu laden bzw. zu speichern. Wenig interessante und fehleranfällige Aufgaben, wie das manuelle Erstellen von *INSERT*-, *UPDATE*- oder *DELETE*-Anweisungen übernimmt hierbei auch der O/R-Mapper, was zu einer weiteren Entlastung des Entwicklers führt.

Beim Entity Framework handelt es sich um einen solchen O/R-Mapper, der mittlerweile ein fixer Bestandteil von .NET ist. Dieses Buch zeigt, wie damit Datenbanken auf moderne und zeitsparende Art und Weise angesprochen werden können.

Zielgruppe

Das Buch richtet sich an Softwareentwickler, die bereits grundlegende Erfahrung mit .NET, insbesondere C#, ADO.NET und LINQ, sowie mit relationalen Datenbanken gesammelt haben und nun Entity Framework 6.x zur Erstellung von Datenzugriffscode einsetzen wollen.

Ziele und Nicht-Ziele des Buchs

Die Zielsetzung dieses Buchs ist es, dem Leser zu zeigen, wie Entity Framework verwendet werden kann, um moderne Datenzugriffsszenarien zu entwickeln. Der Fokus liegt dabei auf die Funktionsweise von Entity Framework sowie auf die dahinterliegenden Konzepten. Dazu verwendet dieses Buch eine Vielzahl an Beispielen. Das Buch geht weder auf SQL noch auf die seit .NET 3.0 vorhandene Spracherweiterung LINQ oder auf die seit Version 1.0 in .NET inkludierte Klassenbibliothek ADO.NET, auf die Entity Framework basiert, ein. Hierzu existieren bereits einige Bücher, mit denen das vorliegende Werk nicht konkurrieren möchte.

Darüber hinaus geht das Buch auch nicht auf das mittlerweile veraltete Programmiermodell rund um den *ObjectContext* ein, welches standardmäßig in Visual Studio 2010 verwendet wurde und in künftigen Versionen (ab Version 7) von Entity Framework auch nicht mehr vorhanden sein wird. Stattdessen fokussiert sich dieses Buch auf das aktuelle Programmiermodell rund um den mit Entity Framework 4.1 eingeführten *DbContext*. Dieses Programmiermodell wird seit Visual Studio

2012 standardmäßig verwendet und wird ab Version 7 das einzige vorhandene Programmiermodell darstellen.

Es ist auch nicht das Ziel dieses Buches, ein erschöpfendes Nachschlagewerk für die Vielzahl der von Entity Framework bereitgestellten Klassen und Methoden zu sein. Darüber hinaus gehen die Autoren auch davon aus, dass der Leser mit wenig Aufwand herausfinden kann, in welchem Namensraum bzw. in welcher Assembly sich eine erwähnte Klasse befindet, sofern diese nicht ohnehin durch die in Visual Studio verwendeten Vorlagen eingebunden wurden.

Besprochene Versionen

Die vorliegenden Texte wurden unter Verwendung von Entity Framework 6.1.x verfasst. Als Entwicklungsumgebung kam Visual Studio 2013 zum Einsatz. Die Benutzung unter dem am 20.7.2015 erschienenen Visual Studio 2015 ist identisch. Die genutzte .NET-Version war 4.5.2. Es gibt keine Unterschiede für Entity Framework in Verbindung mit dem am 20.7.2015 erschienenen .NET Framework 4.6.

Verwendete Programmiersprache

Das vorliegende Buch verwendet serverseitig die Programmiersprache C#. Alle Leser, die lieber mit Visual Basic .NET arbeiten, können die abgedruckten Beispiele sehr einfach mit kostenlosen Werkzeugen nach Visual Basic .NET konvertieren. Informationen dazu findet man hier[1].

Sprachversion

Dieses Buch verwendet die englische Version von Visual Studio, weil inzwischen viele deutsche Entwickler (wie auch die Autoren) die englische Version der Software bevorzugen, zumal die Übersetzungen ins Deutsche oft holprig sind und die Fehlermeldungen nur schwerer verständlich machen. Anwender einer anderen Sprachversion können über den Befehl *Tools | Options | Environment | International Settings* weitere Sprachpakete herunterladen und einrichten. Weiterhin sei noch darauf hingewiesen, dass die Anordnung der Menüs und auch einige Tastaturkürzel von den gewählten Einstellungen in Visual Studio abhängen. Alle Ausführungen in diesem Buch beziehen sich auf die Umgebungseinstellung *Common Settings*, die bei der Installation des Produkts ausgewählt werden kann.

Leserservice

Den Lesern dieses Buchs werden von den Autoren folgende Serviceleistungen im Rahmen einer zugangsbeschränkten Website angeboten:

---

[1]http://www.dotnetframework.de/tools.aspx

- Downloads: Sie können alle in diesem Buch vorgestellten Codebeispiele herunterladen.
- Diskussionsrunde: Ein webbasiertes Forum bietet die Möglichkeit, Fragen an die Autoren zu stellen. Bitte beachten Sie jedoch, dass dies eine freiwillige Leistung der Autoren ist und kein Anspruch auf eine kostenlose Betreuung besteht.
- Newsletter: Alle registrierten Leser erhalten zwei- bis viermal jährlich einen Newsletter mit aktuellen Terminen und Publikationshinweisen.
- Leserbewertung: Vergeben Sie Noten für dieses Buch und lesen Sie nach, was andere Leser von diesem Buch halten.
- Errata: Trotz eines jahrelang erprobten Vorgehensmodells und der dreifachen Qualitätskontrolle (Co-Autor, Fachlektor, Verlag) ist es möglich, dass sich einzelne Fehler in dieses Buch eingeschlichen haben. Im Webportal können Sie nachlesen, welche Fehler gefunden wurden. Sie können hier auch selbst Fehler melden, die Ihnen auffallen.

Der URL für den Zugang zum Leser-Portal lautet: http://www.dotnetframework.de/leser Bei der Anmeldung müssen Sie das Kennwort *interstellar* angeben.

Über www.IT-Visions.de

Die beiden Autoren arbeiten bei der Firma www.IT-Visions.de als Softwarearchitekten, Softwareentwickler, Trainer und Berater für .NET-Techniken. www.IT-Visions.de ist ein Verbund der deutschen Top-Experten im Bereich der Microsoft-Produkte und -Technologien insbesondere .NET. Unter Leitung und Mitwirkung des bekannten .NET-Experten Dr. Holger Schwichtenberg bietet www.IT-Visions.de:

- Strategische und technische Beratung
- Konzepte, Machbarkeitsstudien und Reviews
- Coaching bei Entwicklungsprojekten
- Technischer Support vor Ort und via Telefon, E-Mail oder Web-Konferenz
- Individuell zugeschnittene technische Vor-Ort-Schulungen und anforderungsorientierte Workshops
- Öffentliche Seminare (in Kooperation mit dem Heise-Verlag), siehe www.dotnet-akademie.de

Die Schwestergesellschaft 5Minds IT-Solutions GmbH & Co. KG bietet Softwareentwicklung (Prototypen und komplette Lösungen) sowie den Verleih von Softwareentwicklern.

Zu den Kunden gehören neben vielen mittelständischen Unternehmen auch Großunternehmen wie z.B. E.ON, Bertelsmann, EADS, Siemens, MAN, Bayer, VW, Bosch, ThyssenKrupp, Merkle, Fuji, Festo, Deutsche Post, Deutsche Telekom, Fielmann, Roche, HP, Jenoptik, Hugo Boss, Zeiss, IKEA, diverse Banken und Versicherungen sowie mehrere Landesregierungen. Firmenwebsites: http://www.IT-Visions.de und http://www.5minds.de

Über den Autor Manfred Steyer

Manfred Steyer ist Trainer und Berater bei www.IT-Visions.de sowie verantwortlich für den Fachbereich Software Engineering der Studienrichtung IT und Wirtschaftsinformatik an der FH CAMPUS 02 in Graz.

Er schreibt für das windows.developer magazin (vormals dot.net magazin) sowie Heise Developer und ist Buchautor bei O'Reilly, Microsoft Press sowie Carl Hanser. Manfred Steyer hat berufsbegleitend IT und IT-Marketing in Graz sowie Computer Science in Hagen studiert und kann auf mehr als 15 Jahren an Erfahrung in der Planung und Umsetzung von großen Applikationen zurückblicken. Er ist ausgebildeter Trainer für den Bereich der Erwachsenenbildung und spricht regelmäßig auf Fachkonferenzen.

In der Vergangenheit war Manfred Steyer mehrere Jahre für ein großes österreichisches Systemhaus tätig. In der Rolle als Bereichsleiter hat er gemeinsam mit seinem Team Geschäftsanwendungen konzipiert und umgesetzt.

Sein Weblog erreichen Sie unter http://www.softwarearchitekt.at.

Über den Autor Dr. Holger Schwichtenberg

- Studienabschluss Diplom-Wirtschaftsinformatik an der Universität Essen
- Promotion an der Universität Essen im Gebiet komponentenbasierter Softwareentwicklung
- Seit 1996 selbstständig als unabhängiger Berater, Dozent, Softwarearchitekt und Fachjournalist
- Leiter des Berater- und Dozententeams bei www.IT-Visions.de
- Leitung der Softwareentwicklung im Bereich Microsoft / .NET bei der 5minds IT-Solutions GmbH & Co. KG (http://www.5minds.de)
- 60 Fachbücher bei Microsoft Press, Addison-Wesley, O'Reilly und dem Carl Hanser-Verlag und mehr als 700 Beiträge in Fachzeitschriften
- Gutachter in den Wettbewerbsverfahren der EU gegen Microsoft (2006–2009)
- Ständiger Mitarbeiter der Zeitschriften iX (seit 1999), dotnetpro (seit 2000) und Windows Developer (seit 2010) sowie beim Online-Portal heise.de (seit 2008).
- Regelmäßiger Sprecher auf nationalen und internationalen Fachkonferenzen (z.B. TechEd, Microsoft IT Forum, Microsoft Summit, BASTA, BASTA-on-Tour, Advanced Developers Conference, .NET-Entwicklerkonferenz, OOP, VS One, Wirtschaftsinformatik, Net.Object Days, Windows Forum, DOTNET-Konferenz, XML-in-Action)
- Zertifikate und Auszeichnungen von Microsoft:
  - Microsoft Most Valuable Professional (MVP)
  - Microsoft Certified Solution Developer (MCSD)
- Thematische Schwerpunkte:
  - Microsoft .NET Framework, Visual Studio, C#, Visual Basic
  - .NET-Architektur / Auswahl von .NET-Technologien

- – Einführung von .NET Framework und Visual Studio / Migration auf .NET
- – Webanwendungsentwicklung mit IIS, ASP.NET und AJAX
- – Enterprise .NET, verteilte Systeme/Webservices mit .NET
- – Relationale Datenbanken, XML, Datenzugriffsstrategien
- – Objektrelationales Mapping (ORM), insbesondere ADO.NET Entity Framework
- – Windows PowerShell (WPS) und Windows Management Instrumentation (WMI)
- Ehrenamtliche Community-Tätigkeiten:
  - – Vortragender für die International .NET Association (INETA)
  - – Betrieb diverser Community-Websites http://www.dotnetframework.de, http://www.entwickler-lexikon.de, http://www.windows-scripting.de, http://www.aspnetdev.de u.a.
- Weblog: http://www.dotnet-doktor.de
- Kontakt: hs@IT-Visions.de sowie Telefon 0201 649590-0

Überblick

Bevor das vorliegende Werk den Einsatz von Entity Framework anhand von Beispielen veranschaulicht, beschreibt dieses Kapitel, wo die Vorteile dieses umfangreichen Datenzugriffsframeworks liegen. Darüber hinaus geht dieses Kapitel auf grundlegende Konzepte von Entity Framework sowie auf die beiden zur Verfügung stehenden Spielarten ein. Eine Diskussion über den Einsatz von Entity Framework mit verschiedenen RDBMS rundet das Kapitel ab.

Motivation

Um die Vorzüge von O/R-Mappern im Allgemeinen und Entity Framework im Speziellen aufzuzeigen, soll zunächst ein Blick auf das Listing geworfen werden. Es greift auf „klassische Weise" mit ADO.NET, dem Datenzugriffsframework, welches seit den ersten Tagen Bestandteil von .NET ist, auf eine Datenbank zu. Dabei handelt es sich um eine Codestrecke, die die meisten .NET-Entwickler inklusive der Autoren wohl schon zig mal auf die eine oder andere Weise geschrieben haben: Die *DbConnection* repräsentiert die Verbinung zur Datenbank und das *DbCommand* eine SQL-Anweisung die zur Datenbank gesendet wird. Über den *DbDataReader* greift das Beispiel auf die abgefragten Daten zu.

```
1   using (DbConnection conn = new SqlConnection(
2                "Data Source=(LocalDb)\v11.0;Initial Catalog=HotelDb;[…]"))
3   {
4       conn.Open();
5       using (DbCommand cmd = conn.CreateCommand())
6       {
7           cmd.CommandText = "select * from Hotel where RegionId = 3";
8           using (DbDataReader r = cmd.ExecuteReader())
9           {
10              while (r.Read())
11              {
12                  Console.WriteLine(r["Bezeichnung"]);
13              }
14          }
15      }
16  }
```

Obwohl die betrachtete Implementierug ihre Aufgabe erfüllt, bringt diese direkte Art des Datenzugriffs auch zahlreiche Nachteile mit sich:

- Die SQL-Anweisungen werden in Form von Strings in den Quellcode eingebettet. Bei der Entwicklung und Wartung dieser SQL-Anweisungen kann Visual Studio nicht mit Intellisense unterstützen und Fehler können nicht vom Compiler sondern erst zur Laufzeit entdeckt werden.

- Auch die abzurufenden Spaltenbezeichnungen werden in Form von Strings angeführt. Auch hierbei gibt es weder Unterstützung durch die Entwicklungsumgebung oder durch den Compiler.

- Der Entwickler hat sich mit C# für eine objektorientiete Sprache entschieden. Dieses Paradigma sieht vor, dass die Anwendung den betroffenen Problembereich in Form von untereinander interagierenden Objekten, die jenen aus der „richtigen Welt" entsprechen, widerspiegelt. Das soll die Komplexität senken und den Quellcode selbstbeschreibend gestalten. Im betroffenen Beispiel würde das bedeuten, dass der Entwickler auf Hotel-Objekte zugreifen kann. Stattdessen erhält er jedoch nur einen *DbDataReader* zum Zugriff auf eine Ergebnismenge, welche auf relationale Weise *Hotels* widerspiegelt. Der Entwickler könnte nun zwar mit den Daten aus dem *DbDataReader* Hotel-Objekte erzeugen, aber das geht mit einer Menge monotonem und fehleranfälligem Quellcode einher.

Diese Nachteile werden durch einen O/R-Mapper, wie Entity Framework, kompensiert.

Entity Framework und das Entity Data Model

Entity Framework bildet Elemente aus der relationalen Welt auf Elemente der objektorientierten Welt ab: Tabellen werden auf Klassen abgebildet, Spalten auf Eigenschaften, Datensätze auf Objekte und Fremdschlüsselbeziehungen auf Objektreferenzen. Der Entwickler muss sich somit nicht mehr selbst mit dem Brückenschlag zwischen der objektorientieren und relationalen Welt belasten. Stattdessen übergibt er Entity Framework die zu persistierenden Objekte oder fordert bei Entity Framework gespeicherte Objekte an. Entity Framework kümmert sich dabei um das Anlegen von Datensätzen für Objekte sowie um das Laden von Datensätzen und deren Transformation in Objekte.

Als O/R-Mapper erleichtert Entity Framework nicht nur den Zugriff auf relationale Datenbanken, sondern bietet darüber hinaus auch Datenbankunabhängigkeit. Dies wird unter anderem durch eine eigene Abfragesprache, die sich Entity SQL nennt und stark an SQL angelehnt ist, erreicht. Allerdings verwenden die meisten Entwickler Entity SQL nicht direkt, sondern nehmen mit der in C# und VB.NET integrierten Abfragesprache LINQ vorlieb. Die Ausprägung von LINQ, die bei der Arbeit mit dem Entity Framework zum Einsatz kommt, nennt sich LINQ to Entities und wird ohne Zutun des Entwicklers nach Entity SQL kompiliert. Dieses wird wiederum unter Verwendung des jeweiligen Datenbanktreibers in das native SQL der jeweils verwendeten Datenbank umgewandelt.

Um Elemente aus der objektorientierten Welt auf Konzepte der relationalen Welt abzubilden, bedient sich Entity Framework eines sogenannten Entity Data Models (EDM). Dabei handelt es sich um ein Modell, welches im Hauptspeicher und/oder in Form einer XML-Datei vorliegt und aus drei Submodellen besteht. Diese Submodelle nennen sich:

- Conceptual Model (Konzeptmodell)
- Store Model (Speichermodell)
- Mapping Model

Das Konzeptmodell beschreibt das zu verwendende Objektmodell, bestehend aus Klassen, sogenannten Entitäten oder Entitätsklasse, die miteinander in Beziehung stehen (können). Das Speichermodell beschreibt hingegen das einzusetzende Datenbankschema. Für den Brückenschlag zwischen der objektorientierten und der relationalen Welt ist die Map verantwortlich: Sie bildet Elemente aus dem Conceptional Model auf Elemente des Speichermodell ab. Beispielsweise beschreibt sie, dass eine Klasse *Person* auf eine Tabelle *Personen* abgebildet wird, dass ein Attribut *Id* einer Spalte *PersonId* entspricht oder dass ein bestimmter Fremdschlüssel zum Auflösen einer Objektbeziehung heranzuziehen ist. Neben den einzelnen Entitätsklassen hat der Entwicklker auch Zugriff auf einen sogenannten Kontext. Dabei handelt es sich um eine Klasse, welche von *DbContext* erbt, und den Dreh- und Angelpunkt bei der Arbeit mit der Datenbank darstellt. Beim Datenbankkontext kann der Entwickler das Laden von Objekten anstoßen und an den Datenbankkontext übergibt er auch die zu speichernden Objekte. Ob der Entwickler selbst die Entitätsklassen und den Kontext implementieren muss oder diese Artefakte generieren lassen kann, hängt von der gewählten Spielart ab. Der nächste Absatz geht darauf genauer ein.

Spielarten

Von Entity Framework existieren seit Version 4.1 zwei Geschmacksrichtungen, die hier als Spielarten bezeichnet werden. Da die Wahl der Spielart eine wichtige grundlegende Entscheidung darstellt, geht dieser Abschnitt darauf ein, bevor in den nachfolgenden Kapiteln die Arbeit mit Entity Framework anhand von Beispielen veranschaulicht wird.

Hinweis

Ab der komplett überarbeiteten Version 7 wird laut Angaben von Microsoft lediglich die zweite hier beschriebene Spielart, Code First, unterstützt.

Modell-basierte Vorgehensweise

Bei der ursprünglichen Spielart von Entity Framework liegt das Entity Data Model explizit in Form einer XML-Datei vor. In Ermangelung eines offiziellen Begriffs für diese Variante verwenden die Autoren die Bezeichnung Modell-basierte Vorgehensweise hierfür. Bei dieser Spielart generiert Visual Studio aus dem Entity Data Model Quellcode. Pro Entität erhält der Entwickler auf diesem Weg eine generierte Klasse. Diese Klassen sind mit *partial* gekennzeichnet und können somit über weitere partielle Klassen, die in anderen Dateien definiert werden, erweitert werden. Somit kann der Entwickler sicherstellen, dass seine Erweiterungen bei einer erneuten Generierung der

Entitätsklassen nicht verloren gehen. Für das Modell generiert Visual Studio darüber hinaus einen Kontext. Besteht die zu verwendende Datenbank bereits, kann der Entwickler mit den von Visual Studio gebotenen Werkzeugen daraus ein XML-basiertes Entity Data Model generieren lassen (siehe Abbildung). Hierbei spricht man von *Database First*. Der Entwickler kann hierbei das generierte Entity Data Model mit den graphischen Werkzeugen in Visual Studio einsehen und auch bearbeiten. Letzteres ist nötig, wenn er die bestehende Datenbank nicht 1:1 auf ein Objektmodell abbilden möchte. Ein Beispiel dafür ist das Abbilden von Tabellenstrukturen auf Vererbungsbeziehungen oder das Abbilden einer Tabelle auf mehrere Klassen. Wer nicht gerne mit graphischen Designern sondern lieber mit Quellcode arbeitet, kann auch die im nächsten Abschnitt beschriebene Spielart *Code First* gemeinsam mit einer bestehenden Datenbank einsetzen. Alternativ zur Vorgehensweise *Database First* kann der Entwickler auch mit dem von Visual Studio gebotenen graphischen Designer ein Entity Data Model „zeichnen" und daraus ein Datenbankschema generieren lassen (siehe übernächste Abbildung). Somit muss sich der Entwickler – zumindest theoretisch – gar nicht mit der relationalen Welt belasten. Diese Variante, welche man als *Model First* bezeichnet, ist jedoch nicht sonderlich komfortabel. Dies liegt zum einen am recht schwerfälligen Designer sowie zum anderen daran, dass Visual Studio keine Möglichkeit bietet, eine bereits bestehende Datenbank nach der Änderung des Models zu aktualisieren. Das ist auch der Grund, warum die Autoren den Einsatz von Model First nicht empfehlen. Als leichtgewichtige Alternative hierzu bietet sich die jüngere Spielart Code First, auf die der nächste Abschnitt eingeht, an.

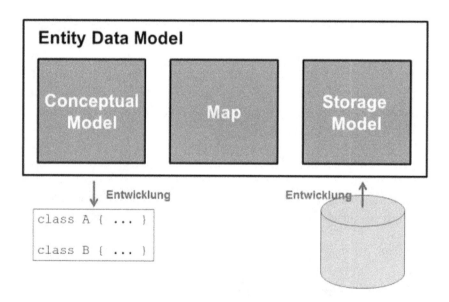

Modell-basierte Vorgehensweise mit Database First

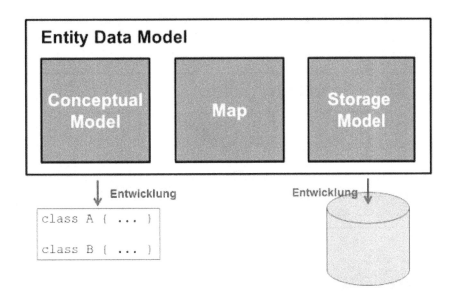

Modell-basierte Vorgehensweise mit Model First

Code First

Die jüngere Spielart *Code First*, welche mit Version 4.1 eingeführt wurde, kommt ohne explizites Entity Data Model aus. Sie sieht vor, dass der Entwickler die gewünschten Entitäten und den Kontext selbst erstellt oder aus einer Datenbank generiert. Zur Laufzeit leitet Entity Framework aus den Entitäten ein Entity Data Model ab. Dazu nutzt Entity Framework sogenannte Konventionen. Eine dieser Konventionen sieht vor, dass der Primärschlüssel einer Entität daran erkannt werden kann, dass er den Namen *Id* oder den Namen der Entität gefolgt von der Endung *Id* - z. B. HotelId für die Entität Hotel - aufweist. Möchte der Entwickler mit diesen Konventionen nicht vorlieb nehmen, kann er durch das Bereitstellen von Attributen oder Konfigurationscode daraus ausbrechen. Auch die Definition eigener Konventionen ist mittlerweile möglich.

 Hinweis

Das Produktteam bei Microsoft ist im Nachheinein selbst mit der Bezeichnung Code First nicht ganz glücklich, zumal sie suggeriert, dass der Entwickler bei dieser Spielart zwingend die Entitäten zunächst im Code erzeugen muss. Wie dieses Kapitel weiter unten zeigt, kann der Entwickler jedoch auch mit einer bestehenden Datenbank starten und daraus die nötigen Entitätsklassen generieren lassen.

Existiert noch keine Datenbank, kann der Entwickler aus dem abgeleiteten Entity Data Model eine generieren lassen. Dies kann entweder zur Laufzeit passieren oder im Zuge des Entwickelns (siehe nachfolgende Abbildung). Letzteres erlaubt auch das Generieren von SQL-Skripten, die schlussendlich von einem Administrator im Produktivsystem eingespielt werden können. Im Gegensatz zu

Model First erlaubt Code First auch das Aktualisieren von bestehenden Datenbanken anhand von Änderungen, die der Entwickler an den Entitäten oder am Konfigurationscode vorgenommen hat.

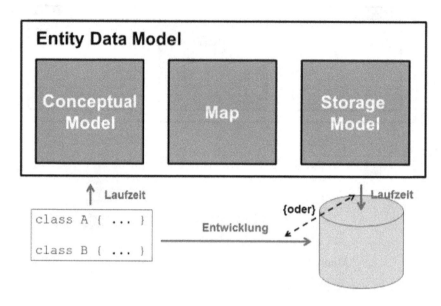

Code First

In Fällen, in denen bereits eine Datenbank existiert, kann der Entwickler Entitäten und Konfigurationscode generieren lassen (siehe Abbildung).

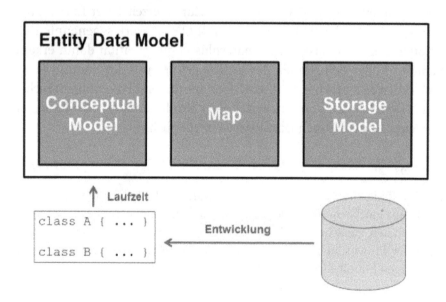

Code First mit bestehender Datenbank

Im Gegensatz zur modellbasierten Vorgehensweise bietet Code First mehr Flexibilität: Der Entwickler kann die Entitäten nach eigenem Gutdünken aufbauen sowie auf verschiedene Projekte verteilen. Darüber hinaus ist Code First gerade für Entwickler, die das Arbeiten mit Quellcode angenehmer als das Arbeiten mit einem graphischen Designer empfinden, von Vorteil. Dabei ist zu berücksichtigen, dass der graphische Designer gerade bei Datenbanken mit vielen Tabellen schnell unübersichtlich wird und sich generell ein wenig unhandsam anfühlt. Auch das Mergen von Änderungen, die parallel durch verschiedene Entwickler vorgenommen wurden, gestaltet sich bei Code First einfacher. Der wohl größte Vorteil von Code First liegt darin, dass das verwendete RDBMS besonders einfach gewechselt werden kann: Während dies bei der modellbasierten Vorgehensweise das Überarbeiten des gesamten Store-Models notwendig macht, ist hierfür bei Code First lediglich der Datenbanktreiber auszutauschen. Ein weiterer Aspekt, der für Code First steht, ist, dass Code First ab der komplett überarbeiteten Version 7 von Entity Framework die einzige unterstützte Spielart sein wird. Aus den genannten Gründen ist der Einsatz von Code First in den meisten Fällen zu bevorzugen. Da jedoch mittlerweile eine Menge Code, der auf der ursprünglichen modellbasierten Vorgehensweise basiert, vorliegt und der Einsatz dieser Vorgehensweise in bestimmten Fällen nach wie vor gerechtfertigt scheint, geht das vorliegende Werk auf beide Spielarten ein.

Datenbankunterstützung

Im Lieferumfang von .NET befindet sich lediglich Unterstützung für Microsoft SQL Server in seinen verschiedenen Ausprägungen. Allerdings stellen mittlerweile Datenbankanbieter, wie ORACLE, auch Treiber (Datenanbieter) zur Verfügung, die mit dem Entity Framework umgehen können. Daneben gibt es auch Unternehmen, wie DevArt[2] oder DataDirect[3], die sich auf die Entwicklung von Datenbankwerkzeugen spezialisiert haben und Entity Framework-fähige Treiber für verschiedenste Datenbanken anbieten. Gerade im Umfeld von ORACLE haben die Autoren mit den kostenpflichtigen Datenanbietern von DevArt sehr gute Erfahrungen gemacht, wohingegen jener von ORACLE selbst immer wieder zu Problemen geführt hat. Mittlerweile sollte man für jedes gängige RDBMS einen Entity-Framework-kompatiblen Treiber finden. Die Autoren haben in der Vergangenheit Entity Framework erfolgreich gemeinsam mit SQL Server, ORACLE, DB/2, Informix, MySQL und Sybase Anywhere eingesetzt. Entscheidet sich der Entwickler für die modellbasierte Vorgehensweise, kann es empfehlenswert sein, Visual Studio mit Tools von Drittanbietern, wie DevArt, zu erweitern. Gerade bei der Arbeit mit ORACLE-Datenbanken hat sich das Produkt *DevArt Entity Developer* (siehe den dazugehörigen Abschnitt "Devart Entity Developer" im hinteren Teil des Buches) bewährt, da es Werkzeuge bietet, die besser mit ORACLE-Datenbanken umgehen können als jene, die mit Visual Studio ausgeliefert werden und in erster Linie für SQL Server optimiert sind. Beim Einsatz von Code First muss der Entwickler hingegen weniger auf die Werkzeugunterstützung achten, da diese aufgrund seines Code-zentrierten Charakters naturgemäß keinen besonderen Stellenwert einnimmt. Code First ist auch zu bevorzugen, wenn ein Wechsel des verwendeten RDBMS zu unterstützen ist. Hierbei ist an und für sich lediglich der Datenbanktreiber auszutauschen. Manche Treiber müssen darüber hinaus mit ein paar Zeilen Code konfiguriert werden. Beim Einsatz der modellbasierten Vorgehensweise müsste der Entwickler hingegen das gesamte Store Model für die neue Datenbank austauschen, was mit erheblichem Aufwand verbunden wäre.

---

[2]http://www.devart.com

[3]https://www.progress.com/products/datadirect

Wofür Entity Framework nicht geeignet ist

Entity Framework kann mit riesigen Datenbanken ebenso wunderbar umgehen wie mit komplexen Abfragen. Wie bei allen O/R-Mappern sollte man jedoch den Einsatz von Entity Framework bei zeitkritischen Szenarien, bei denen große Datenmengen in den Hauptspeicher geladen werden müssen, kritisch hinterfragen. Beispiele hierfür sind Massenaktualisierungen oder Massenimporte. Entity Framework wird damit zwar fertig und der Quellcode wird (hoffentlich) aufgrund der Verwendung von Objekten besser lesbar sein, allerdings gibt es hierfür Lösungsansätze, die eine bessere Performance bieten. Der Grund dafür ist, dass beim Laden und Speichern riesiger Datenmengen der Overhead für die Objekt-Serialisierung häufig zu hoch ist. Möchte der Entwickler beispielsweise eine große Datenmenge mit optimaler Performance importieren, sollte er zu Werkzeugen wie Bulk Insert unter SQL Server oder Database Loader unter ORACLE greifen. Möchte der Entwickler mit optimaler Performance sämtliche Datensätze einer Tabelle nach einer bestimmten Regel aktualisieren, wird er auch mit einem direkten *UPDATE*-Befehl besser beraten sein. Ist der durch die Objekt-Serialisierung hervorgerufene Overhead zu verkraften und steht die Lesbarkeit und Wartbarkeit des Quellcodes im Vordergrund, spricht hingegen nichts gegen den Einsatz von Entity Framework. Daneben hat Entity Framework mit einem Datanbank-Schema, das sich zur Laufzeit ändert, Probleme, zumal der Entwickler das Datenbankschema im Zuge der Entwicklung auf Entitätsklassen abbildet. Auf solche Bereiche der Datenbank muss der Entwickler nach wie vor auf klassische Art und Weise, zum Beispiel unter Verwendung von ADO.NET, zugreifen.

Entitäts Modelle erstellen

Um mit Entity Framework auf Datenbanken zugreifen zu können, benötigt der Entwickler Entitätsklassen sowie einen Kontext, welcher die Datenbank repräsentiert. Dieser Abschnitt zeigt, wie der Entwickler zu diesen Artefakten kommt. Dabei geht er sowohl auf die modellbasierte Vorgehensweise als auch auf Code First ein. Auch der Einsatz von Code First mit bestehenden Datenbanken wird behandelt.

Entitätsmodell bei Model-basierter Vorgehensweise

Die folgenden Abschnitte gehen auf den Umgang mit einem expliziten Entity Data Model in Visual Studio ein. Sie erfahren, wie Sie ein solches Datenmodell anlegen, von einer bestehenden Datenbank ableiten, aktualisieren und wie Daten abgefragt werden.

Entity Data Model anlegen

Zum Anlegen eines Entity Data Models verwenden Sie innerhalb eines *ASP.NET MVC 4*-Webanwendungsprojek die Vorlage *ADO.NET Entity Data Model* (Rechtsklick auf Verzeichnis im Projektmappen-Explorer. Klicken Sie dann auf *Add, Item, Data* und *ADO.NET Entity Data* Model, vgl. Abbildung).

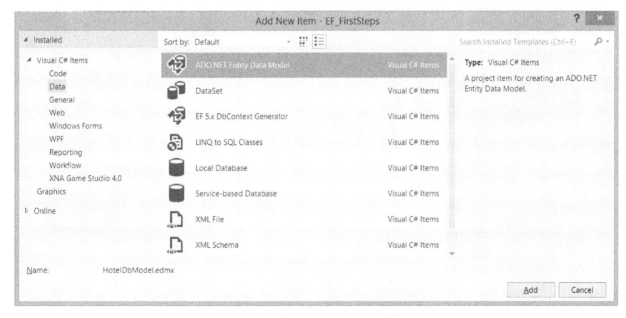

Vorlage für Entity Data Model

Dies veranlasst Visual Studio, einen Assistenten zu starten (vgl. folgende Abbildung). Diesem teilt der Entwickler mit, ob er ein Entity Data Model aus einer bestehenden Datenbank generieren lassen möchte oder ob er hingegen mit einem leeren Modell starten will. Die erste Option wird auch als Reverse Engineering oder Database First bezeichnet und bietet sich an, wenn bereits eine Datenbank besteht oder wenn sich die Entwickler entscheiden, die Datenbank auf traditionellem Weg zu erzeugen. Die zweite Option, welche als Model First bezeichnet wird, gibt dem Entwickler die Möglichkeit, ein Objektmodell zu entwerfen. Aus diesem kann Visual Studio anschließend ein Datenbankschema generieren. Über die Frage, welche Option hier die bessere ist, kann vortrefflich gestritten werden und die Entscheidung hängt in vielen Fällen von den Vorlieben des Entwicklungsteams ab. Allerdings gestaltet sich der Einsatz von Model First nicht immer einfach, vor allem dann, wenn bestehende Datenbanken anhand eines Modells aktualisiert werden sollen. Darüber hinaus ist der Designer im Fall von Model First nicht immer einfach zu verwenden. Eine Alternative zu Model First, welche diese Herausforderung nicht in diesem Ausmaß mit sich bringt, stellt das neuere Programmiermodell Code First dar.

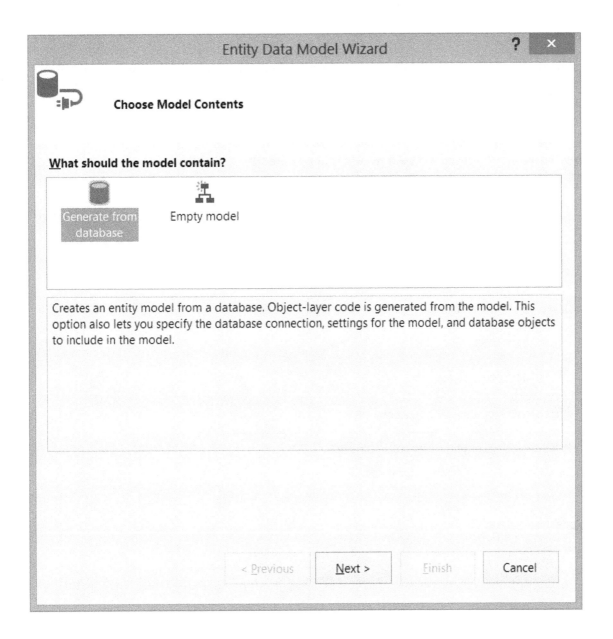

Entity Data Model aus bestehender Datenbank ableiten

Entscheidet sich der Entwickler für die Option *Generate from Database* und somit für Database First, wird er aufgefordert, Eckdaten der gewünschten Datenbank anzugeben. Anschließend wählt er jene Tabellen, Views und Stored Procedures aus, die er ins Model übernehmen möchte (vgl. nächste Abbildung).

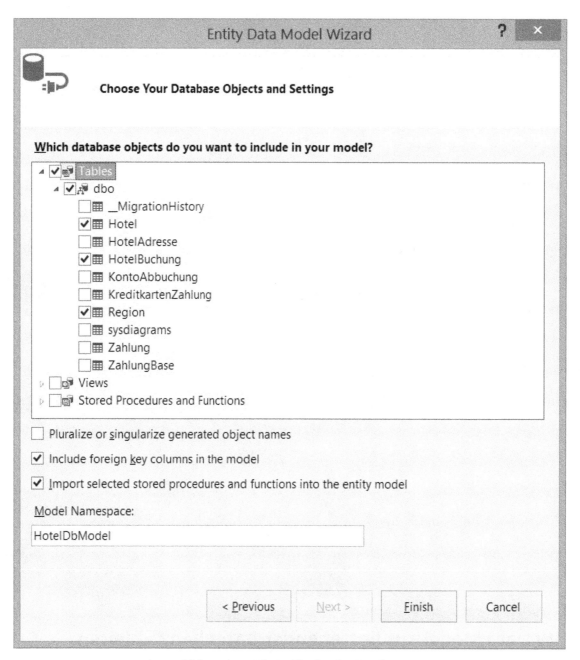

Auswahl der gewünschten Objekte bei Database First

Im Zuge dessen kann er auch drei Optionen wählen:

- Pluralize or singularize generated object names
- Include foreign key columns in the model
- Import selected stored procedures and functions into the model

Die Option *Pluralize or singularize generated object names* legt fest, dass aus dem Namen von Tabellen der Plural bzw. der Singular automatisch abgeleitet werden soll. Somit kann das Entity

Framework zum Beispiel bei einem Verweis auf ein einziges Hotel die Bezeichnung *Hotel* sowie bei einem Verweis auf mehrere Hotels die Bezeichnung *Hotels* verwenden. Dies funktioniert aufgrund eines hinterlegten Wörterbuches ganz gut für englische Bezeichnungen; mit deutschen Bezeichnungen kommt dieser Meachanismus jedoch nicht klar. Deswegen empfiehlt es sich, bei dem deutschsprachigen Datenmodell diese Option nicht zu verwenden. Stattdessen kann der Entwickler nach dem Generieren des Entity Data Models die Namen im Klassenmodell manuell pluralisieren. Mit *Include foreign key columns in the model* kann der Entwickler festlegen, ob Visual Studio Fremdschlüssel ins Objektmodell übernehmen soll. Aus rein objektorientierter Sicht ist dies nicht gewünscht, da Fremdschlüssel ein Konstrukt relationaler Datenbanken sind und keine direkte Entsprechung in der objektorientierten Welt haben. Trotzdem können Fremdschlüssel im Objektmodell sehr nützlich sein, um zusätzliche Abfragen zu vermeiden. Möchte der Entwickler zum Beispiel zu einem Hotel die Region mit der *Id 3* zuweisen, so muss er – sofern Fremdschlüssel im Objektmodell vorkommen – lediglich dem jeweiligen Fremdschlüssel den Wert *3* zuweisen. Existieren keine Fremdschlüssel im Objektmodell, müsste er hingegen die *Region 3* laden und diese anschließend dem Hotel als Objekt zuweisen. Darüber hinaus habe ich beobachtet, dass sich das Entity Framework in manchen Situationen fehlerhaft verhält, wenn die Fremdschlüssel im Objektmodell fehlen, weswegen ich generell die Option *Include foreign key columns in the model* aktiviere. Die dritte Option, *Import selected stored procedures and functions into the model*, legt fest, ob für alle ausgewählten Stored Procedures und Stored Functions Methoden zu erzeugen sind. In diesem Fall wird jedoch für jede Ergebnismenge eine eigene Klasse erzeugt, auch wenn verschiedene Stored Procedures Daten liefern, die zum selben Klasse gehören.

 Hinweis

Der hier betrachtete Assistent hinterlegt eine Datenbankverbindungszeichenfolge für die festgelegte Datenbank in der Konfigurationsdatei (*app.config* oder *web.config*). Somit kann der Entwickler die Datenbank im Nachhinein ohne Änderung des Quellcodes ändern. Die Datenbankverbindungszeichenfolge verweist auf das Entity Data Model, oder genauer: Auf eine Datei mit dem Store-Model, eine Datei mit dem Conceptual Model und auf eine Datei mit dem Mapping. Diese Dateien werden im Zuge des Kompilierens erstellt und in der Assembly als Ressource hinterlegt. Darüber hinaus beinhaltet die Datenbankverbindungszeichenfolge eine *ADO.NET*-Datenbankverbindungszeichenfolge, welche mit den Attributen des jeweiligen Treibers auf die gewünschte Datenbank verweist.

Entity Data Model einsehen und bearbeiten

Nachdem der Entwickler das Entity Data Model erzeugt hat, wird es von Visual Studio geöffnet, was dazu führt, dass das Objektmodell (das Konzeptmodell) zur Anzeige gebracht wird (siehe Abbildung). Der Entwickler hat nun die Möglichkeit, die einzelnen Tabellen und Attribute unter Verwendung des Eigenschaftenfensters zu bearbeiten. Bei Betrachtung des Objektmodells fällt auf, dass das Entity Framework zwischen zwei Arten von Eigenschaften unterscheidet: »Normale« Eigenschaften (*Properties*) und Navigationseigenschaften (*Navigation Properties*). Erstere repräsentieren Spalten aus der jeweiligen Tabelle. Letztere werden verwendet, um im Objektmodell zu navigieren. In der folgenden Abbildung weist die Tabelle *Region* zum Beispiel eine Navigationseigenschaft *Hotel* auf. Hierbei handelt es sich um eine Auflistung mit jenen Hotels, die zu der jeweiligen Region gehören. Das Hotel hat hingegen auch eine Navigationseigenschaft *Region*. Diese verweist auf die (eine einzige) Region des Hotels.

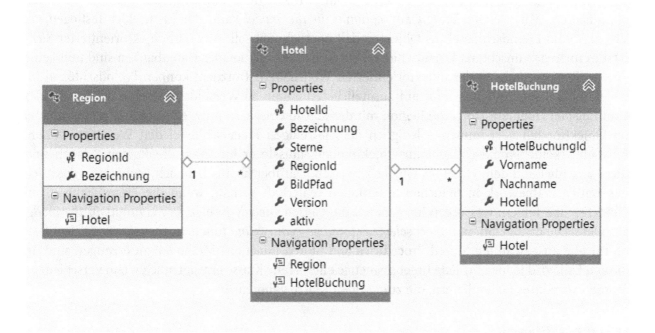

Ansicht des Objektmodells (Konzeptmodell) in Visual Studio

Wählt der Entwickler eine Entität im Entity Data Model aus, zeigt Visual Studio im Fenster *Mapping Details* Informationen darüber an, wie diese Entität auf die ihr zugrundeliegende Tabelle abgebildet wird. Falls dieses Fenster nicht angezeigt wird, kann der Entwickler es über den Menübefehl *View/Other Windows/Entity Data Model Mapping Window* einblenden.

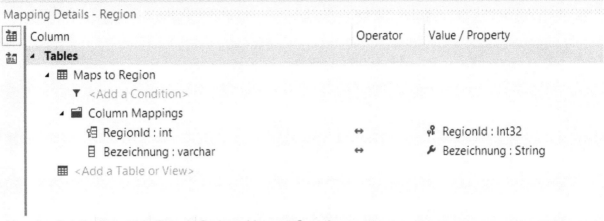

Ansicht der Map in Mapping Details

 Hinweis

M:N-Beziehungen werden im Konzeptmodell ohne Zwischentabelle dargestellt. Stattdessen erhält jede Entität eine Navigationseigenschaft, die eine Liste mit den Entitäten der anderen Seite der Beziehung beinhaltet. Erkennt das Entity Framework M:N-Beziehungen beim Einsatz von Database First, werden sie auch auf diese Art dargestellt. Dazu muss es sich allerdings um eine »echte« M:N-Beziehung handeln, deren Zwischentabelle NUR aus Fremdschlüsseln besteht, welche auf die Primärschlüssel der beiden verbundenen Tabellen verweisen. Befinden sich in der Zwischentabelle hingegen noch weitere Eigenschaften, wird die M:N-Beziehung als Kombination zweier 1:N-Beziehungen dargestellt. Darüber hinaus kann der Entwickler das Objektmodell (Konzeptmodell) zusammen mit dem Speichermodell im *Model Browser* einsehen, welchen er über *View/Other Windows/Entity Data Model Browser* einblenden kann (vgl. Abbildung).

Ansicht des Objektmodells (Konzeptmodell) sowie des Speichermodells im Model Browser

Auch das Entity Data Model selbst beinhaltet Eigenschaften, die über das Eigenschaftenfenster konfiguriert werden können. Damit Visual Studio diese dort anzeigt, klickt der Entwickler auf den leeren Hintergrund des Objektmodells. Unter diesen Eigenschaften befindet sich die Eigenschaft *Entity Container Name*. Mit dieser legt der Entwickler unter anderem den Namen der zu generierenden Datenbankkontextklasse fest. In der nächsten Abbildung wird zum Beispiel festgelegt, dass der Datenbankkontext auf den Namen *HotelDbContext* hören soll.

Eigenschaften des Entity Data Models

Geht der Entwickler nach dem Prinzip *Model First* vor, kann er mit den Werkzeugen aus der Toolbox neue Entitäten, Assoziationen und Vererbungsbeziehungen (siehe Abschnitt »Vererbung«) erstellen (siehe nächste Abbildung). Dabei ist darauf zu achten, dass die Eigenschaften für Assoziationen korrekt vergeben werden. Im Zuge dessen ist der Entwickler angehalten, für Multiplizitäten (Kardinalitäten) eine obere sowie eine untere Grenze festzulegen (0, 1 viele). Diese Angabe muss natürlich mit den Eigenschaften eines eventuell modellierten Fremdschlüssels korrelieren. Handelt es sich um eine 0..1:n-Beziehung, so muss der Fremdschlüssel *null*-Werte akzeptieren; wohingegen der Fremdschlüssel bei einer 1:n-Beziehung den Wert *null* nicht zulassen darf.

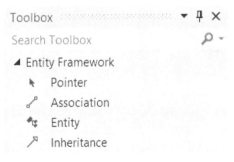

Die Toolbox

Modelliert der Entwickler M:N-Beziehungen, ist er darüber hinaus angehalten, unter *Mapping Details* für die Beziehung an sich Informationen über die zu verwendete Zwischentabelle anzugeben.

Entity Data Model nach Datenbankänderungen aktualisieren

Möchte der Entwickler beim Einsatz von Database First das Model aktualisieren, weil er zum Beispiel Änderungen am Schema durchgeführt hat oder weitere Datenbankobjekte im Modell benötigt, wählt er den Befehl *Update Model from Database* aus dem Kontextmenü des geöffneten Entity Data Models (vgl. folgende Abbildung). Anschließend zeigt Visual Studio ein Dialogfeld an, über das der Entwickler festlegen kann, welche Datenbankobjekte hinzuzufügen sind bzw. geändert wurden.

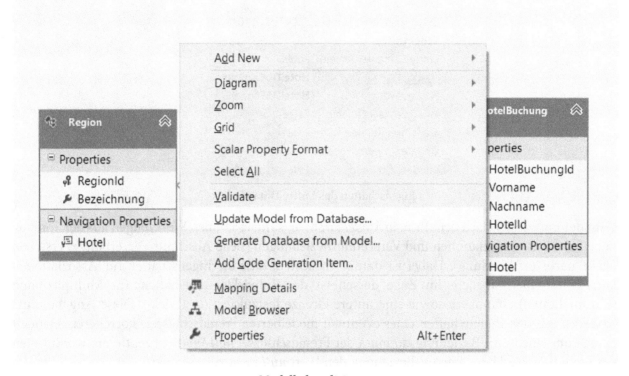

Modell aktualisieren

Mit DbContext und Entitäten arbeiten

Aus dem Entity Data Model generiert Entity Framework Entitätsklassen sowie einen *DbContext*, welcher die Datenbank repräsentiert. Mit diesen Klassen kann der Entwickler auf die Datenbank zugreifen. Während die nachfolgenden Abschnitte die damit einhergehenden Möglichkeiten im Detail besprechen, liefert das folgende Listing schon einmal einen Vorgeschmack darauf. Es instanziiert ein neues Hotel mit einer neuen Region und übergibt das Hotel an den *DbContext*. Durch den Aufruf von *SaveChanges* speichert der *DbContext* das Hotel samt Region in der Datenbank. Anschließend verwendet das betrachtete Beispiel eine LINQ-Abfrage, um einige Hotels aus der Datenbank zu laden. Durch die Verwendung von *using* existiert der *DbContext* nur für die Zeit, in der das betrachtete Beispiel abgearbeitet wird.

```
1   using (var ctx = new HotelDbContext())
2   {
3       Region r = new Region();
4       r.Bezeichnung = "Test-Region";
5
6       Hotel h = new Hotel();
7       h.Bezeichnung = "Test-Hotel";
8       h.Sterne = 3;
9       h.Region = r;
10      ctx.Region.Add(h);
11      ctx.SaveChanges();
12
13      var hotels = ctx.Hotel.Where(htl => htl.Sterne >= 3).ToList();
14
15      foreach (var hotel in hotels)
16      {
17          Debug.WriteLine(hotel.Bezeichnung);
18      }
19  }
```

Codegenerierung anpassen

Die Art und Weise, wie das Entity Framework aus dem Entity Data Model die Entitäten sowie den Datenbankkontext generiert, kann über T4-Templates angepasst werden. Bei T4 handelt es sich um eine Technologic zum Generieren von Quellcode. Eine Behandlung dieser Technologie würde den Rahmen dieses Kapitels sprengen, weswegen an dieser Stelle lediglich besprochen wird, wie der Entwickler das heranzuziehende T4-Template austauschen kann. Dazu wählt der Entwickler im Kontextmenü des Entity Data Models (Rechtsklick auf leeren Hintergrund) die Option *Add Code Generation Item*. Das daraufhin geöffnete Dialogfeld erlaubt es, im Web nach T4-Templates für das Entity Framework zu suchen und diese einzubinden. Im Zuge dessen wird eine oder mehre Dateien mit der Endung *.tt* dem Projekt hinzugefügt. Diese sind die Basis für die Codegenerierung.

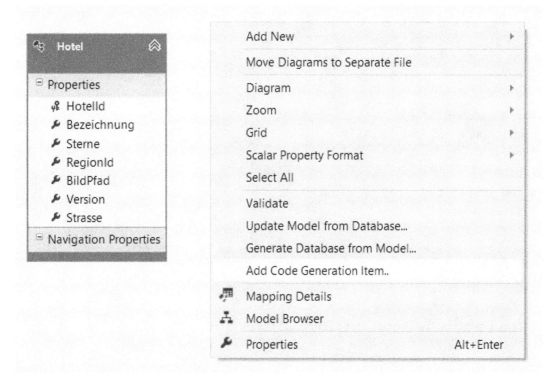

Hinzufügen eines Code Generation Item

Datenbank für Model First generieren

Um beim Einsatz von Model First aus dem erstellten Entity Data Model ein Datenbankschema zu erzeugen, wählt der Entwickler den Befehl *Generate Database from Model* aus dem Kontextmenü des geöffneten Entity Data Models (folgende Abbildung). Standardmäßig erzeugt Visual Studio daraufhin SQL-Befehle zum Erzeugen der benötigten Datenbankobjekte in einer leeren Datenbank. Hat der Entwickler jedoch die Erweiterung *Entity Designer Database Generation Power Pack* in Visual Studio 2010 installiert, wird über diesen Befehl ein Dialogfeld geöffnet, das auch das Aktualisieren bestehender Datenbanken erlaubt. Zur Fertigstellung dieses Buches existierte diese Möglichkeit noch nicht für Visual Studio 2013. Sie können sich aber behelfen, indem Sie eine zweite Datenbank für die neue Version vom Entity Framework-Designer erstellen lassen und dann mithilfe der Datenbankwerkzeuge in Visual Studio 2013 (Menü *Data/Schema Compare*) einen Schemavergleich starten, der ein Änderungsskript erstellt.

 Hinweis

Die Funktion *Schema Compare* ist nur in Visual Studio Premium und Visual Studio Ultimate verfügbar, nicht aber in der Express- oder Professional-Version.

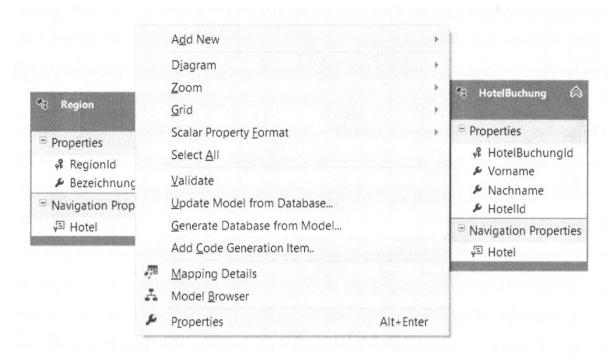

Datenbank aus Model generieren

 Hinweis

Da beim Einsatz von Database First vor dem Generieren der Datenbank keine Mapping-Informationen angegeben werden können, zeigt Visual Studio diesbezüglich zum Zeitpunkt der Datenbankgenerierung Fehlermeldungen an. Diese Fehlermeldungen können, im Gegensatz zu jenen, die sich auf die Konsistenz des Modells beziehen, ignoriert werden.

Entitätsmodell für Code First

Das Programmiermodell Code First, welches erst mit Version 4.1 eingeführt wurde und ab der kommenden Version 7 das einzige unterstützte Programmiermodell sein wird, vereinfacht die Verwendung von selbsterstellten Entitätsklassen und kommt ohne explizites Entity Data Model aus. Stattdessen wird dieses aufgrund von Konventionen hergeleitet. In Fällen, in denen diese Konventionen nicht adäquat sind, können sie übersteuert werden.

Code First erlaubt auch den Einsatz von bestehenden Datenbanken sowie das Generieren der nötigen Artefakte aus diesen. Da das Entity Data Model zur Laufzeit generiert wird, gestaltet sich auch der Wechsel des verwenden Datenbanksystems einfacher, zumal der Entwickler sich nicht um das Anpassen des Store-Models kümmern muss.

Context und Entitäten bereitstellen

Um in den Genuss von Code First zu kommen, bezieht man Entity Frameworks via NuGet. Um damit ein codebasiertes Klassenmodell, wie jenes im letzten Listing, persistent zu gestalten, wird lediglich eine Implementierung von *DbContext* benötigt (vgl. nachfolgendes Listing). Pro persistente Klasse ist eine Eigenschaft vom Typ *DbSet<T>* einzurichten. Steht eine persistente Klasse mit einer anderen in Verbindung, so muss dieser jedoch nicht zwangsläufig eine solche Eigenschaft spendiert werden.

Hinweis

Um alle Möglichkeiten von Entity Framework auszuschöpfen, sollten zumindest die Navigationseigenschaften, also Eigenschaften, die auf andere Entitäten verweisen, als virtuell definiert werden. Aber auch das Definieren aller anderen Eigenschaften als virtuell kann sinnvoll sein. Der Grund dafür ist, dass Entity Framework zur Laufzeit von den Entitäten ableitet und virtuelle Eigenschaften überschreibt. Auf diese Weise fügt Entity Framework zusätzliche Funktionalität zu den Entitäten hinzu. Informationen dazu findet man in späteren Abschnitten.

Die zu verwendende Datenbank wird beim Aufruf des Konstruktors der Basisklasse angegeben. Dabei wird zunächst versucht, in der Applikationskonfigurationsdatei eine Verbindungszeichenfolge zu finden, deren Name der hier angegebenen Zeichenkette entspricht. Kann eine solche nicht gefunden werden, wird davon ausgegangen, dass sie den Namen der zur verwendeten Datenbank in einer lokalen SQL Server Express Edition-Datenbank (Instanzname: *localhostSQLEXPRESS*) widerspiegelt. Kann auch keine Installation von SQL Server Express gefunden werden, versucht Code First SQL Server Express LocalDB heranzuziehen (Instanzname: *(localdb)\v11.0*). Dieses Verhalten kann allerdings durch das Bereitstellen einer benutzerdefinierten Verbindungsfactory angepasst werden. Dabei ist lediglich die Schnittstelle *IDbConnectionFactory* zu implementieren und eine Instanz dieser Implementierung an die statische Eigenschaft *DbDatabase.DefaultConnectionFactory* zuzuweisen. Wurde der *DbContext* erstellt, kann, wie im übernächsten Listing gezeigt, in gewohnter Manier mit den persistenten Objekten gearbeitet werden. Mit der Methode *DbDatabase.SetInitializer* kann darüber hinaus eine Strategie zur Erzeugung der benötigten Datenbank angegeben werden. Die verfügbaren Strategieimplementierungen, welche sprechende Namen tragen, nennen sich: *DropCreateDatabaseAlways*, *DropCreateDatabaseIfModelChanges* und *CreateDatabaseIfNotExists*. Wird diese Methode nicht aufgerufen und somit auf die Angabe einer Strategie verzichtet, geht das Entity Framework davon aus, dass die festgelegte Datenbank die erwartete Struktur aufweist.

Hinweis

Die hier erwähnten Initialisierungsstrategien eignen sich gut für Testszenarien, bei denen zum Beispiel bei jeder Modelländerung oder vor jeder Ausführung von automatisierten Tests die Datenbank komplett neu generiert wird – für den Einsatz in Produktivumgebungen sind sie hingegen nicht geeignet. Abhilfe schafft hier die später beschriebene Technologie, welche schlicht als *Migrations* bezeichnet wird, und das Generieren von *Migrations*-Skripten erlaubt.

```csharp
1    public class Region
2    {
3        public virtual int RegionId { get; set; }
4        public virtual string Bezeichnung { get; set; }
5        public virtual ICollection<Hotel> Hotels { get; set; }
6    }
7
8    public class Kategorie
9    {
10       public virtual int KategorieId { get; set; }
11       public virtual string Bezeichnung { get; set; }
12       public virtual ICollection<Hotel> Hotels { get; set; }
13
14       // public ICollection<Hotel> Top10InKategorie { get; set; }
15   }
16
17   public class Hotel
18   {
19       public virtual int HotelId { get; set; }
20       public virtual string Bezeichnung { get; set; }
21       public virtual int Sterne { get; set; }
22       public virtual int RegionId { get; set; }
23
24       public virtual double Preis { get; set; }
25
26       public virtual Kategorie Kategorie { get; set; }
27           // Kein Fremdschlüssel-Mapping
28
29       public virtual Region Region { get; set; }
30           // Fremdschlüsselmapping: RegionId
31
32       public virtual ICollection<Merkmal> Merkmale { get; set; }
33   }
34
35   public class Merkmal
36   {
37       public virtual int MerkmalId { get; set; }
38       public virtual int Bezeichnung { get; set; }
39
40       public virtual ICollection<Hotel> Hotels { get; set; }
41   }
```

```
1   public class HotelContext : DbContext
2   {
3       public HotelContext(): base("HotelDb-CodeFirst") { }
4
5       public DbSet<Hotel> Hotels { get; set; }
6       public DbSet<Region> Regionen { get; set; }
7   }
```

```
1   DbDatabase.SetInitializer(new DropCreateDatabaseAlways<HotelContext>());
2
3   using (var ctx = new HotelContext())
4   {
5
6       Kategorie k1 = new Kategorie() { KategorieId = 1, Bezeichnung = "Luxus" };
7
8       Region region = new Region();
9       region.Bezeichnung = "Mallorca";
10
11      Hotel h1 = new Hotel();
12      h1.Bezeichnung = "Playa Moreia";
13      h1.Kategorie = k1;
14
15      region.Hotels = new List<Hotel> { h1 };
16
17      ctx.Regionen.Add(region);
18      ctx.SaveChanges();
19
20  }
```

Standardkonventionen

Das Mapping zwischen Klassenmodell und Datenbankmodell wird bei Verwendung von Code First automatisch anhand von Konventionen erzeugt. Diese Konventionen können übersteuert werden. Darüber hinaus ist es auch möglich, eigene Konventionen zu implementieren (das wird in weiterer Folge erklärt). Laut den vorherrschenden Konventionen werden Eigenschaften als Primärschlüssel erkannt, wenn Sie den Namen *Id* oder den Klassennamen in Verbindung mit der Zeichenfolge *Id* (z. B. *RegionId* in Klasse *Region*) tragen. Auf Groß-/Kleinschreibung wird dabei keine Rücksicht genommen. Ist die auf diesem Weg erkannte Eigenschaft vom Typ *long*, *int* oder *short*, wird automatisch von Autoinkrement-Werten Gebrauch gemacht. Handelt es sich bei zwei Navigationseigenschaften in verschiedenen Klassen um jeweils ein Ende derselben Assoziation, wird dies in einfachen Fällen von Code Only erkannt. Dies ist dann möglich, wenn jeweils nur eine einzige Eigenschaft auf die jeweils andere Klasse verweist, was zum Beispiel im vorigen Listing "Code Only-Entitäten" bei *Hotel* und *Region* sowie bei *Hotel* und *Kategorie* der Fall ist. Würden jedoch die Kommentare in der Klasse *Kategorie* entfernt werden, wäre es nicht mehr möglich, automatisch zu erkennen, welche beiden der Navigationseigenschaften in *Kategorie* und *Hotel* zusammen eine bidirektionale Assoziation bilden. In diesem Fall würden drei unidirektionale Assoziationen eingerichtet werden, was sich in der Datenbank durch drei Fremdschlüssel in der Tabelle *Hotel* manifestierte.

Fremdschlüsselmappings werden anhand der folgenden Namenskonventionen erkannt:

- Name der Navigationseigenschaft + Name des Primärschlüssels der referenzierten Entität
- Name der referenzierten Entität + Name ihres Primärschlüssels oder
- Name des Primärschlüssels der referenzierten Entität. Daneben muss der Datentyp des Primärschlüsselmappings jenem des Primärschlüssels entsprechen.

Bei der Wahl der Tabellennamen wird versucht, aus den Klassennamen den Plural zu bilden, was bei nicht englischsprachigen Bezeichnungen meist nicht sonderlich glücklich aussieht. Für Many-to-Many-Assoziationen (vgl. *Hotel* und *Merkmal* in Listing "Code Only-Entitäten") wird von Code Only eine Zwischentabelle angenommen, deren Name sich aus jenen der beiden verbundenen Tabellen zusammensetzt. Diese besteht lediglich aus Fremdschlüsseln, die auf die beiden Entitäten verweisen. In Kombination ergeben diese den Primärschlüssel.

Konventionen mit Fluent API überschreiben

Code Only stellt eine Fluent-API zur Verfügung, die das Übersteuern der im letzten Abschnitt beschriebenen Konventionen erlaubt. Angewandt wird diese API innerhalb der von *DbContext* geerbten Methode *OnModelCreating*, welche zu diesem Zwecke zu überschreiben ist. Das folgende Listing zeigt anhand des besprochenen Beispiels aus dem Listing "Code Only-Entitäten" die Möglichkeiten dieser API auf. Details zu den eigentlich sprechenden Methodenaufrufen können den Kommentaren im Quellcode entnommen werden. Zur Wahrung der Übersichtlichkeit können die API-Aufrufe für einen bestimmten Typ in einer eigenen Klasse gesammelt werden (vgl. das übernächste Listing), wobei Instanzen dieser Klassen innerhalb von *OnModelCreating* in der Auflistung *modelBuilder.Configurations* zu registrieren sind (siehe letzte Zeile im folgenden Listing).

```
1  public class HotelContext : DbContext
2  {
3      public HotelContext() : base("HotelDb-CodeFirst-2") { }
4
5      public DbSet<Hotel> Hotels { get; set; }
6      public DbSet<Region> Regionen { get; set; }
7
8      protected override void OnModelCreating(ModelBuilder modelBuilder)
9      {
```

```
10      // Die Standard-Konvention, die für Tabellennamen den Plural
11      // des jeweiligen Klassennamens heran zieht, entfernen.
12      modelBuilder.Conventions.Remove<PluralizingTableNameConvention>();
13
14      // Die Klasse Region auf die Tabelle Regionen mappen.
15      modelBuilder
16          .Entity<Region>().ToTable("Regionen");
17
18      // Eigenschaft TouristenPreis aus Mapping ausschließen
19      modelBuilder
20          .Entity<Hotel>().Ignore(h => h.TouristenPreis);
21
22      // RegionCode als PK für Region festlegen
23      modelBuilder
24          .Entity<Region>()
25          .HasKey(r => r.RegionCode);
26
27      // Autoinkrementwerte für RegionCode deaktivieren
28      modelBuilder
29          .Entity<Region>()
30          .Property(r => r.RegionCode)
31          .HasDatabaseGenerationOption(DatabaseGenerationOption.None);
32
33      // Externe Konfiguration hinzufügen
34      modelBuilder.Configurations
35          .Add(new KategorieEntityTypeConfiguration());
36
37    }
38  }
```

```
1   public class KategorieEntityTypeConfiguration :
2                                    EntityTypeConfiguration<Kategorie>
3   {
4       public KategorieEntityTypeConfiguration()
5       {
6           this.ToTable("KategorieTable");
7       }
8   }
```

Das nächste Listing veranschaulicht anhand von Beispielen, wie man mit der Fluent-API Beziehungen zwischen Klassen festlegen kann. Dabei ist zu beobachten, dass Methoden, die mit *Has* beginnen, die Kardinalität zwischen der betrachteten und einer benachbarten Klasse festlegen. Daraufhin aufgerufene Methoden, welche mit *With* beginnen, definieren hingegen die Kardinalität zwischen der benachbarten und der betrachteten Klasse. Die Endung *Optional* (*HasOptional*, *WithOptional*) steht für die Kardinalität 0 bis 1, die Endung *Required* (*HasRequired*, *WithRequired*) für genau 1 (1 bis 1) und die Endung *Many* (*HasMany*, *WithMany*) für beliebig viele (was auch 0 inkludiert). Bei einer m:n-Beziehung kann der Entwickler über die Methode *Map* auch Details zur Zwischentabelle festlegen. Macht er das nicht, sehen die standardmäßig vorherschenden Konventionen vor, dass eine Zwischentabelle, deren Namen sich aus den Namen der beiden zu verbindenden Tabellen zusammensetzt, vorherrscht. Legt der Entwickler 1:n-Beziehung fest, ohne den Fremdschlüssel als Attribut in die Entität aufnehmen zu wollen, hat er dies mit *IsIndependent* anzuzeigen. In weiterer Folge referenziert er mit *Map* den Schlüssel auf der anderen Seite und gibt den Namen des in der Tabelle zu erwartenden Fremdschlüssels als String an.

```
1   // Beziehung zwischen Hotel und Region festlegen und
2   // im Zuge dessen das dazugehörige Fremdschlüsselmapping
3   // angeben sowie Löschweitergabe deaktivieren.
4   modelBuilder
5       .Entity<Region>()
6       .HasMany(r => r.Hotels) // Region hat viele Hotels
7       .WithRequired(h => h.Region) // Hotel hat genau eine Region
8       .HasForeignKey(p => p.RegionCode)
9       .WillCascadeOnDelete(false);
10
11  // Beziehung zwischen Hotel und Kategorie mappen und
12  // dabei den Namen des Fremdschlüssels, der für diese
13  // Beziehung, die _nicht_ gemappt wurde, festlegen.
14  modelBuilder
15      .Entity<Hotel>()
16      .HasOptional<Kategorie>(h => h.Kategorie) // Hotel hat 0..1 Kategorien
17      .WithMany(k => k.Hotels) // Kategorie hat viele Hotels
18      .IsIndependent()
19          .Map(m => m.MapKey(k => k.KategorieId, "KategorieId"));
20
21  // Mapping für M:N-Beziehung inkl. Name und Aufbau der Zwischentabelle
22  // festlegen
23  modelBuilder
24      .Entity<Hotel>()
25      .HasMany<Merkmal>(h => h.Merkmale)
26      .WithMany(m => m.Hotels)
27      .Map(
28          m => {
29              m.MapLeftKey( h=>h.HotelId, "HotelId");
30              m.MapRightKey(mm => mm.MerkmalId, "MarkmalId");
```

```
31              m.ToTable("Hotel_Merkmal_Links");
32          });
```

 Hinweis

Auch wenn bidirektionale Beziehungen bei Entitätsklassen die Regel sind, hat der Entwickler die Möglichkeit, unidirektionale Beziehungen zu definieren. Mit unidirektional ist gemeint, dass nur eine Entität auf die andere verweist. Beispielsweise könnte die Klasse *Region* auf *Hotels* verweisen ohne dass die Klasse *Hotel* zurück auf die *Region*, in der es vorkommt, verweist. Möchte der Entwickler so etwas machen, verwendet er von *WithXXX* (*WithOptional*, *WithRequired*, *WithMany*) eine Überladung, die keine Parameter erwartet.

Konventionen mit Attributen übersteuern

Alternativ oder ergänzend zur Fluent-API stehen auch Attribute (engl. Data Annotations) zur Verfügung, welche direkt auf die Entitäten und deren Eigenschaften angewandt werden können. Diese Attribute sind zwar weniger mächtig als die zuvor vorgestellte Fluent-API, dafür jedoch auch einfacher zu verwenden. Das folgende Listing demonstriert deren Anwendung anhand ausgewählter und teilweise erweiterter Klassen aus dem hier betrachteten Beispiel. In der nachfolgenden Tabelle findet sich eine Beschreibung dieser Attribute.

```
1    [Table("RegionenTab")]
2    public class Region
3    {
4        [Key]
5        [Column(Name="Region_Code", Order=1)]
6        [DatabaseGenerated(DatabaseGenerationOption.None)]
7        public virtual int RegionCode { get; set; }
8
9        [MaxLength(27)]
10       [Required]
11       [Column(Name = "Bez", Order = 3)]
12       public virtual string Bezeichnung { get; set; }
13       public virtual ICollection<Hotel> Hotels { get; set; }
14
15       public virtual ICollection<Hotel> TopRanked { get; set; }
16
17       [Column(Name = "Version", Order = 2, TypeName="bigint")]
18       public virtual int Version { get; set; }
19   }
20
```

```
21
22      public class Hotel
23      {
24          public virtual int HotelId { get; set; }
25          public virtual string Bezeichnung { get; set; }
26          public virtual int Sterne { get; set; }
27
28          [InverseProperty("TopRanked")]
29          public virtual Region TopRankedInRegion { get; set; }
30
31          public virtual int RegionCode { get; set; }
32
33          public virtual double Preis { get; set; }
34
35          [NotMapped]
36          public virtual double TouristenPreis { get { return Preis * 2; } }
37
38          public virtual Kategorie Kategorie { get; set; }
39
40          [ForeignKey("RegionCode")]
41          [InverseProperty("Hotels")]
42          public virtual Region Region { get; set; }
43          public virtual ICollection<Merkmal> Merkmale { get; set; }
44      }
```

Attribut	Beschreibung
Column	Legt Details zur Spalte fest, wie Name, Typ oder Reihenfolge.
ForeignKey	Legt den Namen des zu einer Navigationseigenschaft gehörigen Fremdschlüsselmappings fest, wenn es auf eine Navigationseigenschaft angewendet wird. Wird dieses Attribut hingegen auf ein Fremdschlüsselmapping angewendet, legt es den Namen der dazugehörigen Navigationseigenschaft fest.
InverseProperty	Legt bei bidirektionalen Assoziationen den Namen der Eigenschaft auf der anderen Seite fest.
Key	Definiert die Eigenschaft als Primärschlüssel.
MaxLength	Legt die maximale Länge fest.
NotMapped	Legt fest, dass das annotierte Feld nicht gemappt werden soll.
Required	Definiert die Eigenschaft als not null.
Table	Legt den Namen der Tabelle sowie optional den Namen des zu verwendenden Schemas fest.

Zusammengesetzte Schlüssel

Um zusammengesetzte Primärschlüssel zu definieren, kann der Entwickler mehrere Eigenschaften mit dem Attribut Key annotieren. Da bei zusammengesetzten Schlüsseln die Reihenfolge der betroffenen Spalten wichtig ist, muss der Entwickler dabei mit dem Attribut *Column* eine Ordnungszahl angeben. Dasselbe gilt für zusammengesetzte Fremdschlüssel. Das nächste Listing veranschaulicht dies. Die Verwendung von *Column* zum Festlegen der Spaltenreihenfolge innerhalb von Primär- und Fremdschlüssel ist nicht unproblematisch, denn das Attribut *Column* bezieht sich auf eine Eigenschaft und nicht auf einen Schlüssel. Aus diesem Grund ergeben sich Probleme, wenn ein und dieselbe Spalte in mehreren Schlüsseln an einer unterschiedlichen Stelle vorkommt, denn dieser Umstand kann schlicht und ergreifend nicht mit Attributen modelliert werden. Der Entwickler kann dieses Problem durch den Einsatz der Fluent-API vermeiden.

```
1   class Rechnung
2   {
3       public Rechnung()
4       {
5           Positionen = new List<Position>();
6       }
7
8       [Key, Column(Order = 0)]
9       public int RechnungId { get; set; }
10
11      [Key, Column(Order = 1)]
12      public int KundeId { get; set; }
13
14      public DateTime Datum { get; set; }
15      public virtual List<Position> Positionen { get; set; }
16
17  }
18
19  class Position
20  {
21      public Position()
22      {
23          Zimmer = new List<Zimmer>();
24      }
25
26      [Key, Column(Order = 0)]
27      [ForeignKey("Rechnung")]
28      public int KundeId { get; set; }
29
30      [Key, Column(Order = 1)]
```

```
31      [ForeignKey("Rechnung")]
32      public int RechnungId { get; set; }
33
34      [Key, Column(Order = 2)]
35      public int PositionId { get; set; }
36
37      public virtual Rechnung Rechnung { get; set; }
38      public virtual List<Zimmer> Zimmer { get; set; }
39
40      public string Beschreibung { get; set; }
41      public double Betrag { get; set; }
42  }
```

Ein Beispiel für die Definition zusammengesetzter Primär- und Fremdschlüssel findet sich im nachfolgenden Listing. Es zeigt, dass der Entwickler sowohl beim Einsatz von *HasKey* als auch beim Einsatz von *HasForeignKey* ein anonymes Objekt, das aus den Schlüsselspalten besteht, retournieren kann. Die Reihenfolge, in der die Eigenschaften ins anonyme Objekt aufgenommen werden, entspricht dabei der Reihenfolge, in der sie auch im Schlüssel vorkommen.

```
1   modelBuilder
2       .Entity<Rechnung>()
3       .HasKey(r => new { r.KundeId, r.RechnungId });
4
5   modelBuilder
6       .Entity<Position>()
7       .HasKey(p => new { p.KundeId, p.RechnungId, p.PositionId });
8
9   modelBuilder
10      .Entity<Zimmer>()
11      .HasKey(z => new { z.HotelId, z.ZimmerId });
12
13  modelBuilder
14      .Entity<Rechnung>()
15      .HasMany(r => r.Positionen)
16      .WithRequired(p => p.Rechnung)
17      .HasForeignKey(p => new { p.KundeId, p.RechnungId });
```

Daneben gibt jede Methode der Fluent-API, welche eine Fremdschlüsselspalte in Form eines Strings erwartet, dem Entwickler auch die Möglichkeit, mehrere Spalten anzuführen (vgl. folgendes Listing).

```
1   modelBuilder
2       .Entity<Position>()
3       .HasMany(p => p.Zimmer)
4       .WithMany(z => z.Positionen)
5       .Map(c => {
6           c.MapLeftKey("KundeId", "RechnungId", "PositionId")
7               .MapRightKey("HotelId", "ZimmerId")
8               .ToTable("Position_Zimmer");
9       });
```

Benutzerdefinierte Konventionen bei Code First

Vor Version 6 musste der Entwickler beim Einsatz von Entity Framework Code First entweder die von Microsoft vorgegebenen Konventionen verwenden oder jedes Mal, wenn er davon abweichen wollte, diesen Umstand über die Konfiguration kundtun. Letzteres ist besonders umständlich, wenn die gesamte Anwendung Konventionen, die von jenen von Microsoft abweichen, verwendet. Für solche Fälle bietet Entity Framework ab Version 6 dem Entwickler die Möglichkeit, eigene Konventionen zu definieren. Dazu konfiguriert er Entity Framework wie gewohnt unter Verwendung der Fluent-API, ohne sich dabei auf konkrete Typen oder Eigenschaften zu beziehen. Aus diesem Grund ist hierbei auch von *Configuration Conventions* die Rede. Daneben bietet Entity Framework ab Version 6 auch das Konzept der *Modelbased Conventions*. Diese sind etwas komplexer als *Configuration Conventions* und für Fälle gedacht, in denen der Entwickler mit deren Möglichkeiten nicht mehr auskommt. Im Gegensatz zu *Configuration Conventions* kommen *Modelbased Conventions* erst zum Einsatz, nachdem Entity Framework aus den Klassen ein Entity-Data-Model abgeleitet hat, um dieses nach bestimmten Regeln abzuändern. Dieser Abschnitt zeigt, wie diese beiden Arten von Konventionen genutzt werden können.

Configuration Conventions

Ein Beispiel für eine *Configuration Convention* findet sich im nachfolgenden Listing. Dieses definiert unter anderem, dass sämtliche Eigenschaften in allen Entitäten, deren Namen sich aus dem Namen ihrer Entität (*DeclaringType*) und der Endung *Code* zusammensetzen, Primärschlüssel sind. Die zweite Anweisung bezieht sich auf sämtliche Eigenschaften, die mit dem (benutzerdefinierten) Attribut *UnicodeAttribute* annotiert wurden und prüft anhand dessen Eigenschaft *IsUnicode*, ob das annotierte Feld einer unicode-basierten Spalte (*nvarchar*) in der Datenbank entspricht. Mit dieser Information wird die annotierte Eigenschaft konfiguriert. Im Gegensatz zur ersten Anweisung verwendet die hier betrachtete nicht die Methode *where*, sondern *having*, um die gewünschten Eigenschaften zu selektieren. Während der Entwickler beim Einsatz von *where* einen *bool*, der anzeigt, ob er mit der vorliegenden Anweisung die jeweilige Eigenschaft konfigurieren möchte, retourniert, liefert *having* ein Objekt zurück. Ist dieses Objekt *null*, geht Entity Framework davon aus, dass der Entwickler die geprüfte Eigenschaft nicht konfigurieren möchte. Ansonsten führt Entity Framework den in *Configure* angegebenen Lambda-Ausdruck zum Konfigurieren der vorliegenden Eigenschaft aus und übergibt an diesen neben dem Konfigurationsobjekt das von *having* zurückgelieferte Objekt als zweiten Parameter. Die dritte Anweisung im nächsten Listing bezieht sich nicht auf Eigenschaften sondern auf Typen und legt fest, dass jede Klasse auf eine gleichnamige Tabelle abgebildet werden soll. Auch hier könnte der Entwickler durch den Einsatz von *where* und *having* die Menge der zur Verfügung stehenden Typen einschränken. Anschließend aktiviert das Listing zwei Konventionen, die in eigene Klassen ausgelagert wurden. Bei *DateTime2Convention* (vgl. übernächstes Listing) handelt es sich um eine Klasse, welche von *Convention* erbt und auf die gewohnte Weise in ihrem Konstruktor die gewünschte Konvention definiert.

```
modelBuilder
    .Properties()
    .Where(p => p.Name == p.DeclaringType.Name + "Code")
    .Configure(p => p.IsKey());

modelBuilder
    .Properties()
    .Having(p => p.GetCustomAttributes<UnicodeAttribute>().FirstOrDefault())
    .Configure( (c, attr) =>
        {
            var isUnicode = attr.IsUnicode;
            c.IsUnicode(isUnicode);
        });

modelBuilder.Types().Configure(c => c.ToTable(c.ClrType.Name));

modelBuilder.Conventions.Add<DateTime2Convention>();
modelBuilder.Conventions.Add<NoCascadeConvention>();
```

Beispiele für Convention Configurations

```
public class DateTime2Convention : Convention
{
    public DateTime2Convention()
    {
        this.Properties<DateTime>()
                .Configure(c => c.HasColumnType("datetime2"));
    }
}
```

Modellbasierte Konventionen

Bei der am Ende des vorletzten Listings konfigurierten *NoCascadeConvention* handelt es sich um eine sogenannte modellbasierte Konvention, welche sich von den bis dato betrachteten *Configuration*

Conventions unterscheidet. Modellbasierte Konventionen werden eingesetzt, um das Entity Data Model, welches beim Einsatz von Code Only unter Verwendung der Konfiguration aus den vorliegenden Klassen abgeleitet wird, abzuändern. Dabei wird zwischen zwei Arten modellbasierter Konventionen unterschieden: Jene, die *IStoreModelConvention<T>* implementieren, ändern das Storage Model des Entity Data Models ab; jene die *IConceptualModelConvention<T>* implementieren, das konzeptionelle Modell. Der Typparameter dieser Klassen muss vom Typ *MetadataItem* oder eines dessen Subtypen sein. Durch das Festlegen eines *MetadataItem-Derivats* definiert der Entwickler, welche Aspekte des jeweiligen Models anzupassen sind. Einen Überblick über die verfügbaren *MetadataItem-Derivate* findet sich in der folgenden Abbildung. Die im darauffolgenden Listing gezeigte *NoCascadeConvention* implementiert *IConceptualModelConvention* und fixiert den Typparameter auf *AssociationType*. Somit setzt Entity Framework diese Klasse ein, um im konzeptionellen Modell Assoziationen (Beziehungen) zwischen Entitäten zu modifizieren. Die Logik, die im Zuge dessen auszuführen ist, findet sich in der Methode *Apply*, welche sämtliche Enden der Assoziation iteriert und konfigurierte Löschweitergaben (Löschkaskaden) deaktiviert.

```
⊟ ⚙ Metadataltem
   ⊞ ᴰ Base Types
   ⊟ ⚙ Derived Types
         ⚙ System.Data.Entity.Core.Metadata.Edm.ForeignKeyBuilder
         ⊟ ⚙ System.Data.Entity.Core.Metadata.Edm.GlobalItem
            ⊞ ⚙ System.Data.Entity.Core.Mapping.Map
            ⊟ ⚙ System.Data.Entity.Core.Metadata.Edm.EdmType
               ⊟ ⚙ System.Data.Entity.Core.Metadata.Edm.StructuralType
                  ⊟ ⚙ System.Data.Entity.Core.Metadata.Edm.EntityTypeBase
                     ⊟ ⚙ System.Data.Entity.Core.Metadata.Edm.RelationshipType
                           ⚙ System.Data.Entity.Core.Metadata.Edm.AssociationType
                     ⊟ ⚙ System.Data.Entity.Core.Metadata.Edm.EntityType
                           ⚙ System.Data.Entity.Core.Metadata.Edm.ClrEntityType
                  ⊟ ⚙ System.Data.Entity.Core.Metadata.Edm.ComplexType
                        ⚙ System.Data.Entity.Core.Metadata.Edm.ClrComplexType
                     ⚙ System.Data.Entity.Core.Metadata.Edm.RowType
               ⊟ ⚙ System.Data.Entity.Core.Metadata.Edm.SimpleType
                  ⊟ ⚙ System.Data.Entity.Core.Metadata.Edm.EnumType
                        ⚙ System.Data.Entity.Core.Metadata.Edm.ClrEnumType
                     ⚙ System.Data.Entity.Core.Metadata.Edm.PrimitiveType
               ⚙ System.Data.Entity.Core.Metadata.Edm.CollectionType
               ⚙ System.Data.Entity.Core.Metadata.Edm.EdmFunction
               ⚙ System.Data.Entity.Core.Metadata.Edm.RefType
            ⚙ System.Data.Entity.Core.Metadata.Edm.EntityContainer
         ⊟ ⚙ System.Data.Entity.Core.Metadata.Edm.EdmMember
            ⊟ ⚙ System.Data.Entity.Core.Metadata.Edm.RelationshipEndMember
                  ⚙ System.Data.Entity.Core.Metadata.Edm.AssociationEndMember
            ⚙ System.Data.Entity.Core.Metadata.Edm.EdmProperty
            ⚙ System.Data.Entity.Core.Metadata.Edm.NavigationProperty
         ⊟ ⚙ System.Data.Entity.Core.Metadata.Edm.EntitySetBase
            ⊟ ⚙ System.Data.Entity.Core.Metadata.Edm.RelationshipSet
                  ⚙ System.Data.Entity.Core.Metadata.Edm.AssociationSet
            ⚙ System.Data.Entity.Core.Metadata.Edm.EntitySet
         ⚙ System.Data.Entity.Core.Metadata.Edm.AssociationSetEnd
         ⚙ System.Data.Entity.Core.Metadata.Edm.Documentation
         ⚙ System.Data.Entity.Core.Metadata.Edm.EnumMember
         ⚙ System.Data.Entity.Core.Metadata.Edm.Facet
         ⚙ System.Data.Entity.Core.Metadata.Edm.FunctionParameter
         ⚙ System.Data.Entity.Core.Metadata.Edm.MetadataProperty
         ⚙ System.Data.Entity.Core.Metadata.Edm.ReferentialConstraint
         ⚙ System.Data.Entity.Core.Metadata.Edm.TypeUsage
         ⚙ System.Data.Entity.Core.Metadata.Edm.EdmModel
```

Derivate von MetadataItem

```
1   // Modellbasierte Konvention
2   public class NoCascadeConvention : IConceptualModelConvention<AssociationType>
3   {
4       public void Apply(AssociationType item, DbModel model)
5       {
6           foreach(var m in item.AssociationEndMembers) {
7               if (m.DeleteBehavior == OperationAction.Cascade)
8               {
9                   m.DeleteBehavior = OperationAction.None;
10              }
11          }
12      }
13  }
```

Automatisches Migrieren von Datenbanken

Durch den Mechanismus *Migrations* kann der Entwickler Datenbankschemata nach Änderungen und Erweiterungen an den Code-First-Entitäten aktualisieren lassen. Um *Migrations* für ein Code First-basiertes Projekt zu aktivieren, setzt der Entwickler in der *Package Manager Console* in Visual Studio, welche über *View/Other Windows/Package Manager Console* erreichbar ist, die folgende Anweisung ab:*Enable-Migrations*

Die *Package Manager Console* hat zwar nichts mit dem Entity Framework zu tun, allerdings bietet sie die Möglichkeit, Powershell-Skripte direkt über Visual Studio auszuführen und genau davon macht *Migrations* Gebrauch. Nach der Aktivierung steht im Ordner *Migrations* eine Klasse *Configuration* zur Verfügung. Diese erbt von *DbMigrationsConfiguration<T>*, wobei der Typparameter T auf den heranzuziehenden DbContext zu fixieren ist. Die Methode *Seed* wird im Zuge jeder Migration aufgerufen und kann zum Anlegen von vorgegebenen Datensätzen herangezogen werden.

```
1   namespace HotelSample.Migrations
2   {
3       using System;
4       using System.Data.Entity;
5       using System.Data.Entity.Migrations;
6       using System.Linq;
7
8       internal sealed class Configuration :
9                       DbMigrationsConfiguration<HotelContext>
10      {
11          public Configuration()
12          {
13              AutomaticMigrationsEnabled = true;
14          }
```

```
15
16          protected override void Seed(HotelContext context)
17          {
18              base.Seed(context);
19          }
20      }
21  }
```

Innerhalb des Konstruktors wird mit der Eigenschaft *AutomaticMigrationsEnabled* festgelegt, ob das Datenbankschema automatisch anhand eines Vergleichs mit den Entitätsklassen aktualisiert werden darf. Wurde diese Option aktiviert, kann das Datenbankschema jederzeit aktualisiert werden, indem die Anweisung *Update-Database* in der Package Manager Console aufgerufen wird (siehe Abbildung). Dabei wird aus den erkannten Modifikationen eine sogenannte Migration erzeugt und die Datenbank damit aktualisiert. Der Name dieser Migration wird auf der Konsole ausgegeben; Informationen zur Migration selbst werden in der automatisch eingerichteten Systemtabelle __*MigrationHistory* gespeichert. Wie weiter unten beschrieben, kann zu einem späteren Zeitpunkt eine Schemaversion, die mit einer bestimmten Migration in Verbindung gebracht wird, wiederhergestellt werden, indem der Name dieser Migration beim Aufruf von *Update-Database* angegeben wird.

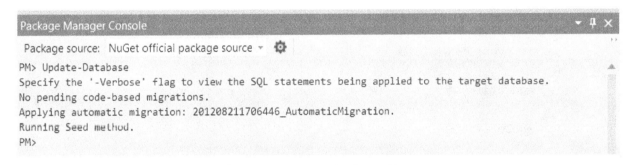

Aktualisieren einer Datenbank mit Migrations

In Fällen, in denen die Aktualisierung des Schemas zum Verlust von Daten führen würde, ist dieser Befehl mit dem Parameter *-force* aufzurufen. Der Parameter *-verbose* führt hingegen dazu, dass die im Zuge der Schemamigration übersendeten SQL-Anweisungen auch ausgegebenen werden. Wurde *AutomaticMigrationsEnabled* nicht aktiviert, müssen die erkannten Modifikationen zunächst in Form einer Klasse, welche die durchzuführende Migration repräsentiert, dokumentiert werden. Dazu wird der Befehl *Add-Migration Migration-Name* ausgeführt, wobei *Migration-Name* für den benutzerdefinierten Namen der Migration steht. Das Ergebnis dieser Operation ist eine Klasse, welche die von Migrations erkannten Aktualisierungen wiederspiegelt (siehe nachfolgendes Listing). Diese Klasse erbt von *DbMigration* und weist zwei überschriebene Methoden auf: *Up* und *Down*. Die Methode *Up* wird ausgeführt, um die Migration durchzuführen; *Down* um sie wieder rückgängig zu machen. Der Entwickler kann diese Klasse um zusätzliche Aspekte der Migration erweitern. Im folgenden Listing wurde zum Beispiel definiert, dass die hinzugefügte Spalte *Land* eine maximale Länge von 5 sowie den Standardwert *DE* haben soll. Dazu wurden der Methode *String*, welche eine auf Strings basierende Spalte einrichtet, entsprechende Parameter verpasst. Möchte der Entwickler bestimmte SQL-Anweisungen im Zuge der Migration ausführen, kann er dies durch Aufruf der Methode *Sql* veranlassen. Um alle anstehenden Migrationen durchzuführen, ist *Update-Database* auszuführen. Soll jedoch lediglich auf eine bestimmte Version der Datenbank migriert werden, ist der Name der gewünschten Migration im Zuge des Aufrufs von *Update-Database* anzugeben. Ein Aufruf von *Update-Database -TargetMigration:"MyMigration"* führt zum Beispiel dazu, dass jene Version, die mit der Migration *MyMigration* assoziiert ist, eingespielt wird. Somit besteht auch die Möglichkeit, auf eine frühere Version der Datenbank zu migrieren. Um eine leere Datenbank zu erhalten, kann als Migrationsname *"0"* verwendet werden. Möchte man hingegen eine andere Datenbank auf den Stand einer bestimmten Version bringen, wird der Name der Verbindungszeichenkette, welche in der Applikationskonfigurationsdatei zu hinterlegen ist, zusammen mit dem Parameter *-TargetDatabase* angegeben. Dies funktioniert auch bei automatischen Migrationen. In diesem Fall ist der Name der automatisch erzeugten Migration anzugeben, der beim Ausführen von *Update-Database* bekannt gegeben wird. Ist lediglich ein SQL-Skript mit den durchzuführenden Anweisungen gewünscht, kann dies mit dem Parameter *-Script* angezeigt werden.

```
1   namespace HotelSample.Migrations
2   {
3       using System.Data.Entity.Migrations;
4
5       public partial class Version2 : DbMigration
6       {
7           public override void Up()
8           {
9               AddColumn("Hotels", "Telefonnummer", c => c.String());
10              // AddColumn("Regionen", "Land", c => c.String());
11              AddColumn("Regionen", "Land", c =>
12                              c.String(maxLength: 5, defaultValue:"DE"));
13
14          }
15
16          public override void Down()
17          {
18              DropColumn("Regionen", "Land");
19              DropColumn("Hotels", "Telefonnummer");
20          }
21      }
22  }
```

Code First mit bestehender Datenbank

Die *Entity Framework 6 Tools for Visual Studio 2012 & 2013*[4], welche separat zu installieren sind, erweitern Visual Studio, sodass der Entwickler beim Hinzufügen eines Entity Data Models

---

[4] http://tinyurl.com/ldl4sro

(Rechtsklick auf Verzeichnis im Projektmappen-Explorer | *Add | Item | Data | ADO.NET Entity Data Model*) die Möglichkeit erhält, Code First zu nutzen (vgl. nächste Abbildung). Während die neue Option *Empty Code First model*, lediglich das NuGet-Paket von Entity Framework einbindet und ein initiales *DbContext-Derivat* zur Verfügung stellt, generiert die Option *Code First from database* aus bestehenden Tabellen auch alle benötigten Artefakte für den Zugriff via Code First. Dazu gehören Entitätsklassen, ein *DbContext*-Derivat sowie Klassen, welche das Mapping beschreiben.

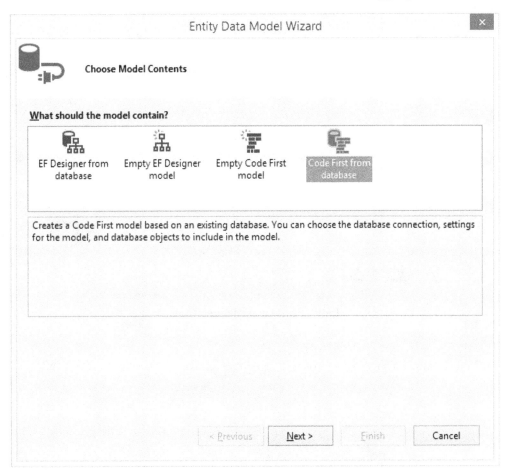

Code First mit bestehender Datenbank nutzen

Eine Alternative hierzu stellen die *Entity Framework Power Tools* dar. Dabei handelt es sich auch um eine Erweiterung für Visual Studio. Der Entwickler kann sie direkt über den Erweiterungsmananger in Visual Studio herunterladen und installieren (*Tools | Extensions and Updates*). Obwohl diese Erweiterung bereits seit einigen Jahren lediglich als BETA-Version vorliegt, hat sich ihr Einsatz in der Praxis bewährt. Nach der Installation der *Entity Framework Power Tools* findet der Entwickler im Kontextmenü von Projekten und Ordnern einen Eintrag *Entity Framework* (siehe folgende Abbildung). Darunter findet er einen Befehl *Reverse Engineer Code First*. Damit kann er aus einem bestehenden Schema Entitätsklassen, Klassen für das Mapping sowie einen Kontext generieren lassen. Mit dem Befehl *Customize Reverse Engineer Templates* erhält der Entwickler eine Kopie jener T4-Templates, die die Power Tools für das Generieren der Code-First-Artefakte verwendet. Diese

Templates werden im aktuellen Projekt abgelegt. Der Entwickler kann diese Templates an die eigenen Bedürfnisse anpassen. Wenn er das nächste mal aus einem Datenbank-Schema Code-First-Artefakte genieren lässt, kommen diese (abgeänderten) Templates zum Einsatz. Im Gegensatz zum Einsatz der *Entity Framework 6 Tools for Visual Studio* kann der Entwickler bei Verwendung der *Entity Framework Power Tools* nicht auswählen, für welche Tabellen Entitätsklassen und Mappingklassen zu erstellen sind – die Power Tools machen das für sämtliche Tabellen im angegebenen Schema. Ein weiterer Unterschied besteht darin, dass die Power Tools lediglich von der Fluent API Gebrauch machen; die *Entity Framework 6 Tools for Visual Studio* greifen hingegen nur für jene Aspekte, die nicht mit Attributen beschrieben werden können, auf die Fluent API zurück.

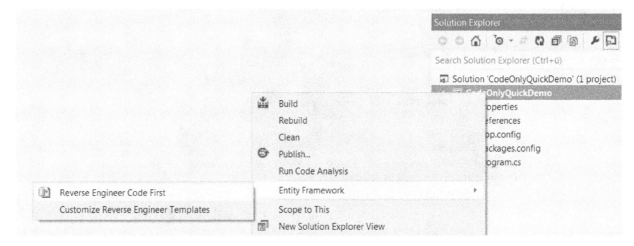

Entity Framework Power Tools

Daten abfragen

Stehen Entitäten und ein *DbContext* erst zur Verfügung, kann der Entwickler in objektorientierter Manier auf die darunterliegende Datenbank zugreifen. Der Datenbankkontext repräsentiert dabei die Datenquelle und öffnet jeweils für die Dauer einer Abfrage eine Datenbankverbindung.

Für den Datenbankzugriff verwendet der Entwickler bevorzugterweise die in C# und VB.NET integrierte Abfragesprache LINQ, wobei im Umfeld des Entity Frameworks von LINQ-to-Entities die Rede ist.

Auf Entitäten zugreifen

Der Datenbankkontext besitzt pro Entität eine Auflistung, die die Entitätsobjekte repräsentiert. Zur Demonstration beinhaltet das nächste Listing eine Klasse *RegionRepository* für den Zugriff auf persistierte Regionsobjekte. Ihre Methode *FindAllRegions* lädt sämtliche gespeicherte Regionen, indem es auf die Eigenschaft *Region* zugreift. Diese Eigenschaft repräsentiert eine SQL-Abfrage des Formats *SELECT * FROM Region* und ist, wie alle Abfragen dieser Art, vom Typ *IQueryable<T>*, wobei *T* im betrachteten Fall für Region steht.

Ein *IQueryable<T>* hat zwei beachtenswerte Eigenschaften: Zum einen repräsentiert es die Ergebnismenge einer Abfrage, welche erst zur Ausführung gebracht wird, wenn der Entwickler darauf zugreift und zum anderen handelt es sich hierbei um einen Subtyp von *IEnumerable<T>* und kann somit mit einer *foreach*-Schleife durchlaufen werden. Auf diesem Weg können die einzelnen Objekte der Ergebnismenge in Erfahrung gebracht werden.

Im betrachteten Fall (siehe folgendes Listing) wird bewusst die Methode *ToList* aufgerufen. Diese führt zu einem Zugriff auf die Ergebnismenge und erzwingt somit an Ort und Stelle die Ausführung der dahinterliegenden Abfrage. Würde die Methode *FindAllRegions* hingegen das *IQuerable<Region>* (gecastet nach *IEnumerable<T>*) zurückliefern, käme diese Abfrage erst später außerhalb der Methode zur Ausführung, wenn dort zum ersten Mal darauf zugegriffen würde. So wie der Code jedoch im betrachteten Beispiel gestaltet ist, ist dies zum Scheitern verurteilt, da außerhalb der Methode der Datenbankkontext, welcher die Verbindung zur Datenbank verwaltet, nicht mehr existiert, zumal dieser mit einer using-Anweisung innerhalb der Methode geschlossen wird.

 Hinweis

Standardmäßig verwahrt das Entity Framework eine Referenz auf sämtliche geladenen (und auch hinzugefügten) Entitäten, um später im Zuge des Speicherns in Erfahrung bringen zu können, welche Entitäten sich geändert haben. Dies kostet, wie unschwer zu erahnen ist, Performance. In Fällen, in denen die Entitäten gar nicht über denselben Datenbankkontext gespeichert werden sollen, sollte deswegen dieses Verhalten deaktiviert werden. Dazu bindet der Entwickler die Methode *AsNoTracking* in die jeweilige Abfrage ein:

```
1    var hotels = ctx.Hotel.Where(h => h.RegionId == 3).AsNoTracking().ToList();
```

Möchte man Entitäten, die auf diese Weise geladen wurde, später doch speichern, muss sie der Entwickler mit der Methode *Attach* (z. B. *ctx.Hotel.Attach*) zu einem *DbContext* hinzufügen.

```
1    class RegionRepository
2    {
3        public IEnumerable<Region> FindAllRegions()
4        {
5            using (var ctx = new HotelDbContext())
6            {
7                var q = ctx.Region;
8                return q.ToList();
9            }
10       }
11   }
```

> **ⓘ Hinweis**
>
> Zum asynchronen Ausführen von Abfragen bietet Entity Framework ab Version 6 neben *ToList* auch eine Methode *ToListAsync*.

Um das zuvor diskutierte Problem zu umgehen, könnte sich der Entwickler für die Implementierung entscheiden, die im nächsten Listing gezeigt wird. Diese sieht vor, dass der Datenbankkontext bereits beim Erzeugen des Objektes geöffnet wird und anschließend offen bleibt. Zerstört wird der Datenbankkontext erst, wenn der Entwickler durch Aufruf der von der Schnittstelle *IDisposeable* vorgegebenen Methode *Dispose* angibt, dass er das Repository nicht mehr benötigt.

Da bei dieser Implementierung die Methode *FindAllRegions* den Datenbankkontext nicht zerstört, kann die Abfrage auch später zur Ausführung gebracht werden, beim ersten Zugriff auf das zurückgegebene *IQueryable<Region>*-Objekt. Der Nachteil dieser Vorgehensweise ist, dass sich der Entwickler selbst um das Freigeben der Repositories bzw. der Datenbankkontextinstanz kümmern muss. Da das betrachtete Repository die Schnittstelle *IDisposable* implementiert, kann der Entwickler es innerhalb einer using-Anweisung verwenden, um es freizugeben.

```
1  class OtherRegionRepository: IDisposable
2  {
3      private HotelDbContext ctx = new HotelDbContext();
4      public IEnumerable<Region> FindAllRegions()
5      {
6              return ctx.Region;
7      }
8      public void Dispose()
9      {
10         ctx.Dispose();
11     }
12 }
```

Ergebnismenge einschränken und sortieren

Über bekannte LINQ-Operationen, wie *Where* oder *OrderBy* lässt sich die Ergebnismenge von Abfragen beeinflussen (siehe nächstes Listing). Dabei ist zu beachten, dass das Entity Framework diese Operationen gar nicht ausführt. Es nutzt vielmehr die ab .NET 3 vorgesehene Möglichkeit, Lambda-Ausdrücke, die nur aus einer Anweisung bestehen, als Grammatikbaum darzustellen. Diesen Grammatikbaum wandelt es in natives SQL für die jeweilige Zieldatenbank um. Somit ruft das Entity Framework wirklich nur jene Zeilen ab, welche vom Entwickler angefordert wurden.

```
1  public List<Hotel> FindByMinSterne(int minSterne)
2  {
3      using (var ctx = new HotelDbContext())
4      {
5          return ctx
6                      .Hotel
7                      .Where(h => h.Sterne >= minSterne)
8                      .OrderBy(h => h.Sterne)
9                      .ToList();
10     }
11 }
```

Wie generell bei der Verwendung von LINQ, kann der Entwickler auch beim Einsatz des Entity Frameworks die alternative Schreibweise einsetzen, die stärker an jene von SQL erinnert (folgendes Listing).

```
 1   public List<Hotel> FindByMinSterne(int minSterne)
 2   {
 3       using (var ctx = new HotelDbContext())
 4       {
 5           var q = from h in ctx.Hotel
 6                     where h.Sterne > minSterne
 7                     orderby h.Sterne
 8                     select h;
 9           return q.ToList();
10       }
11   }
```

Hinweis

Nur in Fällen, in denen tatsächlich ein *IQueryable* verwendet wird, führt das Entity Framework die Abfrage auch tatsächlich in der Datenbank aus. Kommt eine andere Implementierung von *IEnumerable* zum Einsatz, wird die Abfrage im Hauptspeicher ausgewertet.

Um eine einzelne Entität abzurufen, kann der Entwickler auf *FirstOrDefault* zurückgreifen (erstes Listing). Diese Methode liefert *null*, wenn das Entity Framework keine Daten gefunden hat bzw. den ersten Eintrag, wenn eine Ergebnismenge vorliegt. Alternativ dazu steht seit .NET 4.5 auch die Methode *Find* zur Verfügung. Diese nimmt beliebig viele Parameter entgegen, die zusammen einen Primärschlüssel repräsentieren, und liefert jene Entität, welche diesen Primärschlüssel aufweist zurück (zweites Listing).

```
 1   public Hotel FindById(int hotelId) {
 2       using (var ctx = new HotelDbContext())
 3       {
 4           return ctx
 5                     .Hotel
 6                     .FirstOrDefault(h => h.HotelId == hotelId);
 7       }
 8   }
```

```
1   public Hotel FindById2(int hotelId)
2   {
3       using (var ctx = new HotelDbContext())
4       {
5           return ctx.Hotel.Find(hotelId);
6       }
7   }
```

Ladestrategien

Bei der Arbeit mit O/R-Mappern muss sich der Entwickler darüber Gedanken machen, wann benachbarte Entitäten zu laden sind. Im Falle eines Hotels muss er zum Beispiel entscheiden, wann die Region und die Buchungen, die mit dem geladenen Hotel in Beziehung stehen, geladen werden sollen.

Dazu gibt es prinzipiell drei Möglichkeiten:

- Die benachbarten Objekte werden sofort mitgeladen; man spricht hierbei von vorzeitigem Laden (engl. Eager Loading).
- Die benachbarten Objekte werden erst geladen, wenn der Entwickler darauf zugreift; man spricht hierbei von Lazy Loading.
- Die benachbarten Objekte werden gar nicht geladen.

Vorzeitiges Laden ist das Mittel der Wahl, wenn der Entwickler genau weiß, dass er die benachbarten Objekte benötigt. Ein Beispiel hierfür ist ein Rechnungskopf, welcher mit mehreren Rechnungspositionen in Verbindung steht. Immer dann, wenn der Rechnungskopf geladen wird, könnten mittels Eager Loading die Rechnungspositionen mitgeladen werden.

Lazy Loading kommt hingegen zum Einsatz, wenn der Entwickler nicht genau weiß, welche benachbarten Datensätze der Benutzer einsehen möchte. In diesem Fall wäre es eine Verschwendung von Ressourcen, im Vorhinein sämtliche benachbarte Objekte zu laden.

Die letzte Möglichkeit, für die sich keine Bezeichnung eingebürgert hat, bietet sich an, wenn der Entwickler wirklich nur ein einziges Objekt ohne benachbarte Objekte benötigt.

Vorzeitiges Laden – Eager Loading

Um anzugeben, dass Entity Framework benachbarte Objekte auch laden soll, gibt der Entwickler die Namen jener Navigationseigenschaften, die zu diesen Objekten führen, im Zuge eines Aufrufs der Methode *Include* an. Das folgende demonstriert dies, indem es gemeinsam mit dem Hotel auch die Region und die Hotelbuchungen lädt.

```
1  public Hotel FindByIdWithNeighbors(int hotelId)
2  {
3      using (var ctx = new HotelDbContext())
4      {
5          return ctx
6                          .Hotel
7                          .Include("Region")
8                          .Include("HotelBuchung")
9                          .FirstOrDefault(h => h.HotelId == hotelId);
10      }
11  }
```

Seit Entity Framework 5 kann der Entwickler an *Include* auch einen Lambda-Ausdruck, welcher die aktuelle Entität auf die jeweiligen Navigationseigenschaften abbildet, angeben. Bei dieser Variante von *Include* handelt es sich um eine Erweiterungsmethode, die nur zur Verfügung steht, wenn der Entwickler den Namensraum *System.Data.Entity* einbindet.

```
1  public Hotel FindByIdWithNeighbors2(int hotelId)
2  {
3      using (var ctx = new HotelDbContext())
4      {
5          return ctx
6                          .Hotel
7                          .Include(h => h.HotelBuchung)
8                          .Include(h => h.Region)
9                          .FirstOrDefault(h => h.HotelId == hotelId);
10      }
11  }
```

Um das Entity Framework zu veranlassen, auch Nachbarn von Nachbarn zu laden, gibt der Entwickler eine Kette von Navigationseigenschaften im Format *Nachbar.NachbarDesNachbarn* an. Das nächste Listing veranschaulicht dies, indem es sämtliche Regionen mit allen Hotels inklusive deren Buchungen lädt.

```
1  public IEnumerable<Region> FindAllRegionsWithNeighbors()
2  {
3      using (var ctx = new HotelDbContext())
4      {
5          var q = ctx
6                      .Region
7                      .Include("Hotel.HotelBuchung");
8          return q.ToList();
9      }
10 }
```

Auf den ersten Blick könnte man davon ausgehen, dass die äquivalente Lambda-basierte Schreibweise wie folgt lautet:

```
1  Include(r => r.Hotel.HotelBuchung)
```

Ganz so einfach ist es jedoch nicht, zumal *r.Hotel* eine Liste mit Hotels liefert und Listen keine Eigenschaft *HotelBuchung* aufweisen. Hier muss also ein syntaktischer Trick her. Dieser besteht darin, jedes Element der Liste *r.Hotel* mit der LINQ-Methode *Select* auf das entsprechende *HotelBuchung*-Objekt abzubilden. Das folgende Listing demonstriert dies.

```
1  public IEnumerable<Region> FindAllRegionsWithNeighbors2()
2  {
3      using (var ctx = new HotelDbContext())
4      {
5          var q = ctx
6                      .Region
7                      .Include(r => r.Hotel.Select(h => h.HotelBuchung));
8          return q.ToList();
9      }
10 }
```

Möchte der Entwickler hingegen gemeinsam mit der *HotelBuchung* auch das Hotel und dessen Region laden, kommt er ohne den soeben besprochenen Aufruf von *Select* aus, zumal eine *HotelBuchung* genau ein Hotel referenziert und ein Hotel genau einer Region zugeteilt ist (vgl. Listing).

```
 1   class BuchungRepository
 2   {
 3       public List<HotelBuchung> FindAll()
 4       {
 5           using (var ctx = new HotelDbContext())
 6           {
 7               return ctx
 8                       .HotelBuchung
 9                       .Include(hb => hb.Hotel.Region)
10                       .ToList();
11           }
12       }
13   }
```

Beim Einsatz von Eager Loading ist zu berücksichtigen, dass Entity Framework hierfür Outer-Joins verwendet. Da dabei alle betroffenen Tabellen miteinander ausgekreuzt werden, kann hierdurch die abgerufene Ergebnismenge um ein vielfaches mehr Zeilen als abgerufene Entitäten aufweisen. Dies ist vorallem dann der Fall, wenn viele benachbarte Entitäten mittels Eager Loading geladen werden. Dieses Problem kann mit Pre-Loading umgangen werden.

Lazy Loading

Greift der Entwickler auf benachbarte Objekte zu, die das Entity Framework noch nicht geladen hat, versucht das Entity Framework diese nachzuladen. Dies setzt jedoch voraus, dass der ursprünglich verwendete Datenbankkontext nach wie vor existiert. Zur Veranschaulichung soll das nächste Listing dienen.

Geht man davon aus, dass *FindById* nur das Hotel und keine Hotelbuchungen lädt, versucht Entity Framework beim Zugriff auf dessen Eigenschaft *HotelBuchung* diese Hotelbuchungen nachzuladen. Wurde der Datenbankkontext nach seiner Verwendung innerhalb von *FindById* geschlossen, scheitert dieses Vorhaben.

```
 1   var rep = new HotelRepository();
 2   var hotel = rep.FindById(10);
 3   foreach (var b in hotel.HotelBuchung)
 4   {
 5       DoSomethingWithBuchung(b);
 6   }
```

Betrachtet man die Implementierung von Entitäten, welche aus dem Entity Data Model generiert wurden, fällt auf, dass diese keinerlei Logik für das Lazy Loading beinhalten. Dies liegt daran, dass das Entity Framework die dafür notwendigen Routinen zur Laufzeit zu den Entitäten hinzufügt. Dazu leitet es dynamisch von den Entitäten ab und überschreibt sämtliche Navigationseigenschaften.

Dieser Umstand fällt zum Beispiel auf, wenn man über die Reflektion den Namen des Typs einer geladenen Entität ermittelt, zumal dieser von dem während der Entwicklung verwendeten Klassennamen abweicht. Damit dies möglich ist, markiert das Entity Framework die generierten Navigationseigenschaften mit dem Schlüsselwort virtual.

Seit Version 5 besteht auch die Möglichkeit, nur ausgewählte benachbarte Objekte eines Typs nachzuladen. Das nächste Listing demonstriert dies anhand des Regionobjekts *myRegion*, für welche sämtliche Hotels mit 3 oder mehr Sternen nachgeladen werden.

```
context.Entry(myRegion)
        .Collection(r => r.Hotel)
        .Query()
        .Where(h => h.Sterne >= 3)
        .Load();
```

Lazy Loading ist die richtige Wahl, wenn man noch nicht weiß, von welchen Entitäten die Nachbarn benötigt werden. Nicht zu empfehlen ist Lazy Loading, wenn man sämtliche Nachbarn benötigt, denn in diesem Fall erzeugt Entity Framework 1+N Abfragen: Eine für die Entitäten und pro Entität eine, um deren Nachbarn in Erfahrung zu bringen. Dass dies die Performance negativ beeinflusst, liegt auf der Hand. Um dieses Problem zu umgehen, kann der Entwickler Eager Loading oder Pre-Loading einsetzen.

Benachbarte Objekte nicht laden

Gerade bei der Arbeit mit verteilten Systemen ist es notwendig, Lazy Loading zu deaktivieren. Wird dies nicht gemacht, stößt der Serializer, welcher die Entitätsklassen in das zu verwendende Datenformat überführt, beim Serialisieren der Navigationseigenschaften einen Ladevorgang an. Dies würde dazu führen, dass er einen größeren Teil der Datenbank ungewollt serialisiert bzw. ein Fehler ausgelöst wird, wenn das Nachladen der Daten nicht möglich ist, weil die Anwendung die Datenbankverbindung bereits geschlossen hat.

Um zu verhindern, dass benachbarte Objekte via Lazy Loading nachgeladen werden, setzt der Entwickler die Eigenschaft *Configuration.LazyLoadingEnabled* des Datenbankkontextes auf *false* (vgl. folgendes Listing). Neben dieser Steuerung auf Datenbankkontextebene, kann der Entwickler Lazy Loading auch global für ein gesamtes Modell deaktivieren. Dazu öffnet er das Entity Data Model und klickt einmal auf den leeren Hintergrund. Daraufhin blendet Visual Studio im Eigenschaftenfenster die Eigenschaften des Modells ein. Unter diesen findet sich eine Eigenschaft *Lazy Loading Enabled*, welche zum globalen Deaktivieren auf *false* zu setzen ist.

```
1   public Hotel FindById(int hotelId) {
2       using (var ctx = new HotelDbContext())
3       {
4           ctx.Configuration.LazyLoadingEnabled = false;
5           return ctx
6                       .Hotel
7                       .FirstOrDefault(h => h.HotelId == hotelId);
8       }
9   }
```

Pre-Loading

Entity Framework stellt auch Verknüpfungen zwischen Objekten, die die Anwendung hintereinander in den Kontext lädt, über deren Navigationseigenschaften her. Die Autoren bezeichnen dies
als Pre-Loading. Pre-Loading kann eine effiziente Alternative zum Eager Loading darstellen, zumal
Entity Framework beim Einsatz von Eager Laoding sämtliche Daten über eine einzige Abfrage lädt.
Um benachbarte Daten zu laden, kommen dabei Outer-Joins zum Einsatz. Diese bewirken, dass sich
die abgerufene Datenmenge aufbläht, zumal die einzelnen Spalten ausgekreuzt werden. Würde die
Anwendung auf diese Weise zum Beispiel 20 Regionen mit 20 Hotels und 20 Ferienwohnungen laden,
so würde die Ergebnismenge durch den Outer-Join aus 20 * 20 * 20 Datensätzen bestehen, obwohl
darin insgesamt lediglich 3 * 20 Objekte zu finden sind.

Durch den Einsatz von Pre-Loading erhöht sich zwar gegenüber der Verwendung von Eager Loading
die Anzahl der Datenbankabfragen, dafür verringert sich die Anzahl der abzurufenden Datensätze,
da man mit weniger Outer-Joins auskommt.

Das nachfolgende Listing veranschaulicht dies anhand eines einfachen Beispiels. Zuerst lädt es
sämtliche Regionen. Obwohl die Anwendung mit diesen Regionen nichts macht, landen sie durch
den Ladevorgang im Kontext. Anschließend lädt es ausgewählte Hotels. Diese verknüpft Entity
Framework mit den Regionen im Kontext und somit im Hauptspeicher der Anwendung unter
Verwendung der abgerufenen Fremdschlüssel. Aus diesem Grund kann die Anwendung in weiterer
Folge über die Eigenschaft Region auf die Region des Hotels zugreifen.

```
1   using (var ctx = new HotelDbContext())
2   {
3       ctx.Region.ToList();
4       var hotels = ctx.Hotel.Where(h => h.Sterne >= 3).ToList();
5       foreach (var h in hotels)
6       {
7           Debug.WriteLine(h.Bezeichnung);
8           Debug.WriteLine(h.Region.Bezeichnung);
9       }
10  }
```

Beim Einsatz von Pre-Loading als Alternative zu Eager-Loading muss der Entwickler abwiegen, was sich effizienter gestaltet: Das Auskreuzen der abgerufenen Daten durch den Outer-Join oder das Absetzen mehrerer Abfragen. Das Kapitel zum Thema Leistungsoptimierung greift dieses Thema erneut auf.

Mit Entity SQL auf Datenbanken zugreifen

Auch wenn der Zugriff auf gespeicherte Entitäten aus Sicht des Autors dieses Kapitels idealerweise unter Verwendung von LINQ vonstatten geht, sind dennoch (mit viel Fantasie) Situationen denkbar, in denen der direkte Einsatz des SQL-Dialekts von Entity Framework, Entity SQL, von Vorteil ist. Dies gilt vor allem für Situationen, in denen Abfragen äußerst dynamisch zu erstellen sind, zumal hier die Tatsache, dass Entity SQL-Abfragen im Code in Form von Zeichenfolgen vorliegen, von Vorteil ist. Dabei gilt zu beachten, dass Entity SQL nur beim Einsatz der modellbasierten Vorgehensweise zur Verfügung steht.

Ein Beispiel dafür findet man im nächsten Listing. Die Abfrage innerhalb der Zeichenfolgenvariablen *esql* erinnert stark an klassisches SQL. Zusätzlich fällt auf, dass sie einen Parameter *@RegionId* enthält. Die Methode *CreateQuery* der verwendeten Datenbankkontextinstanz erzeugt ein Objekt der Klasse *ObjektQuery*, welches diese Abfrage repräsentiert.

Als Typparameter gibt das Beispiel den jeweiligen Typ der Entität in der erwarteten Ergebnismenge an. Anschließend fügt es eine Instanz vom Typ *ObjectParameter* zur Auflistung Parameters der *ObjectQuery* hinzu und legt somit einen Wert für den oben erwähnten Parameter im Abfragetext fest. Wie bei LINQ-basierten Abfragen, die gemeinsam mit dem Entity Framework verwendet werden, wird auch hier die Abfrage erst ausgeführt, wenn auf ihre Ergebnismenge zugegriffen wird. Dies erfolgt mit der am Ende des Listings gezeigten Schleife.

```
1  ObjectQuery<Hotel> q;
2  string esql;
3  esql = "SELECT VALUE h FROM Hotel AS h where h.RegionId = @RegionId";
4  q = ctx.CreateQuery<Hotel>(esql);
5  q.Parameters.Add(new ObjectParameter("RegionId", 3));
6  foreach (var hotel in q)
7  {
8      Console.WriteLine(hotel.Bezeichnung);
9  }
```

Mit dynamischem LINQ auf Daten zugreifen

Eine Alternative zum Einsatz von Entity SQL ist die Bibliothek Dynamic LINQ. Dynamic LINQ ist kein Bestandteil des .NET Frameworks und auch keine offizielles Add-on. Dynamic LINQ ist nur ein Beispiel, das Microsoft im Rahmen einer Beispielsammlung[5] ausliefert. Dass das Beispiel als *System.Linq.Dynamic* im Wurzelnamensraum *System* liegt, ist ungewöhnlich und legte nahe, dass Microsoft dies in Zukunft in das .NET Framework integrieren würde. Dynamic LINQ besteht aus mehreren Klassen mit rund 2000 Codezeilen. Wichtigste Klasse ist *DynamicQueryable*; diese Klasse stellt zahlreiche Erweiterungsmethoden für *IQueryable* bereit, z.B. *Where*, *OrderBy*, *GroupBy* und *Select*, die allesamt Zeichenketten akzeptieren.

Das nächste Listing demonstriert den Einsatz von Dynamic LINQ. Es fragt Hotels nach einem dynamischen Kriterium, welches über die Konstanten *propertyName* und *propertyValue* definiert wird, ab.

```
1   using System.Diagnostics;
2   [...]
3   const string propertyName = "Sterne";
4   const string propertyValue = "2";
5   using (var ctx = new HotelDbContext())
6   {
7       var hotels = ctx.Hotel.Where(propertyName + " = " + propertyValue).ToList();
8       foreach (var h in hotels)
9       {
10          Debug.WriteLine(h.Bezeichnung + ", " + h.Sterne);
11      }
12  }
```

Protokollierung

Gerade wenn es darum geht, eine Datenbank-Anwendung zu optimieren oder Fehler zu finden, ist es für den Entwickler wichtig zu wissen, welche SQL-Befehle Entity Framework zur Datenbank sendet. Vor Version 6 war dies mit Board-Mittel nur sehr schwer möglich, weswegen der Entwickler entweder auf datenbankseitige Tracing-Mechanismen, wie SQL Server Profiler, oder auf kostenpflichtige Werkzeuge, wie Entity Framework Profiler[6], die sich auf Treiber-Ebene ins Entity-Framework einklinkten, ausweichen mussten. Ab Version 6 muss man weniger häufig zu diesen Werkzeugen greifen, zumal Entity Framework die Möglichkeit bietet, über sämtliche an die Datenbank gesendeten SQL-Anweisungen informiert zu werden. Dazu bietet der *DbContext* über *Database.Log* einen *Delegate* vom Typ *Action<String>* an. Registriert der Entwickler bei diesem Delegate eine Methode, die einen String entgegennimmt, wird diese immer dann aufgerufen, wenn eine SQL-Anweisung zur Datenbank gesendet wird. Im Zuge dessen übergibt Entity Framework die SQL-Anweisung als String.

Ein Beispiel hierfür findet sich im nachfolgenden Listing. Es registriert zunächst bei *Database.Log* die Methode *Console.WriteLine*. Dies ist möglich, da *Console.WriteLine* u. a. dieselbe Signatur

---

[5]http://tinyurl.com/28q63z
[6]http://www.hibernatingrhinos.com/products/EFProf

wie *Database.Log* aufweist. Danach registriert es einen Lambda-Ausdruck, der die empfangenen SQL-Anweisungen sowohl in einer Datei speichert als auch auf der Konsole ausgibt. Damit auch tatsächlich SQL-Anweisungen an die Datenbank gesendet werden, führt das betrachtete Beispiel danach eine Abfrage aus, indem es auf sämtliche Hotels, die in der Datenbank abgelegt wurden, zugreift.

```
1  using (var ctx = new HotelDbContext())
2  {
3      ctx.Database.Log += Console.WriteLine;
4      ctx.Database.Log += (string msg) =>
5      {
6          File.AppendAllText(@"c:\temp\log.txt", msg);
7          Console.ForegroundColor = ConsoleColor.Green;
8          Console.Write(msg);
9          Console.ForegroundColor = ConsoleColor.Gray;
10     };
11     foreach (var h in ctx.Hotels)
12     {
13         Console.WriteLine(h.Bezeichnung);
14     }
15 }
```

Entitäten verwalten

Nachdem die vorangegangenen Abschnitte gezeigt haben, wie der Entwickler Entitäten mit Entity Framework laden kann, berichtet dieser Abschnitt darüber, welche Möglichkeiten Entity Framework zum verwalten von Entitäten bietet. Dazu wird auf das Einfügen, Aktualisieren und Löschen von Entitäten eingegangen. Auch Problemstellungen, die beim Aktualisieren ganzer Objektgraphen auftreten, werden im Zuge dessen diskutiert.

Entitäten einfügen

Um eine Entität in die Datenbank einzufügen, muss der Entwickler diese lediglich zu jener Auflistung hinzufügen, durch die der Datenbankkontext die Entität repräsentiert. Dies bewirkt, dass die übergebene Entität sowie alle Objekte, die direkt oder indirekt mit dieser Entität verbunden sind, zum Einfügen markiert werden. Durch einen Aufruf von *SaveChanges* wird der Datenbankkontext angehalten, die anstehenden Datenbankoperationen auszuführen. Im Zuge dessen erzeugt er die notwendigen *INSERT*-Anweisungen und sendet diese zur Datenbank. Die Methode *Insert* im nächsten Listing demonstriert dies, indem sie das übergebene Hotel sowie eventuell davon referenzierte Hotelbuchungen in die Datenbank einfügt.

```
1  public void Insert(Hotel h)
2  {
3      using (var ctx = new HotelDbContext())
4      {
5          ctx.Hotel.Add(h);
6          ctx.SaveChanges();
7      }
8  }
```

 Hinweis

Zum asynchronen Speichern von Daten bietet Entity Framework ab Version 6 neben *SaveChanges* auch eine Methode *SaveChangesAsync.*

Entitäten aktualisieren

Der Datenbankkontext speichert eine Referenz auf sämtliche Entitäten, die ihm bekannt sind. Dabei handelt es sich um jene Entitäten, die er geladen hat sowie um jene Entitäten, die ihm zum Speichern übergeben wurden. Beim Aufruf von *SaveChanges* prüft er, welche Entitäten sich geändert haben und aktualisiert diese in der Datenbank. Das nachfolgende Listing demonstriert dies, indem es zunächst ein neues Hotel anlegt, dem Datenbankkontext übergibt und diesen durch Aufruf von *SaveChanges* dazu bewegt, das Objekt in der Datenbank anzulegen. Anschließend aktualisiert es das eingefügte Objekt und ruft erneut *SaveChanges* auf. *SaveChanges* entdeckt nun, dass sich das Hotel geändert hat und aktualisiert es in der Datenbank. Dazu erzeugt es ein *UPDATE-Statement*, welches nur die betroffenen Spalten überschreibt.

```
1   Hotel h = new Hotel();
2   h.Bezeichnung = "Hotel Mama";
3   h.RegionId = 3;
4   h.Sterne = 4;
5
6   ctx.Hotel.Add(h);
7   ctx.SaveChanges();
8
9   h.Sterne++;
10  ctx.SaveChanges();
```

Leider gestaltet sich das Aktualisieren von Entitäten, die vom Benutzer bearbeitet wurden, bei Webanwendungen und verteilten Systemen nicht ganz so einfach. Das liegt daran, dass der Benutzer zunächst ein Formular mit der jeweiligen Entität anfordert. Der Datenbankkontext, der hierzu Verwendung findet, wird spätestens nach der Abarbeitung dieser Anforderung geschlossen. Ändert der Benutzer nun die präsentierten Werte und sendet er daraufhin die Daten zurück zum Server, ist dieser gezwungen, zum Speichern einen neuen Datenbankkontext zu erzeugen.

Dieser neue Datenbankkontext kennt das verändert zurückgegebene Objekt natürlich nicht, weil er es weder geladen noch gespeichert hat. Man spricht hierbei auch von abgehängten oder getrennten Entitäten. Aus diesem Grunde ist der Entwickler nun angehalten, dem neuen Datenbankkontext dieses Objekt bekannt zu machen und ihm zu sagen, ob es am Client aktualisiert, erzeugt oder gelöscht wurde.

Die Methode *Update* im nächsten Listing demonstriert dies. Durch Aufruf der Operation *Attach* macht sie dem Datenbankkontext das zu speichernde Hotel bekannt. Anschließend ermittelt sie über *Entry* ein generisches Objekt, welches dieses Hotel-Objekt innerhalb des Datenbankkontextes repräsentiert. Die Methode setzt die Datenbankkontexteigenschaft *State* auf den Wert *Modified* der *Enumeration EntityState*. Damit zeigt sie an, dass sich das Hotel geändert hat. Mit *SaveChanges* werden diese Änderungen anschließend in die Datenbank übertragen. Neben *Modified* bietet die *Enumeration EntityState* unter anderem die folgenden Werte, deren Bedeutung selbsterklärend sein sollte: *Added, Deleted, Unmodified.*

```
1   public void Update(Hotel h)
2   {
3       using (var ctx = new HotelDbContext())
4       {
5           ctx.Hotel.Attach(h);
6           ctx.Entry(h).State = System.Data.EntityState.Modified;
7           ctx.SaveChanges();
8       }
9   }
```

Eine Alternative zum zuvor betrachteten Szenario besteht darin, das zu aktualisierende Objekt nochmals aus der Datenbank zu laden und dessen Eigenschaften mit den Werten der entsprechenden Eigenschaften des modifizierten Objektes zu überschreiben. Wird anschließend *SaveChanges* aufgerufen, schreibt der Datenbankkontext diese Änderungen in die Datenbank. Dieses Vorgehen gibt dem Entwickler auch die Möglichkeit, lediglich ausgewählte Eigenschaften in die Datenbank zurückzuschreiben (vgl. nächstes Listing).

```
1    public void Update2(Hotel h)
2    {
3        using (var ctx = new HotelDbContext())
4        {
5            var hotelInDb = ctx.Hotel.Find(h.HotelId);
6
7            hotelInDb.Bezeichnung = h.Bezeichnung;
8            hotelInDb.Sterne = h.Sterne;
9
10           ctx.SaveChanges();
11       }
12   }
```

> **ℹ Hinweis**
>
> Da ein *DbContext* sämtliche Entitäten, die er verwendet, zur Erkennung von Änderungen zwischenspeichert, sollte der Entwickler davon absehen, eine einzige Instanz davon für die gesamte Programmausführung zu nutzen. Dies verhindert, dass zwischengespeicherte Entitäten, deren Zustände mittlerweile aufgrund von Datenbankänderungen veraltet sind, herangezogen werden. Darüber hinaus verringert dies den Hauptspeicherbedarf der Anwendung. Wie in diesem Abschnitt diskutiert, bietet es sich bei verteilten Anwendungen an, einen *DbContext* - zum Beispiel innerhalb eines *using*-Blocks - nur bei Bedarf zu erzeugen und anschließend wieder zu schließen. Bei nicht verteilten Systemen könnte der Entwickler auch pro Formular oder pro Use-Case einen eigenen *DbContext* heranziehen.

Getrennte Objektgraphen aktualisieren

Das Aktualisieren eines gesamten Objektgraphen, der aus getrennten Entitäten besteht, stellt eine besondere Herausforderung dar. Zur Demonstration der damit einhergehenden Komplexität zeigt das nächste Listing einen naiven Ansatz, der nicht ohne guten Grund in der Praxis verwendet werden sollte. Die hier gezeigte Methode geht davon aus, dass sich das übergebene Hotel sowie alle davon referenzierten Buchungen geändert haben – sämtliche Objekte erhalten deswegen den neuen Zustand *Modified*. Dieser Ansatz ist deswegen naiv, weil es sein könnte, dass sich nur einige Hotelbuchungen geändert haben. Andere könnten hingegen neu dazugekommen sein oder einfach keine Veränderung erfahren haben.

```
1   public void UpdateWithChildrenNegativ(Hotel h)
2   {
3       using (var ctx = new HotelDbContext())
4       {
5           ctx.Hotel.Attach(h);
6           ctx.Entry(h).State = System.Data.EntityState.Modified;
7           foreach (var b in h.HotelBuchung)
8           {
9               ctx.Entry(b).State = System.Data.EntityState.Modified;
10          }
11          ctx.SaveChanges();
12      }
13  }
```

Zur Lösung dieses Problems existieren nun verschiedene Ansätze:

- Änderungen an einem Objekt des Objektgraphen müssen vom Benutzer explizit gespeichert werden. Somit muss immer nur ein Objekt, dessen Zustand bekannt ist, gespeichert werden.
- Jede Änderung an einem Objekt des Objektgraphen wird unmittelbar nach deren Eintreten gespeichert (z. B. über AJAX).
- Man lädt den geänderten Objektgraphen nochmals aus der Datenbank und übernimmt, ähnlich wie im Listing, sämtliche Änderungen.
- Man ermittelt, welches Objekt geändert, hinzugefügt und gelöscht wurde, sowie, welches Objekt nicht verändert wurde.
- Ein Beispiel für den letzten Ansatz findet man im nachfolgenden Listing. Die darin gezeigt Methode *Update*, nimmt neben dem Hotel auch ein Dictionary entgegen, das Objekte auf ihre Entitätszustände (*EntityState*) abbildet. Die Entitätszustände aus diesem Dictionary werden an den Datenbankkontext übergeben, damit dieser weiß, welches Objekt angelegt, aktualisiert bzw. gelöscht werden muss.

```
1   public void Update(Hotel h, IDictionary<object, EntityState> states)
2   {
3       using (var ctx = new HotelDbContext())
4       {
5           ctx.Hotel.Attach(h);
6           ctx.Entry(h).State = System.Data.EntityState.Modified;
7           foreach (var b in h.HotelBuchung)
8           {
9               if (states.ContainsKey(b))
10              {
11                  ctx.Entry(b).State = states[b];
12              }
13          }
14          ctx.SaveChanges();
15      }
16  }
```

> **ⓘ Hinweis**
>
> Um Probleme beim Speichern von Entitäten, die mit anderen Entitäten in Beziehung stehen, zu vermeiden, sollte der Entwickler die jeweils benachbarten Objekte einander gegenseitig zuweisen und eventuelle Fremdschlüssel setzen, sofern deren künftige Werte bekannt sind. Im Falle eines bereits bestehenden Hotels und einer neuen Buchung sollte somit die Buchung dem Hotel sowie das Hotel der Buchung zugewiesen werden. Verwendet der Entwickler Fremdschlüsselmappings, sollte er darüber hinaus auch die ID des Hotels dem jeweiligen Fremdschlüssel der Buchung zuweisen.

Entitäten löschen

Für das Löschen von Entitäten stellt der Datenbankkontext die Methode *Remove* zur Verfügung. Alternativ dazu kann der Entwickler auch den Zustand der Entität auf *Deleted* setzen (vgl. »Getrennte Objektgraphen aktualisieren«). Damit die Entität wirklich aus der Datenbank gelöscht wird, muss der Entwickler zusätzlich, wie gewohnt, *SaveChanges* aufrufen (siehe Listing).

```
1  public void Delete(Hotel h)
2  {
3      using (var ctx = new HotelDbContext())
4      {
5          ctx.Hotel.Attach(h);
6          ctx.Hotel.Remove(h);
7          ctx.SaveChanges();
8      }
9  }
```

Asynchrone Methoden

Während in ADO.NET bereits mit .NET 4.5 für jene Methode, die auf die Datenbank zugreifen, asynchrone Gegenstücke eingerichtet wurden, ist dies bei Entity Framework seit Version 6 auch der Fall: Der *DbContext* weist neben *SaveChanges* auch ein asynchrones *SaveChangesAsync* auf und für *IQueryables* stehen nun auch Erweiterungsmethoden, wie *ToListAsync* und *ToArrayAsync*, zur Verfügung. Somit kann der Entwickler Datenbankzugriffe, die, wie alle Zugriffe auf externe Ressourcen, geradezu für eine asynchrone Ausführung prädestiniert sind, im Hintergrund ausführen, ohne zum Beispiel den GUI-Thread damit zu belasten.

Change-Tracking-API

Zur Verwaltung von Entitäten führt der *DbContext* pro Entität Metadaten in einer Instanz des Typs *DbEntityEntry* mit. Diese gibt unter anderem Auskunft über den aktuellen Zustand der Entität. Der Enum *EntityState* beschreibt die möglichen Zustände: *Added, Deleted, Detached, Modified* und *Unchanged*. Abhängig von diesen Zuständen führt die Methode *SaveChanges* zum Abgleich mit der Datenbank verschiedene Aktionen durch. Für Entitäten, die als *Added* markiert sind, sendet *SaveChanges* beispielsweise ein *INSERT* zur Datenbank. Der Zustand *Modified* resultiert hingegen in einem *UPDATE* und *Deleted* in einem *DELETE*. Für Entitäten, die als *Unchanged* markiert sind, gibt es nichts zu tun. Dasselbe gilt für den Zustand *Detached*, der angibt, dass sich der Kontext nicht mehr um die Entität kümmern muss und der Metdatendaten-Eintrag somit zu entfernen ist.

Neben dem Zustand findet man in *DbEntityEntry*-Objekten auch die ursprünglich abgerufenen sowie die aktuellen Werte der Eigenschaften. Eigenschaften, deren Werte sich geändert haben, werden als solche ausgewiesen. Auf Wunsch kann der Entwickler über dieses Objektmodell auch die aktuellen Wertebelegungen aus der Datenbank laden. Auch ein Verweis auf das zugrunde liegende Entitätsobjekt lässt sich finden.

Zugriff auf den Change-Tracker

Um an die Metadaten von Entitäten heranzu kommen, kann der Entwickler die Auflistung *Change-Tracker.Entries* der Klasse *DbContext* durchlaufen. Diese beinhaltet Einträge für sämtliche verwaltete Entitäten. Alternativ dazu kann er auch mit der vom *DbContext* angebotenen Methode *Entry* einen *DbEntityEntry* für eine einzelne Entität erhalten (siehe Listing).

```
using (var ctx = new HotelDbContext())
{
    [...]

    // DbEntityEntry für eine bestimmte Entität abrufen
    var entryForHotel = ctx.Entry(hotel);
    ShowEntry(entryForHotel);

    // Alle DbEntityEntry-Objekte abrufen
    foreach (var entry in ctx.ChangeTracker.Entries())
    {
        ShowEntry(entry);
    }
```

Das nachfolgende Listing zeigt, wie der Entwickler die zuvor beschriebenen Metadaten aus dem *DbEntityEntry*-Objekt lesen kann. Über die Entity gelangt es zur beschriebenen Entität, die im betrachteten Fall verständlicher Weise in Form des allgemeinen Typs *object* vorliegt. Informationen über den aktuellen Zustand erhält das betrachtete Beispiel über die Eigenschaft *State*. Der Entwickler kann diesen Zustand manuell abändern und so die Aktion, die Entity Framework beim nächsten Aufruf von *SaveChanges* veranlasst, beeinflussen.

Die Auflistung *OriginalValues* informiert über die ursprünglich abgerufenen Werte und *CurrentValues* über jene Werte, die derzeit in der Entität vorliegen. Diese beiden Auflistungen können vom Benutzer abgeändert werden. Änderungen an *CurrentValues* wirken sich unmittelbar auf die Eigenschaften der Entität aus. Die *OriginalValues* kommen hingegen im Zuge optimistischer *Concurrency-Checks* zum Einsatz, zumal im Zuge dessen Entity Framework prüft, ob die ursprünglich abgerufenen Werte nach wie vor in der Datenbank vorliegen. Ist dem nicht so, hat in der Zwischenzeit ein anderer Benutzer den Eintrag geändert und es liegt ein Konflikt vor. Entity Framework verwendet diese Auflistungen auch, um Änderungen an verwalteten Entitäten zu entdecken, sofern diese die Änderungen nicht proaktiv zurückmelden. Mehr Informationen dazu bietet der nächste Abschnitt.

Das Listing zeigt aber auch, dass Entity Framework das Abrufen der aktuellen Werte aus der Datenbank erlaubt. Hierzu kommt die von *DbEntityEntry* gebotene Methode *GetDatabaseValues* zum Einsatz. Daneben kann der Entwickler mit der Methode *Reload* die betroffene Entität mit den Werten aus der Datenbank auffrischen. Sowohl für *GetDatabaseValues* als auch für *Reload* bietet *DbEntityEntry* auch asynchrone Varianten, die sich *GetDatabaseValuesAsync* und *ReloadAsync* nennen.

Hinweis

Die Auflistungen *OriginalValues* und *CurrentValues* können unter anderem beim Kompensieren von Konflikten im Rahmen der optimistischen *Concurrency-Checks* nützlich sein. Überschreibt der Entwickler beispielsweise die Werte in *OriginalValues* mit den aktuell in der Datenbank vorherrschenden Werten, kann er anschließend ein Speichern der aktuellen Änderungen trotz Konflikt erzwingen. Durch das Überschreiben der Werte in *CurrentValues* kann der Entwickler hingegen die anstehenden Änderungen verwerfen.

```
1   private static void ShowEntry(DbEntityEntry entry)
2   {
3       // Entität
4       var obj = entry.Entity;
5       Console.WriteLine(obj.ToString());
6
7       // Zustand
8       var state = entry.State;
9       Console.WriteLine("\t" + state.ToString());
10
11      // Ursprüngliche Werte
12      foreach (var propName in entry.OriginalValues.PropertyNames)
13      {
14          Console.WriteLine(propName + ": " + entry.OriginalValues[propName]);
15      }
16
17      // Aktuelle Werte in Entität
18      foreach (var propName in entry.CurrentValues.PropertyNames)
19      {
20          Console.WriteLine(propName + ": " + entry.CurrentValues[propName]);
21      }
22
23      // Aktuelle Werte aus Datenbank
24      var dbValues = entry.GetDatabaseValues();
25      foreach (var propName in dbValues.PropertyNames)
26      {
27          Console.WriteLine(propName + ": " + dbValues[propName]);
28      }
29  }
```

Das nächste Listing zeigt, dass die Methode *Property* von *DbEntityEntry* auch Informationen über eine angegebene Eigenschaft liefert. Neben dem ursprünglichen und aktuellen Wert kann der Entwickler auf diese Weise jedoch auch ermitteln, ob die Eigenschaft verändert wurde. Dazu verwendet er die Eigenschaft *IsModified*, welche Entity Framework beim Erstellen von *UPDATE*-Anweisungen für Entitäten mit dem Zustand *Modified* verwendet. Sämtliche Eigenschaften, für die *IsModified* den Wert *true* aufweist, werden in der Datenbank aktualisiert. Der Entwickler kann diese Eigenschaft auch abändern, sofern es sich um keine Eigenschaft, die zum Primärschlüssel gehört, handelt. Auf diese Weise kann er verhindern oder sicherstellen, dass bestimmte Spalten aktualisiert werden.

```
 1  private static void ShowProperties(DbEntityEntry entry)
 2  {
 3      foreach (var propName in entry.CurrentValues.PropertyNames)
 4      {
 5          var prop = entry.Property(propName);
 6
 7          Console.WriteLine(prop.Name);
 8          Console.WriteLine("OriginalValue: " + prop.OriginalValue);
 9          Console.WriteLine("CurrentValue: " + prop.CurrentValue);
10          Console.WriteLine("IsModified: " + prop.IsModified);
11      }
12  }
```

Erkennen von Änderungen

Der Kontext ist in der Lage, Änderungen an Entitäten selbstständig zu erkennen, um die zuvor besprochenen Datenstrukturen aktuell zu halten. Dazu stehen ihm zwei Möglichkeiten zur Verfügung. Zum einen kann er sich von Entitäten über Änderungen informieren lassen und zum anderen kann er vor dem Speichern Änderungen durch einen Vergleich zwischen alten und neuen Werten herausfinden. Während erstere Option bei wenigen Änderungen eine bessere Performance an den Tag legt, ist letztere bei vielen Aktualisierungen im Vorteil, zumal hier nicht ständig Benachrichtigungen anfallen.

Um Entitäten in die Lage zu versetzen, anfallende Änderungen direkt an den Kontext melden, leitet Entity Framework zur Laufzeit hiervon ab und überschreibt die einzelnen Eigenschaften. Die auf diese Weise erhaltenen Derivate nennt man Laufzeit-Proxys. Dieselbe Strategie verwendet Entity Framework auch zur Erweiterung von Navigationseigenschaften, um ein transparentes Lazy Loading zu ermöglichen. Damit Entity Framework Eigenschaften überschreiben kann, muss sie der Entwickler mit dem Schlüsselwort *virtual* als virtuelle Eigenschaften deklarieren. Daneben kann er mit den beiden bool'schen Eigenschaften *Configuration.ProxyCreationEnabled* und *Configuration.AutoDetectChangesEnabled* steuern, ob Entity Framework überhaupt auf diese Art der Änderungserkennung zurückgreifen soll. Erstere legt fest, ob Entity Framework überhaupt Laufzeit-Proxys erzeugen soll. Wird diese Eigenschaft aktiviert, legt letztere fest, ob diese Laufzeit-Proxys einzelne Änderungen zurückmelden sollen.

Um Entity Framework zu veranlassen, Änderungen anhand eines Abgleichs zwischen den Auflistungen *OriginalValues* und *CurrentValues* zu ermitteln, setzt der Entwickler die Eigenschaft

ProxyCreationEnabled auf *false*. Alternativ dazu kann er auch die einzelnen Eigenschaften als nicht-virtuell definieren und sich so von Entität zu Entität zu entscheiden. In beiden Fällen muss jedoch *AutoDetectChangesEnabled* den Wert *true* aufweisen. Ist dieser Wert *false*, kommt keines der beiden Verfahren zum Einsatz.

Bei Einsatz dieser Strategie führt Entity Framework den Abgleich unter anderem im Zuge jedes Aufrufs von *SaveChanges* durch. Allerdings führt Entity Framework auch immer dann, wenn ein neues Objekt zum Kontext hinzugefügt wird, diesen Abgleich durch. Der Grund dafür liegt in der Tatsache, dass Entity Framework im Zuge dessen auch andere Bereinigungen am Objektmodell vornimmt. Dazu gehört das sogenannte Relationship-Fixup, das anhand entdeckter Beziehungen die betroffenen Fremdschlüssel aber auch entgegengesetzten Beziehungen erstellt. Verweist bei-spielsweise eine Entität *Hotel* auf eine benachbarte *Buchung*, so stellt das Relationship-Fixup zum einen sicher, dass auch die *Buchung* auch zurück auf das *Hotel* verweist sowie, dass – sofern Fremdschlüsselmappings zum Einsatz kommen – auch der Fremdschlüssel mit dem Primärschlüssel des Hotels korreliert.

Das dies beim Einfügen vieler Daten zu Performanceeinbußen führt, liegt auf der Hand. Zur Lösung dieses Problem kann der Entwickler auf die Methode *AddRange* zurückgreifen, um eine Menge an Objekten zum Kontext hinzuzufügen. Im Gegensatz zu einem mehrmaligen Aufruf von *Add* führt dies dazu, dass der Kontext zunächst sämtliche Objekte übernimmt und danach ein einziges Mal das oben erwähnten Procedere durchführt. Eine andere Lösung für dieses Problem besteht im vollständigen Deaktivieren des automatischen Change Trackings. Der nächste Abschnitt widmet sich diesem Thema.

Change Tracking deaktivieren

Indem der Entwickler *Configuration.AutoDetectChangesEnabled* auf *false* setzt, kann er Change-Tracking generell deaktivieren. Dann muss er manuell *ChangeTracker.DetectChanges* anstoßen, damit Entity Framework Änderungen erkennt und diese per *SaveChanges* in die Datenbank überführt. Die Methode *HasChanges*, die sich ebenfalls im ChangeTracker befindet, macht dies auch und liefert anschließend *true*, falls Änderungen entdeckt wurden. Wie bereits oben erwähnt, wirkt sich ein zwischenzeitliches Deaktivieren des Change-Trackings positiv auf die Performance beim Einfügen vieler Entitäten aus. Da hierbei kein Verwaltungsaufwand zur Pflege der Metadaten anfällt, bietet sich diese Vorgehensweise auch für Fälle, in denen nur lesend auf Daten zugegriffen wird, an. Gerade im Umfeld von Services findet man häufig einige Anwendungsfälle hierfür. Noch effizienter ist in solchen Fällen hingegen das Laden von Daten mit der Option *NoTracking*, da Entity Framework hierbei für die geladenen Entitäten erst gar keine Metadaten-Objekte einrichtet:

```
1   var regionen = ctx.Regionen.AsNoTracking().ToList();
```

Self-Tracking Entities mit Change-Tracking-API implementieren

Self-Tracking Entities erleichtern dem Entwickler den Umgang mit Objektgraphen, die ohne Verbindung zu einem *DbContext* geändert wurden. Wie schon angemerkt, kommt dies zum Beispiel bei verteilten sowie Web-basierten Systemen, wo die Daten am Server geladen jedoch am Client bearbeitet werden, vor. Die Idee hinter Self-Tracking-Entities ist es, Entitäten bereitzustellen, welche selbst über die Änderungen, die der Benutzer an ihnen vorgenommen hat, Buch führen. Diese Informationen geben Sie später an den *DbContext* weiter, damit dieser die nötigen SQL-Anweisungen zum Aktualisieren der Daten in der Datenbank generieren kann. Dieser Abschnitt zeigt, wie der Entwickler diese Idee unter Verwendung der Change-Tracking-API realisieren kann.

Motivation

Dank der Tatsache, dass der Kontext geänderte Entitäten entdeckt, übernimmt *SaveChanges* sämtliche durchgeführte Änderungen in die Datenbank. Ein Beispiel dafür findet sich im folgenden Listing. Es erzeugt ein *Hotel* mit einer *Buchung* und speichert diesen Objektgraph mittels *SaveChanges*. Anschließend modifiziert es sowohl das *Hotel* als auch die *Buchung*. Ohne weiteres Zutun des Entwicklers werden diese Änderungen von einem erneuten *SaveChanges*-Aufruf in die Datenbank übernommen.

Am Ende des *Using*-Blocks endet jedoch auch das Change-Tracking, zumal der Kontext zerstört wird und somit nicht mehr in der Lage ist, die Entitäten zu überwachen. Hierbei spricht man auch von getrennten Entitäten (*detached entities*).

```
1   using (var ctx = new HotelDbContext())
2   {
3
4       var hotel = new Hotel();
5       hotel.Bezeichnung = "Hilton";
6
7       var b1 = new Buchung();
8       b1.Vorname = "Max";
9       b1.Nachname = "Muster";
10
11      hotel.Buchungen.Add(b1);
12
13      ctx.Hotels.Add(hotel);
14
15      ctx.SaveChanges();
16
17      b1.Nachname = "Mustermann";
```

```
18      hotel.Sterne = 5;
19
20      ctx.SaveChanges();
21  }
```

Gerade bei verteilten Systemen hat man es zwangsläufig mit getrennten Entitäten zu tun, zumal hier serverseitige Komponenten für gewöhnlich den Kontext nach dem Abrufen von Daten, welche übers Netzwerk versendet werden, schließen. Dies ist notwendig, da die serverseitigen Komponenten nicht wissen, ob bzw. wann der Benutzer die abgerufenen Daten zum Speichern retour sendet. Damit getrennte Entitäten, die der Benutzer nach der Modifikation am Client zum Speichern zurück zum Server sendet, von Entity Framework gespeichert werden kann, muss der Entwickler einen neuen Kontext erzeugen. Zu diesem fügt er die Entitäten mit *Attach* hinzu. Ähnlich wie *Add* fügt *Attach* nicht nur die übergebene Entität sondern den gesamten Objektgraphen, zu dem die Entität gehört, zum Kontext hinzu. Da der Kontext nicht weiß auf welche Weise dieser Objektgraph am Client verändert wurde, weist er jeder Entität den Zustand *Unmodified* zu. Es liegt somit am Entwickler, den korrekten Zustand nach dem Aufruf von *Attach* zu setzen. Die Methode *Update* im nächsten Listing veranschaulicht dies, indem sie ein *Hotel* entgegennimmt und es samt Objektgraph mit *Attach* zum Kontext hinzufügt. Anschließend setzt sie sowohl für das *Hotel* als auch für sämtliche verbundenen *Buchungen* den Zustand auf *Modified*. Dies hat zur Folge, dass all diese Entitäten beim nächsten Aufruf von *SaveChanges* mit einer *UPDATE*-Anweisung in die Datenbank übernommen werden.

```
1  public void Update(Hotel h)
2  {
3      using (var ctx = new HotelDbContext())
4      {
5          ctx.Hotels.Attach(h);
6          ctx.Entry(h).State = EntityState.Modified;
7
8          foreach(var b in h.Buchungen) {
9              ctx.Entry(b).State = EntityState.Modified;
10         }
11
12         ctx.SaveChanges();
13     }
14 }
```

Der betrachtete Ansatz ist zwar einfach zu realisieren, bringt jedoch zwei Nachteile mit sich: Zum einen werden sämtliche Entitäten unabhängig davon, ob sie am Client verändert wurden, in der Datenbank aktualisiert. Zum anderen ist die Annahme, dass sämtliche Entitäten den Zustand *Modified* aufweisen naiv: Es könnte sich genauso gut um neue Entitäten oder um zu löschende Entitäten handeln. In diesen Fällen müsste die Methode den Zustand *Added* oder *Deleted* vergeben. Um die tatsächlichen Zustände herauszufinden, könnte der Entwickler den Objektgraphen mit der Datenbank vergleichen. Dies ist jedoch aufwändig und fehleranfällig. Eine andere Strategie sieht vor, dass alle Entitäten selbst Informationen über die an ihr vorgenommenen Modifikationen speichern. Diese Informationen können somit serverseitige Komponenten nach dem Aufruf von *Attach* verwenden, um den korrekten Zustand zu setzen. Die nachfolgenden Abschnitte zeigen, wie der Entwickler diese Strategie unter Verwendung des eingangs betrachteten Change-Trackers implementieren kann.

Self-Tracking Entities für DbContext implementieren

Die Idee, dass Entitäten sämtliche an ihnen durchgeführten Änderungen protokollieren ist nicht neu. Beispielsweise hat Microsoft für das ursprüngliche auf der Klasse *ObjectContext* basierende Objektmodell von Entity Framework, ein T4-Template unter der Bezeichnung *Self-Tracking Entitities* bereitgestellt. T4 steht dabei für die von Microsoft zugekaufte Technologie *Text Template Transformation Toolkit*. Dieses Template generiert Code zur Bereitstellung dieser Strategie. Leider gibt es für den neueren *DbContext* keine solche Unterstützung – zumindest nicht offiziell. Mit ein wenig Kenntnis über die Funktionsweise des Change-Trackers kann der Entwickler diese Idee jedoch auch ohne großen Aufwand selbst umsetzen.

Eine mögliche Umsetzung wird hier vorgestellt. Diese sieht vor, dass ein Enum namens *StateEnum* (vgl. folgendes Listing) den Zustand einer Entität repräsentiert. Der Entity-Framework-spezifische Enum *EntityState* kommt hier bewusst nicht zum Einsatz, um eine zu starke Kopplung an Entity Framework zu vermeiden. Um die Umwandlung von *StateEnum* auf *EntityState* zu vereinfachen, stützt sich ersterer auf die Integer-Werte des letzteren.

```
1  public enum StateEnum
2  {
3      UnModified = 2,
4      Added = 4,
5      Deleted = 8,
6      Modified = 16
7  }
```

Ein Interface *IEntity*, welches von sämtlichen Entitäten zu realisieren ist, bietet eine Eigenschaft von *StateEnum* an (nächstes Listing). Somit weist jede Entität einen Status, den serverseitige Routinen an den Change-Tracker übergeben können, auf. Daneben sieht dieses Interface ein *String-Array ChangedProperties* vor. Diese soll die Namen der veränderten Eigenschaften aufnehmen.

```
1   public interface IEntity
2   {
3       StateEnum State { get; }
4       string[] ChangedProperties { get; }
5   }
```

Damit das von Entity Framework bereitgestellte T4-Template beim Einsatz von Database-First oder Model-First Entitäten, die *IEntity* implementieren, generiert werden, erweitern der Entwickler das T4-Template, wie im folgenden Listing gezeigt. Beim Einsatz von Code-First ist er direkt für die Implementierung dieses Interfaces verantwortlich. Damit Entity Framework beim Einsatz von Code-First die beiden von *IEntity* vorgegebenen Eigenschaften nicht in der Datenbank speichert, muss der Entwickler diese explizit – zum Beispiel mit dem Attribut *NotMapped* – von der Abbildung auf Tabellen ausschließen. Beim Einsatz von Database-First oder Model-First ist dies jedoch nicht der Fall, zumal hier Entity Framework Eigenschaften, die nicht im XML-basierten Entity Data Model vorkommen, ignoriert.

```
1   <#=codeStringGenerator.EntityClassOpening(entity)#>: IEntity
2   {
3
4       public StateEnum State { get; set; }
5       public string[] ChangedProperties { get; set;}
6
7   [...]
```

Das Notieren sämtlicher Änderungen in diesen Eigenschaften wird nun dem Client überlassen. Alternativ dazu könnte der Entwickler den Entitäten – manuell oder per Codegenerierung – Eigenschaften mit Settern, die diese Aufgabe wahrnehmen, spendieren.

Zustände in DbContext übernehmen

Nachdem die Entitäten zum Speichern wieder am Server angekommen sind, muss die Anwendung die protokollierten Änderungen in den Kontext übernehmen. Das nachfolgende zeigt dazu eine Hilfsklasse *EntityStateHelper*, welche sich auf den Change-Tracker abstützt. Ihre Methode *SetStates* iteriert sämtliche im Kontext hinterlegten *DbEntityEntry*-Instanzen. Diese beschreiben somit (auch) die via *Attach* hinzugefügten Entitäten. Die betrachtete Methode spricht jede Entität über das Interface *IEntity* an und ruft deren Zustand ab. Diesen übernimmt sie in den jeweiligen *DbEntityEntry*. Falls die Eigenschaft *ChangedProperties* für eine modifizierte Entität auch die geänderten Eigenschaften beinhaltet, setzt die hier betrachtete Routine den Zustand hingegen wieder auf *Unchanged*, um anschließend nur die tatsächlich geänderten Eigenschaften als modifiziert zu kennzeichnen.

Die zweite Methode von *EntityStateHelper*, welche auf den Namen *ResetStates* hört, setzt hingegen die Zustände sämtlicher verwalteter Entitäten auf *Unchanged*. Diese Aufgabe ist nach dem Abgleich mit der Datenbank notwendig, da die Entitäten im Hauptspeicher ab diesem Zeitpunkt ihren Gegenstücken in der Datenbank entsprechen.

```
1   public class EntityStateHelper
2   {
3       public static void SetStates(HotelDbContext ctx)
4       {
5           foreach (var entry in ctx.ChangeTracker.Entries())
6           {
7               var entity = entry.Entity as IEntity;
8               entry.State = (EntityState)entity.State;
9
10              if (entry.State == EntityState.Modified
11                      && entity.ChangedProperties != null)
12              {
13                  // Die Entität als Unchanged markieren
14                  entry.State = EntityState.Unchanged;
15
16                  // Nur markierte Properties as Modified markieren
17                  foreach (var propName in entry.CurrentValues.PropertyNames)
18                  {
19                      entry.Property(propName).IsModified =
20                              entity.ChangedProperties.Contains(propName);
21                  }
22              }
23
24          }
25      }
26
27      public static void ResetStates(HotelDbContext ctx)
28      {
29          foreach (var entry in ctx.ChangeTracker.Entries())
30          {
31              var entity = entry.Entity as IEntity;
32
33              entity.State = (StateEnum)entry.State;
34              if (entry.State == EntityState.Unchanged)
35              {
36                  entity.ChangedProperties = null;
37              }
38          }
39      }
```

```
40
41  }
```

Das nächste Listing zeigt, wie die zuvor betrachteten Hilfsmethoden beim Speichern eines gesamten Objektgraphs am Server unterstützen. Zunächst fügt es den Objektgraphen mit *Attach* zum Kontext hinzu. *SetStates* informiert den Kontext über die stattgefundenen Änderungen und *SaveChanges* übernimmt diese Änderungen in die Datenbank. *ResetStates* setzt anschließend sämtliche Zustände auf *Unchanged*, um ein erneutes Speichern derselben Änderungen zu vermeiden.

```
1  ctx.Hotel.Attach(h); // Hotel mit Buchungen attachen
2  EntityStateHelper.SetStates(ctx);
3  ctx.SaveChanges();
4  EntityStateHelper.ResetStates(ctx);
```

Entitäten mit *Data Annotations* validieren

Datenannotationen (*Data Annotations*) sind .NET-Attribute, mit denen man .NET-Datenklassen / .NET-Geschäftsobjektklassen bzw. deren Eigenschaften auszeichnen kann, damit diese der Benutzeroberfläche Metainformationen geben über die Form der Darstellung oder die Validierung der Eingaben. Die Datenannotationen, die sich im Namensraum *System.ComponentModel.DataAnnotations* befinden, wurden in .NET Framework 3.5 Service Pack 1 eingeführt und zuerst in ASP.NET Dynamic Data verwendet, später dann auch in WCF RIA Service und ASP.NET Model Binding sowie seit Version 4.1 im ADO.NET Entity Framework.

Überblick zu vorhandenen Attributen

Die Datenannotationen unterscheiden sich in solche, die der Darstellung dienen und solche, die der Entwickler zum Validieren einsetzt. Letztere, welche von der Basisklasse *ValidationAttribute* erben, sind hier von Interesse. Die Tabelle bietet einen Überblick.

Klasse	Bedeutung
Required	Validierung, ob Wert nicht leer oder null ist
Range	Validierung, ob Zahl in einem bestimmten Wertebereich liegt. Erlaubt ist die Angabe als int- oder double-Zahl
StringLength	Validierung, ob Zeichenkette eine bestimmte Maximallänge hat und optional auch eine bestimmte Mindestlänge
RegularExpression	Validierung, ob Wert einem regulären Ausdruck entspricht
UrlAttribute	Validierung, ob Wert eine URL ist
PhoneAttribute	Validierung, ob Wert eine Telefonnummer ist
MinLengthAttribute	Validierung, ob Wert eine Mindestlänge erfüllt
MaxLengthAttribute	Validierung, ob Wert eine Maximallänge erfüllt
FileExtensionsAttribute	Validierung, ob Wert ein Dateiname mit bestimmten Dateinamenserweiterung ist

Klasse	Bedeutung
EmailAddressAttribute	Validierung, ob Wert eine E-Mail-Adresse ist
CreditCardAttribute	Validierung, ob Wert eine Kreditkartennummer ist
CompareAttribute	Validierung, ob ein Wert einem anderen entspricht

 Hinweis

Beim Einsatz der modellbasierten Vorgehensweise entnimmt Entity Framework einige Validierungsregeln aus dem Entity Data Model. Dazu gehören die Information, ob es sich bei einem Feld um ein Pflichtfeld handelt, aber auch die Informationen über die maximale Länge von Zeichenketten. Der folgende Abschnitt zeigt darüber hinaus auch, wie der Entwickler weitere Validierungsattribute zu generierten Entitäten hinzufügen kann.

Entitäten validieren lassen

Um die Handhabung von Validierungsattributen durch Entity Framework zu demonstrieren, zeigt das nächste Listing eine mit Datenannotationen versehene Entität. Der Entity Framework-Validierungsmechanismus kann auf zwei Arten ausgelöst werden:

- Explizit vor dem Speichern durch die Methode *GetValidationErrors*
- Automatisch beim Speichern mit *SaveChanges*

Das übernächste Listing zeigt beide Möglichkeiten. Es erzeugt ein Hotel, dessen Eigenschaften nicht den im ersten Listing festgelegten Validierungsregeln entspricht: Die Bezeichnung ist zu kurz und der Wert für Sterne muss zwischen 0 und 5 liegen (auch wenn einige Hotels Werte darunter durchaus verdient hätten). Das betrachtete Beispiel fügt das Hotel zum *DbContext* hinzu und verwendet anschließend dessen Methode *GetValidationErrors*, um sich über eventuelle Validierungsfehler zu informieren. Diese Validierungsfehler repräsentiert Entity Framework durch eine Auflistung mit *DbEntityValidationResult*-Objekten. Jedes *DbEntityValidationResult* verweist auf die betroffene Entität sowie auf eine Liste mit den entdeckten Fehlern, welche Entity Framework durch Instanzen von *DbValidationError* darstellt. Jeder Fehler besteht aus dem Feldnamen und einer Fehlermeldung.

Die Hilfs-Methode *LogErrors* (siehe drittes Listing) durchläuft alle Fehler in allen *DbEntityValidationResult*-Objekten und gibt diese aus. Über die Eigenschaft *Entry* erhält diese Methode Zugriff auf die betroffene Entität. Genaugenommen handelt es sich dabei um eine Repräsentation, die der *DbContext* intern zur Verwaltung von Entitäten verwendet. Informationen dazu finden sich im Abschnitt "Change-Tracking-API". Über die Eigenschaft *Entity* kommt *LogErrors* schlussendlich an die tatsächliche Entität heran.

Ruft die Anwendung *SaveChanges* auf, obwohl Validierungsfehler vorliegen, löst Entity Framework eine *DbEntityValidationException* aus. Diese *Exception* bietet über ihre Auflistung *EntityValidationErrors*, welche ebenfalls aus *DbEntityValidationResult*-Objekten besteht, Zugriff auf die erkannten Fehler

```
 1  public partial class Hotel
 2  {
 3      public int HotelId { get; set; }
 4
 5      [Required]
 6      [StringLength(50)]
 7      [MinLength(5)]
 8      public string Bezeichnung { get; set; }
 9
10      [Range(0,5)]
11      public int Sterne { get; set; }
12
13      [...]
14
15      public override string ToString()
16      {
17          return "{Hotel Id=" + HotelId + "}";
18      }
19
20  }
```

```
 1  using (var ctx = new HotelDbContext())
 2  {
 3      var hotel = new Hotel();
 4      hotel.Bezeichnung = "Muh!";
 5      hotel.Sterne = -3;
 6      hotel.RegionId = 3;
 7
 8      ctx.Hotel.Add(hotel);
 9
10      var validationResults = ctx.GetValidationErrors();
11      LogErrors(validationResults);
12
13      try
14      {
15          ctx.SaveChanges();
16      }
17      catch (DbEntityValidationException e)
18      {
19          LogErrors(e.EntityValidationErrors);
20      }
21  }
```

```
1  private static void LogErrors(
2      IEnumerable<DbEntityValidationResult> validationResults)
3  {
4      foreach (var validationResult in validationResults)
5      {
6          Debug.WriteLine(validationResult.Entry.Entity.ToString());
7          foreach (var error in validationResult.ValidationErrors)
8          {
9              Debug.WriteLine("\t" + error.PropertyName + ": "
10                 + error.ErrorMessage);
11         }
12         Debug.WriteLine("");
13     }
14 }
```

Eigene Validierungsattribute implementieren

Um benutzerdefinierte Validierungsattribute bereitzustellen, leitet der Entwickler von der Basis-klasse *ValidationAttribute* ab und überschreibt deren *Methode IsValid*. Diese bekommt von Entity Framework den zu validierenden Wert sowie einen *ValidationContext* mit weiteren Informationen über den aktuellen Validierungsvorgang übergeben, wie z.B. den Namen der zu validierenden Eigenschaft oder die Werte der anderen Eigenschaften.

Liefert diese Methode die Konstante *ValidationResult.Success* zurück, zeigt das Validierungsattribut an, dass die Validierung erfolgreich war. Gibt *IsValid* hingegen ein *ValidationResult* zurück, weist sie damit auf einen Validierungsfehler hin. Beim Erzeugen einer Instanz von *ValidationResult* ist als erster Parameter die Fehlermeldung sowie als zweiter Parameter ein *Array* mit den Namen der von der Fehlermeldung betroffenen Eigenschaften zu übergeben. Ein Beispiel für ein benutzerdefiniertes Validierungsattribut findet sich in diesem Listing.

```
1  public class SternValidator: ValidationAttribute
2  {
3      protected override ValidationResult
4                  IsValid(object value, ValidationContext validationContext)
5      {
6          int v = (int)value;
7
8          if (v >= 0 && v <= 5)
9          {
10             return ValidationResult.Success;
11         }
12
13         var error = "Sterne müssen zwischen 0 und 5 sein!";
```

```
14          var result = new ValidationResult(error, new[]{"Sterne"});
15          return result;
16       }
17   }
```

Generierte Entitäten um Validierungsattribute erweitern

Werden Entitäten von Entity Framework generiert, ist es nicht ratsam, sie um Validierungsattribute zu erweitern, da diese bei einer erneuten Generierung überschrieben werden. In solchen Fällen kann der Entwickler die zu validierenden Eigenschaften in eigenen sogenannten Metadatenklassen nachbilden und dort mit den gewünschten Validierungsattributen versehen. Zur Vereinfachung muss er die Eigenschaften auch nicht 1:1 nachbilden, sondern kann stattdessen öffentliche Member vom Typ *object* erstellen. Lediglich die Namen müssen übereinstimmen.

Um die Metadatenklasse mit der Modellklasse in Beziehung zu setzen, legt der Entwickler für diese eine partielle Klasse an. Diese annotiert er mit *MetadataType*, wobei er an dieses Attribut den Typ der Metadatenklasse übergibt. Dieses Spielchen setzt jedoch voraus, dass es sich beim generierten Modell auch um eine partielle Klasse handelt. Das nächste Listing beinhaltet ein Beispiel für dieses Vorgehen.

```
1   class HotelMetaData
2   {
3       [Required]
4       [StringLength(30, ErrorMessage = "{0} darf aus max. {1} Zeichen bestehen")]
5       public object Bezeichnung;
6
7       [Range(0, 5, ErrorMessage = "{0} muss zwischen {1} und {2} liegen")]
8       public object Sterne;
9   }
10
11  [MetadataType(typeof(HotelMetaData))]
12  public partial class Hotel
13  {
14  }
```

Berechnete Spalten

Damit Entity Framework jene Werte, die von der Datenbank berechnet werden, nach dem Speichern einer Entität lädt und in die Entität übernimmt, muss der Entwickler diese Spalten kennzeichnen. Beispiele hierfür sind Spalten, die einen Standardwert aufweisen, aber auch Spalten, die die Datenbank über einen Trigger befüllt.

Kennzeichnet der Entwickler eine Spalte als Identitäts-Spalte (*Identity*), geht Entity Framework davon aus, dass die Werte dieser Spalte einmalig beim Einfügen des jeweiligen Datensatzes vergeben werden. Beispiele hierfür sind von der Datenbank vergebene Primärschlüssel. Solche Werte fragt Entity Framework nur nach der Ausführung einer *INSERT*-Anweisung ab. Alternativ dazu kann der Entwickler eine Spalte als berechnet (*Computed*) kennzeichnen. Die Werte von diesen Spalten werden nach jedem Speichervorgang – sowohl nach einer *INSERT*- als auch nach einer *UPDATE*-Anweisung – abgerufen und in die Entität übernommen.

Berechnete Spalten bei modellbasierter Vorgehensweise

Um bei der modellbasierten Vorgehensweise eine Spalte als berechnete Spalte festzulegen, verwendet der Entwickler im Conceptual Model die Eigenschaft *StoreGeneratedPattern* auf Ebene der jeweiligen Eigenschaft (siehe Abbildung). Ein interessantes Detail hierbei ist die Tatsache, dass diese Einstellung sowohl auf Ebene der Eigenschaft im Conceptual Model als auch auf Ebene der dahinterstehenden Spalte im Store Model zu setzen ist. Die in Visual Studio integrierten Werkzeuge aktualisieren das Store Model automatisch nach der Aktualisierung des Conceptual Models. Davon kann man sich durch einen Blick in den Model Browser vergewissern. Werkzeuge von Drittanbieter, die häufig gemeinsam mit anderen RDBMS zum Einsatz kommen, kümmern sich mitunter nicht um den Abgleich dieser beiden Modelle. In diesen Fällen muss der Entwickler die Eigenschaft *StoreGeneratedPattern* sowohl im Conceptual Model als auch im Store Model, welches über den Model Browser beeinflusst werden kann, festlegen.

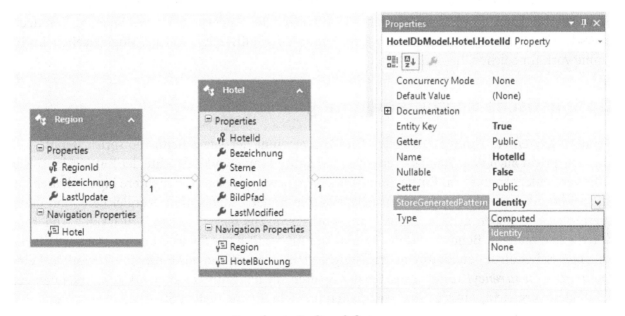

Berechnete Spalten definieren

Berechnete Spalten bei Code First

Beim Einsatz von Code First verwendet der Entwickler entweder das Attribut *DatabaseGenerated* oder die Fluent-API-Methode *HasDatabaseGenerationOption*, um eine berechnete Spalte zu definieren. Beispiele dafür finden sich in den nächsten beiden Listings. Dabei ist zu beachten, dass die standardmäßig bei Code First vorherschenden Konventionen Primärschlüssel-Eigenschaften, denen ein ganzzahliger Datentypen (*int*, *short*, *long*) zugrunde liegt, standardmäßig mit der Option *Identity* konfigurieren.

```
1   [DatabaseGenerated(DatabaseGenerationOption.Identity)]
2   public virtual int HotelId { get; set; }
```

```
1   modelBuilder
2       .Entity<Hotel>()
3       .Property(h => h.HotelId)
4       .HasDatabaseGenerationOption(DatabaseGenerationOption.Identity);
```

Konflikte erkennen und auflösen

Von Konflikten spricht man, wenn mehrere Benutzer dieselbe Entität zur selben Zeit verändern. Hierbei kann es vorkommen, dass ein Benutzer die Änderungen eines anderen Benutzers überschreibt, ohne diese gesehen zu haben. Dieser Abschnitt zeigt, welche Möglichkeiten Entity Framework für solche Situationen bietet.

Optimistische Konflikterkennung

Beim im letzten Abschnitt betrachteten Szenario gewinnt der letzte Benutzer, sprich Benutzer B. Dies entspricht auch dem Standardverhalten des Entity Frameworks. Möchte der Entwickler solche Fälle vermeiden, kann er das Entity Framework dazu bewegen, eine oder mehrere Eigenschaften des zu speichernden Objektes mit den aktuellen Werten in der Datenbank zu vergleichen. Sind deren Werte gleich geblieben, geht das Entity Framework davon aus, dass zwischenzeitlich keine Änderung durch einen anderen Benutzer erfolgt ist und stimmt somit einer Speicherung zu. Andernfalls hat ein anderer Benutzer den Eintrag in der Zwischenzeit geändert und das Entity Framework löst eine *OptimisticConcurrencyException* aus. Bei den Spalten, die das Entity Framework zum Erkennen von Konflikten vergleicht, muss es sich um Spalten handeln, die bei jedem Speichervorgang verändert werden. Unter SQL Server bietet sich hierzu der Datentyp *Timestamp* an, dessen Wert von SQL Server bei jeder Änderung des Datensatzes hochgezählt wird. Alternativ dazu könnte auch eine Versionsnummer verwendet werden. Diese könnte entweder im Code oder über einen Trigger hochgezählt werden.

Das folgende Szenario veranschaulicht diese Konflikterkennungsstrategie:

- Benutzer A lädt Entität 1 in Version 1
- Benutzer B lädt Entität 1 in Version 1
- Benutzer A schreibt eine geänderte Version von Entität 1 in die Datenbank zurück. Der geänderte Datensatz erhält die Versionsnummer 2.
- Benutzer B versucht eine geänderte Version von Entität 1 in die Datenbank zurück zu schreiben.

Das Entity Framework vergleicht die Versionsnummer, die Benutzer B ursprünglich abgerufen hat (Version 1) mit jener in der Datenbank (Version 2). Da diese Versionsnummern nicht identisch sind, liegt ein Konflikt vor und das Entity Framework löst eine Ausnahme aus. Wie das letzte Szenario verdeutlicht, wird diese einfache Art der Konflikterkennung erst beim Speichern aktiv. Das bedeutet, dass der Benutzer im schlimmsten Fall bei einem Konflikt seine Änderungen verwerfen muss. Man ist jedoch optimistisch in der Hinsicht, dass solche Fälle selten auftreten. Dies ist auch der Grund warum hierbei von einer optimistischen Sperrung (engl. *Optimistic Locking*) gesprochen wird (was auch erklärt, warum das Entity Framework im Konfliktfall eine *OptimisticConcurrencyException* auslöst).

Der Vorteil dieser Strategie ist, dass sie zum einen einfach zu implementieren ist und zum anderen ohne Sperrungen in der Datenbank auskommt. Dabei muss man sich vor Augen halten, dass Datenbanksperren in den letzten Jahren aus der Mode gekommen sind, zumal sie zum einen die Möglichkeit zum parallelen Verarbeiten von Daten einschränken (was ja auch deren Sinn ist) und zum anderen gerade in Webanwendungen häufig nicht genutzt werden können.

Letzteres liegt darin, dass Datenbanksperren beim Schließen der Datenbankverbindung aufgehoben werden, was nach jeder Anfrage der Fall ist. Allerdings ergeben sich beim Bearbeiten von Daten in einem Websystem mindestens zwei Anfragen – mit der ersten wird der Eintrag abgerufen; mit der zweiten werden die geänderten Daten zur Speicherung zurückgesendet.

Optimistische Konflikterkennung bei modellbasierter Vorgehensweise

Um festzulegen, dass das Entity Framework eine oder mehrere Spalten für optimistische Konfliktprüfungen (engl. *Optimistic Concurrency Checks*) verwenden soll, legt der Entwickler im Entity Data Model die Eigenschaft *Concurrency Mode* bei den jeweiligen Eigenschaften auf *Fixed* fest (siehe Abbildung).

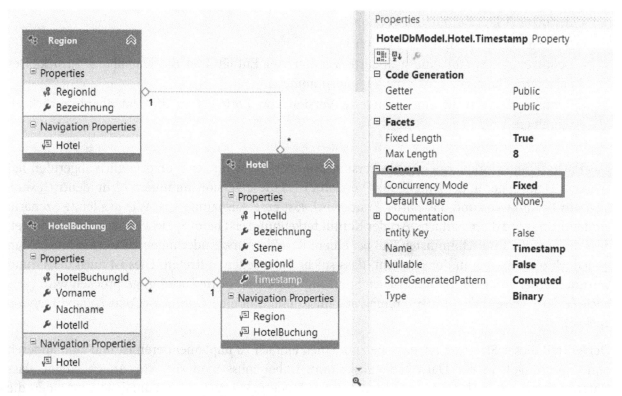

Spalte für optimistische Sperrungen auswählen

Optimistische Konflikterkennung bei Code First

Um beim Einsatz von Code First einzelne Spalten für die optimistische Konfliktprüfungen zu verwenden, annotiert der Entwickler diese mit dem Attribut *Concurrency* oder *Timestamp* (siehe die nächsten beiden Listings). Der Unterschied zwischen diesen beiden Attributen liegt darin, dass beim Einsatz von *Timestamp* Entity Framework davon ausgeht, dass die Datenbank bei jeder Änderung einen neuen Wert vergibt. Beim Einsatz von *Concurrency* ist der Entwickler dafür verwantwortlich. Das zweite Listing zeigt auch, dass die von Microsoft SQL Server verwendeten Timestamps bei Code First als *byte*-Arrays dargestellt werden.

```
1   public class Region
2   {
3       public virtual int RegionId { get; set; }
4
5       [MaxLength(27)]
6       public virtual string Bezeichnung { get; set; }
7
8       public virtual ICollection<Hotel> Hotels { get; set; }
9
10      [ConcurrencyCheck]
```

```
11        public virtual int Version { get; set; }
12    }
```

```
1    public class Hotel
2    {
3        public virtual int HotelId { get; set; }
4        public virtual string Bezeichnung { get; set; }
5        public virtual int Sterne { get; set; }
6
7        [Timestamp]
8        public virtual byte[] LetzteModifikation { get; set; }
9
10       public virtual Region Region { get; set; }
11   }
```

Alternativ zum Einsatz von Attributen kann der Entwickler auch die Fluent-API verwenden, um Spalten für die optimistische Konfliktprüfungen anzugeben. Dazu verwendet er, wie das folgende Listing zeigt, die Methode *IsConcurrencyToken*. In Fällen, in denen die Datenbank einen neuen Wert bei jedem Speichervorgang vergibt, ist der Entwickler zusätzlich angehalten, mit *HasDatabaseGenerationOption* die Option *Computed* anzuführen.

```
1    modelBuilder
2        .Entity<Region>()
3        .Property(r => r.Version).IsConcurrencyToken();
4
5    modelBuilder
6        .Entity<Hotel>()
7        .Property(h => h.LetzteModifikation)
8        .HasColumnType("timestamp")
9        .IsConcurrencyToken()
10       .HasDatabaseGenerationOption(DatabaseGenerationOption.Computed);
```

Konflikte bei optimistischer Konflikterkennung auflösen

Tritt eine *OptimisticConcurrencyException* ein, kann der Entwickler die Change-Tracking-API von Entity Framework zur Behandlung des vorliegenden Konfliktes nutzen. Diese bietet eine Auflistung mit den ursprünglich geladenen Werten und eine Auflistung mit den aktuellen Werten. Um die aktuell vorliegenden Änderungen mit Gewalt in die Datenbank zu überführen, überschreibt der Entwickler die Auflistung mit den ursprünglich geladenen Werten mit den aktuellen. In diesem Fall ist Entity Framework nicht mehr in der Lage einen Konflikt auszumachen und *SaveChanges* übernimmt die Änderungen ohne Beanstandung in die Datenbank. Um die Daten nochmals aus der

Datenbank zu laden, aktualisiert der Entwickler die Auflistung mit den aktuellen Werten mit den Daten aus der Datenbank. Dabei gehen die Änderungen des Benutzers verloren. Informationen über die Change-Tracking-API sowie über den Umgang mit den beiden genannten Auflistungen findet man im Abschnitt "Zugriff auf den Change-Tracker".

Pessimistische Konflikterkennung

Während es viele Fälle gibt, in denen keine Konflikterkennungsstrategie oder lediglich eine optimistische Strategie zur Konflikterkennung nötig ist, kommt es auch immer wieder vor, dass Konflikte von vornherein verhindert werden müssen. Dies bedeutet, dass der Entwickler einen Mechanismus benötigt, um zu verhindern, dass gleichzeitig auf denselben Datensatz zugegriffen wird. Dazu existieren mehrere Möglichkeiten:

- Der Entwickler sendet native SQL-Anweisungen zur Datenbank, die bewirken, dass Datensätze in der Datenbank gesperrt werden
- Der Entwickler startet eine Transaktion mit einer entsprechenden Transaktionsisolationsstufe. Informationen über die Arbeit mit Transaktionen finden Sie im Abschnitt »Mit Transaktionen arbeiten«.
- Der Entwickler zeichnet in einer eigenen Tabelle auf, welcher Benutzer welchen Datensatz bis zu welchem Zeitpunkt exklusiv nutzen darf. Dies bedeutet jedoch auch, dass er vor jedem Zugriff auf diese Tabelle (mit einer entsprechenden Transaktionsisolationsstufe) zugreifen muss.

Hierbei ist zu beachten, dass die ersten beiden Lösungsvorschläge nur innerhalb einer HTTP-Anfrage funktionieren, da sie auf Datenbanksperren basieren und diese beim Schließen der Datenbankverbindung wieder aufgehoben werden. Der dritte Lösungsvorschlag, der im Übrigen auch von Größen, wie SAP, herangezogen wird, ist somit der einzige, der über mehrere HTTP-Anfragen hinweg funktioniert.

Mit Transaktionen arbeiten

Die Speicherung der Änderungen bei *SaveChanges* erfolgt als eine Datenbanktransaktion, d. h. es werden alle oder keine der Änderungen in der Datenbank persistiert. Der Entwickler kann auch Datenbanktransaktionen über mehrere Ausführungen von *SaveChanges* hinweg und sogar über mehrere verschiedene Kontextinstanzen hinweg ausführen. Dazu verwendet er entweder den *TransactionScope* oder Methoden von *DbContext*, welche seit Version 6 zur Verfügung stehen.

Transactionen mit TransactionScope

Der Einsatz der Klasse *TransactionScope* bietet eine deklarative Möglichkeit, bestimmte Codestrecken in einer Transaktion auszuführen. Der Entwickler nutzt sie, indem er sie zum Beispiel in einem *using*-Block instanziiert und innerhalb des Blockes die transaktionalen Aufgaben durchführt. Um in den Genuss der Klasse TransactionScope zu kommen, bindet der Entwickler die *Assembly System.Transactions*, welche mit .NET 2.0 eingeführt wurde, ein. Idealerweise wird diese Klasse innerhalb einer *using*-Anweisung verwendet. Somit sind der Beginn und das Ende der dadurch repräsentierten Transaktion klar umrissen. Der Zugriff auf transaktionale Ressourcen innerhalb eines *TransactionScope*-Bereichs erfolgt im Rahmen einer Transaktion. Um die Transaktion zu bestätigen (engl. *commit*), ruft der Entwickler am Ende des Scopes die Methode *Complete* auf. Um die Transaktion zurückzurollen, unterlässt er dies.

```
1  var hotelRepository = new HotelRepository();
2  var flugRepository = new FlugRepository();
3
4  using (var ts = new TransactionScope())
5  {
6      hotelRepository.Book(...);
7      flugRepository.Book(...);
8      ts.Complete();
9  }
```

Greift der Entwickler innerhalb eines *TransactionScope*-Bereichs auf mehr als eine transaktionelle Ressource zu, zum Beispiel auf zwei verschiedene Datenbanken, versucht *TransactionScope* eine verteilte Transaktion zu starten. Neben der Tatsache, dass dies mit einem nicht zu unterschätzenden Overhead einhergeht, müssen alle beteiligten Ressourcen verteilte Transaktionen unterstützen. Zusätzlich muss bei den betroffenen Rechnern ein Transaktionsmanager, zum Beispiel der Distributed Transaction Manager, der mit Windows in Form eines Dienstes ausgeliefert wird, gestartet sein. Greift der Entwickler hingegen über zwei verschiedene Verbindungen auf ein und dieselbe transaktionale Ressource zu (z. B. über zwei Datenbankverbindungen auf dieselbe Datenbank), hängt das Transaktionsverhalten vom verwendeten (Datenbank-)Treiber ab.

Ein Beispiel für solch ein Szenario stellt das nächste Listing dar, wenn man davon ausgeht, dass beide Repositories eine Instanz desselben Datenbankkontextes für den Zugriff auf dieselbe Datenbank via Entity Framework nutzen. Unterstützt der (Datenbank-)Treiber in solch einem Fall den Lightweight Transaction Manager, wird eine lokale Transaktion verwendet. Ist dem jedoch nicht so, initiiert .NET eine verteilte Transaktion. Während der mit .NET ausgelieferte Treiber (genauer: Datenanbieter) für Microsoft SQL Server den Lightweight Transaction Manager unterstützt, ist der Entwickler gut beraten, dies beim Einsatz von anderen Treibern zu prüfen, um nicht ungewollt verteilte Transaktionen anzustoßen.

```
 1   var hotelRepository = new HotelRepository();
 2   var flugRepository = new FlugRepository();
 3
 4   var to = new TransactionOptions();
 5   to.IsolationLevel = System.Transactions.IsolationLevel.Serializable;
 6   to.Timeout = TimeSpan.FromMinutes(1);
 7
 8   using (var ts = new TransactionScope(TransactionScopeOption.Required, to))
 9   {
10       // hotelRepository.Book(...);
11       // flugRepository.Book(...);
12       ts.Complete();
13   }
```

 Hinweis

Der TransactionScope funktioniert nur gemeinsam mit asynchronen Operationen, wenn an den Konstruktor das Argument *TransactionScopeOption.Required* übergeben wird. Dies wird jedoch erst ab .NET 4.5.1 unterstützt.

Transaktionen über DbContext steuern

Als Alternative zum Einsatz von *TransactionScope* zur Realisierung von Transaktionen bietet Entity Framework ab Version 6 die Möglichkeit, Transaktionen direkt über den verwendeten Kontext zu starten. Dazu ruft der Entwickler die Methode *Database.BeginTransaction* auf. Im Zuge dessen kann er das gewünschte Transaktions-Isolations-Level übergeben. Macht er das nicht, kommt das Standard-Transaktions-Isolations-Level der verwendeten Datenbank zum Einsatz. Das Ergebnis von *BeginTransaction* ist eine Instanz von *DbContextTransaction*. Diese bietet eine Methode *Commit*, um die mit *BeginTransaction* gestartete Transaktion zu bestätigen sowie eine Methode *Rollback*, um diese rückgängig zu machen. Um sicherzustellen, dass beanspruchte Ressourcen freigegeben werden, sollte der Entwickler am Ende der durchgeführten Aktion die Methode *Dispose* beim *DbContextTransaction*-Objekt aufrufen oder dieses Objekt im Rahmen eines *using*-Blocks einsetzen. Ein Beispiel dafür findet sich im Listing

```
 1   using (var ctx = new HotelDbContext())
 2   {
 3       using (var trans = ctx.Database.BeginTransaction())
 4       {
 5           var r = new Region();
 6           r.Bezeichnung = "Gleisdorf";
 7
 8           ctx.Regionen.Add(r);
 9           ctx.SaveChanges();
10
11           trans.Commit();
12       }
13   }
```

Während das manuelle Steuern von Transaktionen dem Entwickler mehr Kontrolle gibt, macht es ein methodenübergreifendes Handhaben von Transaktionen schwieriger, da in diesem Fall sichergestellt werden muss, dass sämtliche Methoden den selben *DbContext* verwenden, wobei ein Herumreichen des *DbContextes*, zum Beispiel aus Gründen der Schichtentrennung, häufig gar nicht erwünscht ist. Dazu kommt, dass ein direktes Steuern von Transaktionen über den *DbContext* nicht bei Datenbankverbindungen, die nach einem Verbindungsabbruch automatisch einen Wiederanlauf starten, funktioniert. Mit Wiederanlauf sind hierbei das erneute Aufbauen einer Datenbankverbindung sowie das erneute Absenden der soeben fehlgeschlagenen SQL-Anweisung gemeint. Dieses Verhalten, welches als *connection resiliency* bezeichnet wird, kommt standardmäßig beim Entity-Framework-Provider für SQL Azure der Fall, zumal gerade bei Cloud-Anwendungen die Datenbankverbindung zwischenzeitlich geschlossen wird, um zur Lastverteilung den jeweiligen Client auf eine andere Replikation der Daten umzuleiten.

Kompensieren von Fehlern

Gerade, aber nicht nur in Cloud-Umgebungen sind Entwickler mit sogenannten transienten Problemen konfrontiert. Darunter versteht man Probleme, die nur kurzfristig vorherrschen und durch ein erneutes Ausführen der gescheiterten Aktion kompensiert werden können. Ein Beispiel hierfür stellt die Tatsache dar, dass es sich SQL Azure vorbehält, im Fall einer hohen Belastung Datenbankverbindungen zu schließen. Entity Framework beinhaltet Mechanismen, um mit solchen Fehlern ohne Zutun des Entwicklers fertig zu werden.

Wiederanlauf nach Fehler (*Connection Resiliency*)

Damit Entwickler zur Kompensierung transienter Fehler nicht selber immer und immer wieder Retry-Logiken implementieren müssen, übernimmt Entity Framework ab Version 6 diese Aufgabe. Dazu bietet Entity Framework verschiedene Ausführungsstrategien. Die Tabelle zeigt jene Klassen, welche diese Strategien implementieren.

Klasse	Beschreibung
DefaultExecutionStrategy	Führt keine Retrys durch und wird mit Ausnahme von SQL Server bzw. SQL Azure standardmäßig verwendet.
DefaultSqlExecutionStrategy	Wie DefaultExecutionStrategy. Allerdings werden transiente Exceptions mit Exceptions, die auf die hier beschriebenen Möglichkeiten hinweisen, ummantelt. Wird standardmäßig für SQL Server verwendet.
DbExecutionStrategy	Basisklasse für eigene Ausführungsstrategien. Verwendet standardmäßig eine exponentiell ansteigende zeitliche Verzögerung zwischen den einzelnen Ausführungsversuchen. Dazu nimmt der Konstruktor eine maximale Anzahl an Ausführungsversuchen sowie die maximale zeitliche Verzögerung, die zwischen zwei Versuchen stattfinden darf.
SqlAzureExecutionStrategy	Implementierung von DbExecutionStrategy. Berücksichtigt die möglichen transienten Exceptions, die bei der Arbeit mit SQL Azure auftreten können. Wird standardmäßig für SQL Azure verwendet.

Um die gewünschte *ExecutionStrategy* festzulegen, verwendet der Entwickler innerhalb der mit dem Kontext assoziierten *DbConfiguration*-Implementierung die Methode *SetExecutionStrategy*. Diese nimmt den Namen des jeweiligen ADO.NET-Providers sowie eine Func, die die gewünschte Strategie retourniert, entgegen:

```
1   SetExecutionStrategy("System.Data.SqlClient",
2           () => new SqlAzureExecutionStrategy(3, TimeSpan.FromSeconds(1)));
```

Neben der Verwendung durch Entity Framework kann der Entwickler die einzelnen Ausführungsstrategien auch manuell nutzen, indem er an die Methode *Execute* eine auszuführende *Action* übergibt (erstes Listing). Um eigene Ausführungsstrategien zu implementieren, bietet es sich an, von *DbExecutionStrategy* zu erben (zweites Listing) und die Methoden *GetNextDelay* sowie *ShouldRetryOn* zu überschreiben. Erstere gibt an, wie lange die Ausführungsstrategie nach einem transienten Fehler warten soll, bevor sie den nächsten Ausführungsversuch startet. Letztere liefert *true*, wenn es sich bei der übergebenen Exception um eine transiente Exception handelt.

```
1   var execStrategy = new SqlAzureExecutionStrategy(5, TimeSpan.FromSeconds(3));
2   execStrategy.Execute(() =>
3   {
4       Console.WriteLine("Doing dangerous things ...");
5       Console.WriteLine(System.DateTime.Now);
6       throw new TimeoutException("zu langsam ...");
7
8   });
```

```
1   public class CustomExecutionStrategy: DbExecutionStrategy
2   {
3       protected override TimeSpan? GetNextDelay(Exception lastException)
4       {
5           return TimeSpan.FromSeconds(3);
6       }
7
8       protected override bool ShouldRetryOn(Exception exception)
9       {
10          return true;
11      }
12  }
```

Fehler beim Commit mit CommitFailureHandler kompensieren

Das mit Version 6.1 eingeführte Konzept des *TransactionHandlers* schließt im Bereich des Kompensierens von Fehlern eine Lücke, die dann entsteht, wenn beim Bestätigen einer Transaktion (Commit) ein Fehler auftritt. In diesem Fall ist es nicht zulässig, die betroffene Transaktion ohne weiteres zu wiederholen. Vielmehr muss ein Weg gefunden werden, um herauszufinden, ob der Fehler vor oder nach dem Commit aufgetreten ist. Ist der Fehler vor dem Commit aufgetreten, muss die Transaktion wiederholt werden. Ist er hingegen danach aufgetreten, wurden die Änderungen erfolgreich übernommen und er kann ignoriert werden. Diese Situation kann sich unter anderem ergeben, wenn unmittelbar nach dem Commit die Datenbankverbindung unterbrochen wird. Gerade in Cloud-Umgebungen ist solch ein Fall realistisch, zumal hier der Entwickler jederzeit damit rechnen muss, dass die Verbindung im Zuge eines Fail-Overs, zur Lastverteilung oder einfach, weil sie länger nicht mehr zum Übertragen von Daten verwendet wurde, geschlossen wird. Letzteres ergibt sich zum Beispiel, wenn die Verarbeitung der übermittelten Daten in der Datenbank länger dauert.

Die von Entity Framework angebotene *TransactionHandler*-Implementierung nennt sich *CommitFailerHandler*. Um erkennen zu können, ob eine Transaktion vor dem Auftreten eines Fehlers erfolgreich abgeschlossen wurde, fügt der *CommitFailerHandler* am Beginn jeder Transaktion einen Datensatz in eine Protokolltabelle namens __Transactions ein. Diese Tabelle legt er bei Bedarf an. Existiert dieser Datensatz im Fehlerfall noch, kann er davon ausgehen, dass die Transaktion vor dem Auftreten des Fehlers erfolgreich abgeschlossen wurde. Existiert dieser Datensatz nicht mehr, konnte die Transaktion nicht erfolgreich abgeschlossen werden und ist somit zurückgerollt worden. Obwohl der *CommitFailerHandler* versucht, nicht mehr benötigte Datensätze aus dieser Tabelle zu löschen, kann es dennoch vorkommen, dass hier alte Einträge zurückbleiben. Auf diesen Umstand weist das Produktteam auch hin. Somit liegt die endgültige Verantwortung im Entfernen nicht mehr benötigter Einträge beim Entwickler. Um den *CommitFailerHandler* zu aktivieren, verwendet der Entwickler die Methode *SetTransactionHandler* innerhalb des Konstruktors eines DbConfiguration-Derivates:

```
1  SetTransactionHandler(
2      SqlProviderServices.ProviderInvariantName,
3      () => new CommitFailureHandler());
```

Neben dieser von Entity Framework bereitgestellten Implementierung kann der Entwickler auch eine eigene Implementierung erstellen, indem er von der abstrakten Basisklasse *TransactionHandler* ableitet. Im Wesentlichen handelt es sich hierbei um eine abstrakte Klasse, welche die Interfaces *IDbTransactionInterceptor* und *IDbConnectionInterceptor* (vgl. Abschnitt "Interceptoren") realisiert. Diese Interfaces beinhalten Methoden, die Entity Framework aufruft, um über Transaktions-relevante Ereignisse zu informieren. Bei diesen Ereignissen kann es sich zum Beispiel um den Start einer Transaktion oder um ein Commit handeln. Der abstrakte *TransactionHandler* implementiert die Methoden dieser Interfaces mit leeren Rümpfen, sodass sich der Entwickler nur mehr um die wirklich benötigten Methoden kümmern muss. Um seine Aufgabe zu erfüllen, überschreibt ein *TransactionHandler* die Methode *Committed*, welche Entity Framework nach dem Abschluss einer Transaktion aufruft. In dieser Methode ist zu prüfen, ob im Zuge des Commits eine Exception aufgetreten ist, sowie, ob die Transaktion (trotzdem) erfolgreich abgeschlossen wurde. Ist letzteres der Fall, kann der *TransactionHandler* die Exception unterdrücken, indem er die Eigenschaft *Exception* des übergebenen Kontext-Objektes auf null setzt. Um prüfen zu können, ob die Transaktion erfolgreich beendet wurde, muss ein *TransactionHandler* in der Regel weitere Methoden der erwähnten Interceptor-Interfaces überschreiben. Der *CommitFailerHandler* überschreibt beispielsweise die Methode *BeganTransaction*, um nach dem Start einer Transaktion den erwähnten Eintrag in die Protokoll-Tabelle zu schreiben. Neben den von den Interceptor-Interfaces vorgegebenen Methoden, weist die abstrakte Klasse *TransactionHandler* auch eine eigene Methode namens *BuildDatabaseInitializationScript* auf. Diese ist ebenfalls abstrakt und muss vom Entwickler überschrieben werden. Ihre Aufgabe besteht darin, SQL-Anweisungen zum Initialisieren der Datenbank als String zu retournieren. Der *CommitFailerHandler* gibt auf diesem Weg zum Beispiel den Befehl zum Erzeugen der benötigten Tabelle __*Transactions* bekannt.

Mapping Szenarien

In den vergangen Abschnitten wurde das verwendete Datenbankschema 1:1 auf das Objektmodell abgebildet. Dieser Abschnitt zeigt nun, wie der Entwickler ein vom Datenbankschema abweichendes Objektmodell kreieren kann.

Komplexe Typen

Um ein eigenes Datenbankschema aufzubauen, werden oft eigene, komplexe Typen benötigt. Bei komplexen Typen handelt es sich um Klassen, welche bestimmte Eigenschaften zusammenfassen. Beispielsweise könnten die Eigenschaften *Vorname* und *Nachname* einer Hotelbuchung zu einem komplexen Typen Name zusammengefasst werden.

Komplexe Typen bei modellbasierter Vorgehensweise

Komplexe Typen können im Model Browser (vgl. erste Abbildung) angelegt werden. Anschließend hat der Entwickler die Möglichkeit, Eigenschaften mit diesen Typen anzulegen. Geht man nach dem Prinzip Database First vor, so müssen die vom Assistenten in den Klassen eingerichteten Attribute, welche Teil des komplexen Typs sind, gelöscht werden, da sie nun ja durch eine Eigenschaft vom komplexen Typ repräsentiert werden. Außerdem sind die einzelnen Eigenschaften des komplexen Typs innerhalb der Mapping Details auf die entsprechenden Spalten abzubilden (vgl. zweite Abbildung).

Das Listing demonstriert den Einsatz komplexer Typen. Es legt eine neue Buchung an und ruft anschließend sämtliche Buchungen ab. Wie daraus ersichtlich ist, kann nach den beschriebenen Modifikationen der Entwickler auf den Vornamen und Nachnamen über eine Eigenschaft *Name* zugreifen.

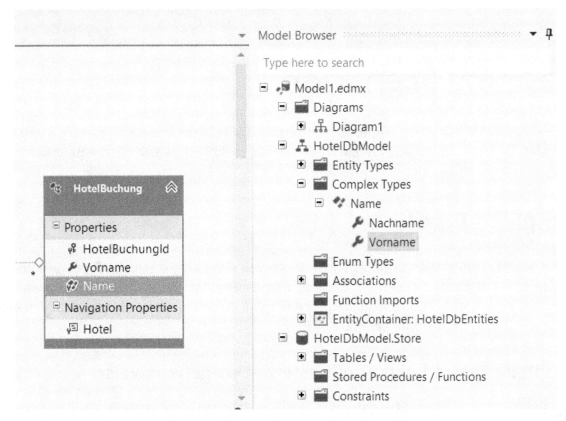

Definition und Anwendung eines komplexen Typs

Komplexe Typen auf Spalten abbilden

```
 1  using (var ctx = new HotelDbContext())
 2  {
 3      var hotel = ctx.Hotel.FirstOrDefault();
 4
 5      // -- Buchung erzeugen -------
 6
 7      var buchung = new HotelBuchung();
 8      buchung.Name = new Name();
 9      buchung.Name.Vorname = "Susi";
10      buchung.Name.Nachname = "Sorglos";
11      buchung.Hotel = hotel;
12
13      ctx.HotelBuchung.Add(buchung);
14      ctx.SaveChanges();
15
16      // -- Buchungen abrufen -------
17
18      var buchungen = ctx.HotelBuchung.ToList();
19      foreach (var b in buchungen)
20      {
21          var fullName = b.Name.Vorname + " " + b.Name.Nachname;
22          DoSomething(fullName);
23      }
24  }
```

Komplexe Typen bei Code First

Beim Einsatz von Code First erkennt Entity Framework Klassen automatisch als komplexe Typen, wenn die folgenden Kriterien erfüllt sind:

- Die Klasse besitzt keinen Primärschlüssel
- Die Klasse verweist auf keine weiteren Entitäten
- Die Klasse wird nicht von einer Auflistung einer Entität oder eines anderen komplexen Typs referenziert

Ein Beispiel dafür findet sich im nächsten Listing, wo die Klasse *Adresse* all diese Kriterien erfüllt. Daneben kann ein komplexer Typ auch auf weitere komplexe Typen verweisen. Beispielsweise könnte der komplexe Typ *Adresse* auf einen weiteren komplexen Typ mit GPS-Koordinaten verweisen.

```
 1  public class Adresse
 2  {
 3      public virtual string Strasse { get; set; }
 4      public virtual string Plz { get; set; }
 5      public virtual string Ort { get; set; }
 6  }
 7
 8  public class Hotel
 9  {
10      public virtual int HotelId { get; set; }
11      public virtual Adresse Adresse { get; set; }
12      public virtual string Bezeichnung { get; set; }
13      public virtual int Sterne { get; set; }
14  }
```

Der Entwickler kann jedoch auch Klassen explizit als komplexe Typen ausweisen. Dazu nutzt er entweder das Attribut *ComplexType* oder die gleichnamige Methode der Fluent-API (siehe die folgenden Listings).

```
 1  [ComplexType]
 2  public class Adresse
 3  {
 4      public virtual string Strasse { get; set; }
 5      public virtual string Plz { get; set; }
 6      public virtual string Ort { get; set; }
 7  }
```

```
 1  // Adresse als komplexen Typ registrieren
 2  modelBuilder.ComplexType<Adresse>();
```

Standardmäßig geht Entity Framework beim Einsatz von Code First davon aus, dass die Eigenschaften der komplexen Typen auf Spalten gemappt werden, deren Namen sich wie folgt zusammensetzt: Name der Eigenschaft, die auf den komplexen Typ verweist + _ + Name der jeweiligen Eigenschaft im komplexen Typ. Beim hier betrachteten Beispiel verwendet Entity Framework demnach die folgenden Spalten:

- Adresse_Strasse
- Adresse_Plz
- Adresse_Ort

Der Entwickler kann jedoch auch unter Verwendung der Fluent-API die Namen dieser Spalten sowie deren weitere Eigenschaften beeinflussen. Ein Beispiel dafür findet sich im nächsten Listing.

```
1    // Details für Adresse.Strasse mappen
2    modelBuilder
3        .Entity<Hotel>()
4        .Property(p => p.Adresse.Strasse)
5        .HasColumnName("Adresse_Strasse")
6        .HasColumnType("varchar")
7        .IsRequired();
8
9    // Details für Adresse.Plz mappen
10   modelBuilder
11       .Entity<Hotel>()
12       .Property(p => p.Adresse.Plz)
13       .HasColumnName("Adresse_Plz")
14       .HasColumnOrder(1)
15       .HasMaxLength(5)
16       .IsRequired();
17
18   // Details für Adresse.Ort mappen
19   modelBuilder
20       .Entity<Hotel>()
21       .Property(p => p.Adresse.Ort)
22       .HasColumnName("Adresse_Ort")
23       .HasColumnOrder(1)
24       .HasMaxLength(30)
25       .IsRequired();
```

Aufzählungstypen (Enums)

Seit Version 5 verfügt der Entwickler über die Möglichkeit, numerische Spalten auf Aufzählungstypen (Enums) abzubilden. Beim Persistieren zieht Entity Framework den hinter dem Enum stehenden numerischen Wert heran. Dabei wird auch der Einsatz von Flags unterstützt und seit Version 6.1 kann der Entwickler auch innerhalb von LINQ-Abfragen die Methode *HasFlags* verwenden, um lediglich Objekte, für die bestimmte Flags gesetzt wurden, zu laden. Leider unterstützt Entity Framework das Abbilden von Enum-Werten auf Strings, zum Beispiel solche, die den Namen des jeweiligen Wertes wiederspiegeln, nicht.

Enums bei modellbasierter Vorgehensweise

Enumerationen werden, so wie komplexe Typen auch, im Model Browser angelegt und können danach als Typen für Eigenschaften im Objektmodell herangezogen werden. In der Abbildung sehen Sie im Model Browser die Enumeration *Sterne*, die als Typ für die gleichnamige Eigenschaft in der

Klasse *Hotel* Verwendung findet. Das Listing demonstriert anhand dieses Beispiels den Einsatz von Enumerationen im Quellcode. Zunächst legt es ein Hotel mit fünf Sternen (*Sterne.DeLuxe*) an. Anschließend ruft es sämtliche Hotels mit fünf und vier Sternen (*Sterne.DeLuxe* und *Sterne.FirstClass*) ab und verwendet die Enumeration *Sterne* für eine Fallunterscheidung.

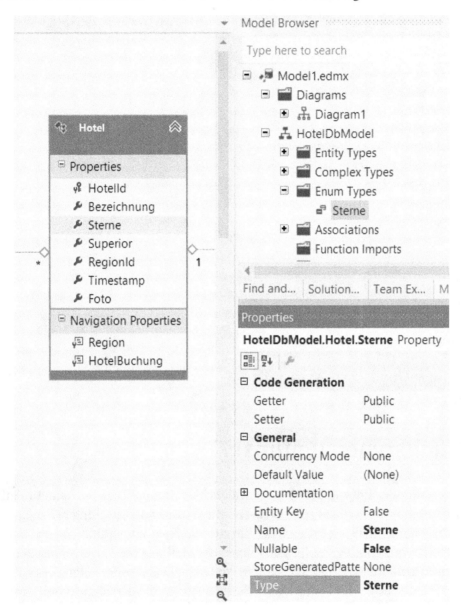

Enumerationen zuweisen

```
 1  using (var ctx = new HotelDbContext())
 2  {
 3      // -- Hotel erzeugen -------
 4
 5      var hotel = new Hotel();
 6      hotel.Bezeichnung = "Hotel Schwichtenberg";
 7      hotel.Sterne = Sterne.DeLuxe;
 8      hotel.RegionId = 3;
 9
10      ctx.Hotel.Add(hotel);
11      ctx.SaveChanges();
12
13      // -- Hotels laden -------
14
15      var hotels = ctx.Hotel.Where(
16                      h => h.Sterne == Sterne.DeLuxe
17                          || h.Sterne == Sterne.FirstClass)
18                  .ToList();
19
20      foreach (var h in hotels)
21      {
22          switch (h.Sterne)
23          {
24              case Sterne.DeLuxe:
25                  ProcessDelux(h);
26                  break;
27              case Sterne.FirstClass:
28                  ProcessFirstClass(h);
29                  break;
30          }
31      }
32  }
```

Enums bei Code First

Beim Einsatz von Code First muss der Entwickler nichts Besonderes beachten, wenn er Enums nutzen möchte. Wenn Entity Framework auf Enums innerhalb von Entitäten oder komplexen Typen stößt, mappt es den Enum auf eine numerische Spalte. Das Arbeiten mit diesen Enums gestaltet sich wie bei der modellbasierten Spielart.

Vererbung

Während objektorientierte Sprachen, wie C# oder VB.NET, das Konzept der Vererbung kennen, sucht man danach innerhalb klassischer relationaler Datenbanken, wie SQL Server, vergeblich. Allerdings existieren Strategien, um Vererbungsbeziehungen in der Datenbank nachzubilden und O/R-Mapper, wie das Entity Framework, sind in der Lage, Daten, die entsprechend dieser Strategien organisiert werden, als Vererbungsbeziehungen zu behandeln. Nachdem dieser Abschnitt die Vorteile der Verwendung von Vererbungsbeziehungen aufgezeigt hat, widmet er sich diesen Strategien und zeigt, wie sie mit Entity Framework umgesetzt werden können.

Polymorphe Abfragen

Das Abbilden von Vererbungsbeziehungen ist insofern von Bedeutung, als dass Vererbungsbeziehungen sogenannte *is-a*-Beziehungen darstellen. Erbt der Entwickler beispielsweise die Klassen *KreditkartenZahlung* und *KontoAbbuchung* von der Basisklasse *Zahlung* (vgl. Abbildung), so zeigt er damit an, dass es sich bei einer *KreditkartenZahlung* sowie bei einer *KontoAbbuchung* um eine Zahlung handelt, sowie, dass Objekte dieser Klassen stellvertretend für Objekte des Typs *Zahlung* verwendet werden können. Darüber hinaus kann er sämtliche Zahlungen, unabhängig von der Tatsache, ob es sich dabei um *KreditkartenZahlungen* oder *KontoAbbuchungen* handelt, abrufen und diese unabhängig von ihren konkreten Typen als Zahlungen verwenden. Hierbei ist von polymorphen Abfragen die Rede.

Natürlich steht es dem Entwickler frei, nur Objekte eines bestimmten Subtyps abzurufen, um zum Beispiel lediglich *KreditkartenZahlungen* zu erhalten. Darüber hinaus kann er Objekte jederzeit in den zugrundeliegenden konkreten Typ umwandeln (engl. *Downcasting*), um auf die zusätzlichen Eigenschaften des jeweiligen Subtyps zuzugreifen.

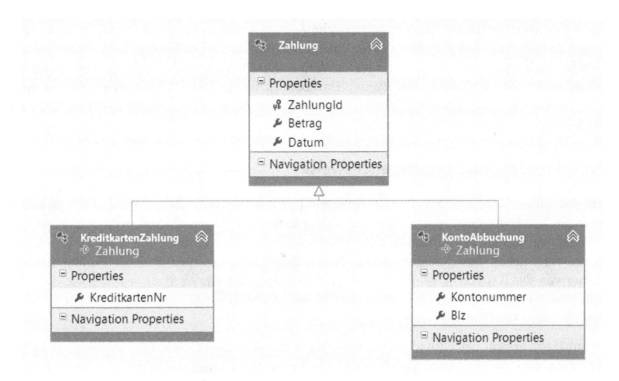

Vererbung im Entity Data Model-Designer

Table per Hierarchy (TPH)

Bei der Strategie Table per Hierarchy (TPH) werden die Objekte sämtlicher Klassen einer Vererbungshierarchie in ein und derselben Tabelle abgelegt. Darüber hinaus führt der Entwickler eine Spalte, welche auf den jeweils verwendeten konkreten Typ schließen lässt, ein. Solche Spalten werden als Diskriminatoren bezeichnet.

Ein Beispiel dafür findet sich in der nächsten Abbildung. Die gezeigte Tabelle repräsentiert Zahlungen, bei denen es sich entweder um *KreditkartenZahlungen* oder *KontoAbbuchungen* handelt. Die *ZahlungsArt* dient als Diskriminator zur Unterscheidung dieser Subtypen. Abhängig vom jeweils verwendeten Typ sind nur jene Spalten belegt, die im repräsentierten Typ vorkommen. Handelt es sich zum Beispiel um eine *KontoAbbuchung*, so findet man in der Spalte *KreditkartenNr* einen Null-Wert vor, zumal eine *KontoAbbuchung* im Gegensatz zu *KreditkartenZahlungen* keine Kreditkartennummer aufweist. Im Falle von *KreditkartenZahlungen* finden sich hingegen keine Werte in den Spalten *Kontonummer* und *Blz*.

	ZahlungId	Betrag	Datum	Kontonumm...	Blz	KreditkartenNr	ZahlungsArt
1	1	100.00	2012-11-27 08:13:46.097	0000 0000	4711	NULL	Konto
2	2	100.00	2012-11-27 08:13:46.097	0000 0001	0815	NULL	Konto
3	3	100.00	2012-11-27 08:13:46.097	NULL	NULL	9999 9999	Kreditkarte
4	4	150.00	2012-11-27 08:13:46.097	NULL	NULL	9999 9998	Kreditkarte

Tabelle mit zwei Typen entsprechend der Strategie TPH

Der Vorteil dieser Strategie ist, dass polymorphe Abfragen sehr performant durchgeführt werden können, zumal hierzu lediglich eine einzige Tabelle abzufragen ist. Der Nachteil liegt darin, dass die dritte Normalform verletzt wird und man auf dem ersten Blick die vorherrschende Vererbungsbeziehung nicht im Datenbankmodell erkennt. Darüber hinaus ergeben sich bei vielen Subtypen auch zwangsweise sehr viele Spalten, welche *Null*-Werte aufweisen, da immer nur jene Spalten, die zum jeweiligen Typ gehören, bestückt werden.

TPH bei modellbasierter Vorgehensweise

Geht der Entwickler nach dem Prinzip Database First vor, muss er die gewünschten Subklassen sowie die Vererbungsbeziehungen manuell anlegen. Einzelne Eigenschaften, welche nur im Zusammenhang mit einem bestimmten Subtyp auftauchen, muss er darüber hinaus in die jeweiligen Klassen verschieben (ausschneiden und einfügen). Dabei ist zu beachten, dass der Primärschlüssel, welcher von der Basisklasse geerbt wird, nicht zu wiederholen ist. Auch zu beachten ist, dass der Diskriminator nicht in Form einer Eigenschaft im Objektmodell vorkommen darf. Dieser wird lediglich intern vom Entity Framework genutzt.

Pro Subklasse erstellt der Entwickler ein Mapping in den *Mapping Details* (vgl. Abbildung). Dabei gibt er an, dass die Subklasse auf dieselbe Tabelle wie die Basisklasse abzubilden ist. Im Zuge dessen ordnet er auch jene Eigenschaften Spalten zu, die einen Subtyp zusätzlich zu den geerbten Typen definieren. Darüber hinaus legt er einen Wert für den Diskriminator fest. Im betrachteten Beispiel wird zum Beispiel für den Diskriminator *ZahlungsArt* der Wert *Konto* hinterlegt. Dieser Schritt entfällt, wenn die jeweilige Klasse als abstrakte Klasse gekennzeichnet wurde, da es in diesen Fällen keine Instanzen des damit einhergehenden Typs gibt. Ein Vorgehen nach dem Prinzip Model First erweist sich für die Implementierung der TPH-Strategie als schwierig, da mit dem Diskriminator eine Spalte, die im Objektmodell keine Entsprechung hat, im Zuge des Mappings auszuwählen ist. Um dieses Problem zu umschiffen könnte der Entwickler für den Diskriminator zunächst eine herkömmliche Eigenschaft anlegen, aus dem Modell eine Datenbank generieren lassen, den Diskriminator aus dem Objektmodell löschen und im Zuge des Mappings einen Wert für die Diskriminatorspalte vergeben.

Klasse, die gemäß TPH auf einen Typ einer Vererbungsbeziehung abgebildet wurde

TPH bei Code First

Code First verwendet standardmäßig die Strategie TPH für Vererbungsbeziehungen. Gibt der Entwickler keine Informationen über die Fluent-API an, richtet Entity Framework eine Spalte mit der Bezeichnung *Discriminator*, welche Auskunft über den tatsächlichen Sub-Typ gibt, ein. Diese Spalte ist standardmäßig alphanumerisch und erhält von Entity Framework beim Persistieren als Wert den Namen des jeweiligen Sub-Typs. Der Entwickler hat jedoch auch die Möglichkeit, über die Fluent-API den Einsatz von TPH explizit vorzugeben. Im Zuge dessen kann er den Namen des Diskrimators sowie die hierfür zu verwendenden Werte festlegen.

Das Listing demonstriert dies, indem es eine Spalte namens *ZahlungsArt* als Dikriminator vorsieht und angibt, dass diese Spalte für *KreditkartenZahlungen* den Wert *Kreditkarte* sowie für *KontoAb-buchungen* den Wert *Konto* enthält.

```
1  modelBuilder
2      .Entity<Zahlung>()
3      .ToTable("Zahlung")
4      .Map<KreditkartenZahlung>(
5          z => z.Requires("ZahlungsArt").HasValue("Kreditkarte"))
6      .Map<KontoAbbuchung>(
7          z => z.Requires("ZahlungsArt").HasValue("Konto"));
```

%% **Explizites festlegen der Strategie TPH über die Fluent-API**

Zugriff auf Vererbungsstrukturen

Beispiele für die Verwendung einer Vererbung im Quellcode finden sich in den drei folgenden Listings. Im ersten Listing wird sowohl eine *KontoAbbuchung* als auch eine *KreditkartenZahlung* erzeugt. Dabei fällt auf, dass beide an die Eigenschaft *Zahlung* des Datenbankkontextes übergeben werden. Dies liegt daran, dass der Datenbankkontext lediglich für die Basisklasse eine Eigenschaft spendiert bekommt.

```
1   using (var ctx = new HotelDbContext())
2   {
3       var kontoabb = new KontoAbbuchung();
4       kontoabb.Betrag = 100;
5       kontoabb.Datum = DateTime.Now;
6       kontoabb.Blz = "00000";
7       kontoabb.Kontonummer = "111111";
8
9       var kredz = new KreditkartenZahlung();
10      kredz.Datum = DateTime.Now;
11      kredz.Betrag = 200;
12      kredz.KreditkartenNr = "1234-5678-9123-4566";
13
14      ctx.Zahlungen.Add(kredz);
15      ctx.Zahlungen.Add(kontoabb);
16      ctx.SaveChanges();
17  }
```

Das nächste Listing zeigt eine polymorphe Abfrage, welche sämtliche Zahlungen, unabhängig von ihrem konkreten Typ, abruft. Dieses Beispiel zeigt jedoch auch, dass jede abgerufene Entität in ihren konkreten Typ umgewandelt werden kann. Dies ermöglicht es dem Entwickler, auf die zusätzlichen Eigenschaften der Subklassen zuzugreifen.

```
1   using (var ctx = new HotelDbContext())
2   {
3       var zahlungen = ctx.Zahlungen.ToList();
4
5       foreach (var z in zahlungen)
6       {
7           DoStuff(z.Betrag + " " + z.Datum + " " + z.ZahlungId);
8
9           var kkz = z as KreditkartenZahlung;
10          if (kkz != null)
11          {
12              DoStuff(kkz.KreditkartenNr);
13          }
14
15          var ka = z as KontoAbbuchung;
```

```
16          if (ka != null)
17          {
18              DoStuff(ka.Kontonummer + " " + ka.Blz);
19          }
20      }
21  }
```

Das letzte Listing zeigt, dass der Entwickler unter Verwendung der Methode *OfType<T>* angeben kann, dass lediglich Objekte eines bestimmten Subtyps abzurufen sind.

```
1  using (var ctx = new HotelDbContext())
2  {
3
4      var kkzs = ctx.Zahlungen.OfType<KreditkartenZahlung>();
5      foreach (var kredzah in kkzs)
6      {
7          DoStuff(kredzah.KreditkartenNr);
8      }
9  }
```

Table per Type (TPT)

Bei der Strategie Table per Type (TPT) spendiert der Entwickler jeder Klasse der Vererbungshierarchie eine eigene Tabelle. Diese werden zueinander in eine 1:0..1-Beziehung gesetzt. Die folgende Abbildung demonstriert dies. Eine *ZahlungBase* »hat« hier 0 oder 1 Kreditkartenzahlungen bzw. 0 oder 1 Kontoabbuchungen. Da ein Objekt jedoch immer nur einen einzigen Typ haben kann, ist es nicht möglich, einer *ZahlungBase* sowohl eine *KreditkartenZahlung* sowie eine *KontoAbbuchung* zuzuweisen. In diesem Fall würde sich das Entity Framework zur Laufzeit mit einer Ausnahme beschweren, zumal eine Zahlung nicht eine *KreditkartenZahlung* und eine *KontoAbbuchung* gleichzeitig sein kann.

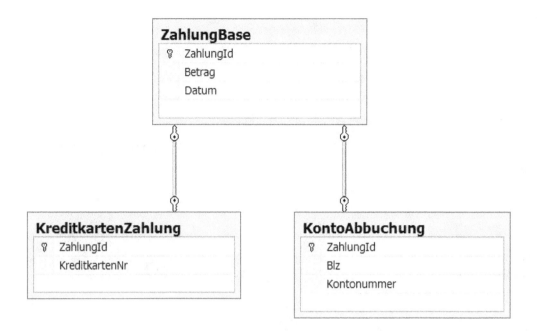

TPT in der Datenbank

Der Vorteil dieser Strategie liegt darin, dass die dritte Normalform nicht verletzt wird und somit die Vererbungsbeziehung besser als beim Einsatz der Strategie TPH im Datenbankmodell ersichtlich ist. Der Nachteil dieser Strategie liegt in der mit ihr einhergehenden schlechteren Performance, welche sich durch die notwendigen Joins auf Datenbankebene ergibt.

TPT bei modellbasierter Vorgehensweise

Geht der Entwickler nach dem Prinzip Database First vor, muss er die 1:0..1-Beziehungen, die vom Assistenten aus den Beziehungen in der Datenbank abgeleitet werden, manuell durch Vererbungsbeziehungen ersetzen, indem er erstere löscht und letztere hinzufügt. Darüber hinaus muss er beachten, dass der Primärschlüssel nicht in den Subklassen wiederholt werden darf, da dieser von der Basisklasse geerbt wird. Dieser ist somit in den Subklassen zu löschen (vgl. erste Abbildung). Im Rahmen der Mapping Details (vgl. zweite Abbildung) legt er fest, dass die Subklassen auf die jeweiligen Tabellen abzubilden sind. Darüber hinaus gibt er hier ein Mapping für die zusätzlichen Eigenschaften der Subklassen sowie für den geerbten Primärschlüssel an.

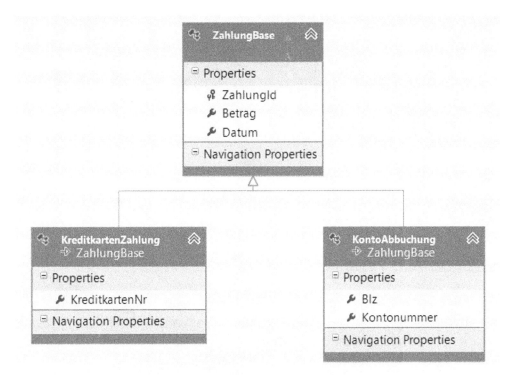

TPT-Beziehung im Entity Data Model-Designer

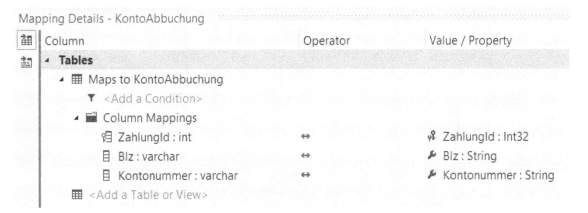

Abbilden einer Klasse auf einen Typ einer TPT-Beziehung

TPT bei Code First

Um TPT beim Einsatz von Code First zu konfigurieren, legt der Entwickler für jeden einzelnen Subtyp eine eigene Tabelle fest. Das Listing veranschaulicht dies.

```
1    modelBuilder
2        .Entity<Zahlung>()
3        .ToTable("Zahlung");
4
5    modelBuilder
6        .Entity<KreditkartenZahlung>()
7        .ToTable("KreditkartenZahlung");
8
9    modelBuilder
10       .Entity<KontoAbbuchung>()
11       .ToTable("KontoAbbuchung");
```

Type per concrete Type (TPC)

Die Strategie Table per concrete Type (TPC) sieht vor, dass für jeden konkreten Typ eine eigene Tabelle mit sämtlichen geerbten und eigenen Eigenschaften des jeweiligen Typs, eingerichtet wird. Für das in den letzten Abschnitten betrachtete Beispiel würde man somit eine Tabelle für Kreditkartenzahlungen (*KreditkartenZahlung*) mit den Spalten *ZahlungId*, *Betrag*, *Datum* und *Kreditkartennummer* sowie eine weitere Tabelle *KontoAbbuchung* mit den Spalten *ZahlungId*, *Betrag*, *Datum*, *BLZ* und *Kontonummer* einführen. Diese beiden Tabellen stünden zueinander nicht in Beziehung und polymorphe Abfragen bedürften einer Union auf Datenbankebene.

Der Vorteil dieser Strategie ist die schnelle Zugriffszeit in Fällen, in denen lediglich Objekte eines Subtyps abgefragt werden, da hierzu nur auf eine einzige Tabelle zugegriffen werden muss. Der Nachteil liegt in der Tatsache, dass die zugrundeliegende Vererbungsbeziehung nicht ohne weiteres aus dem Datenbankschema ersichtlich ist, dass geerbte Spalten und Beziehungen in sämtlichen Tabellen zu wiederholen sind, sowie, dass der O/R-Mapper für polymorphe Abfragen mehrere Tabellen abfragen muss.

TPC bei modellbasierter Vorgehensweise

Während das Entity Framework diese Strategie seit den ersten Tagen unterstützt, liegt hierfür mit Version 6 noch immer keine Werkzeug-Unterstützung seitens Visual Studio vor, sodass der Entwickler zur Umsetzung von TPC das Entity Data Model manuell anpassen müsste. Dieser Vorgang ist jedoch umständlich und kann zu Problemen mit der Werkzeugunterstützung in Visual Studio führen. Deswegen wird an dieser Stelle von einer Beschreibung dieses Unterfangens abgesehen.

 Hinweis

Die Werkzeuge für Entity Framework von DevArt[7], welche unter anderem Erweiterungen für Visual Studio beinhalten, bieten eine direkte Unterstützung für TPC.

---

[7] www.devart.com

TPC bei Code First

Möchte der Entwickler beim Einsatz von Code First die Strategie TPC konfigurieren, legt er - ähnlich bei TPT - pro Sub-Typ eine Tabelle fest. Zusätzlich gibt er durch Aufruf der Methode *MapInheritedProperties* an, dass TPC zum Einsatz kommen soll. Ein Beispiel dafür findet sich hier:

```
1   modelBuilder
2       .Entity<Zahlung>()
3       .Map(z => {
4           z.MapInheritedProperties();
5           z.ToTable("Zahlung");
6       });
7
8   modelBuilder
9       .Entity<KreditkartenZahlung>()
10      .Map(z =>
11      {
12          z.MapInheritedProperties();
13          z.ToTable("KreditkartenZahlung");
14      });
15
16  modelBuilder
17      .Entity<KontoAbbuchung>()
18      .Map(z =>
19      {
20          z.MapInheritedProperties();
21          z.ToTable("KontoAbbuchung");
22      });
```

Weitere Möglichkeiten beim Einsatz der modellbasierten Vorgehensweise

Abgesehen von der Vererbungs-Strategie TPH haben die bis dato gezeigten Konfigurationen jeder Entität eine eigene Tabelle spendiert. Dass dies nicht zwangsläufig so sein muss, zeigt dieses Kapitel anhand von Konfigurationen, die derzeit leider nur beim Einsatz der modellbasierten Variante zur Verfügung stehen.

Tabellen zu einer Klasse zusammenfassen

Tabellen, die in einer 1:1-Beziehung zueinander stehen, können via Entity Framework zu einer Klasse zusammengefasst werden. Um dies zu demonstrieren, zeigt die erste Abbildung eine Tabelle *Hotel*, welche mit einer Tabelle *HotelAdresse* eine solche Beziehung eingeht. Letztere weist stellvertretend für viele Spalten, die eine Adresse beschreiben könnten, eine Spalte *Strasse* auf. Das Klassemodell in der zweiten Abbildung beinhaltet keine Klasse für diese Adresse, allerdings weist die Klasse *Hotel* eine zusätzliche Eigenschaft *Strasse* auf. Bei Betrachtung der *Mapping Details* (dritte Abbildung) fällt jedoch auf, dass sowohl die Tabelle *Hotel* als auch die Tabelle *HotelAdresse* auf die Klasse *Hotel* abgebildet wurde.

Geht der Entwickler nach dem Ansatz Database First vor, würde er sämtliche Eigenschaften aus der Klasse *HotelAdresse* in die Klasse Hotel verschieben (Ausschneiden und Einfügen) und anschließend die Klasse *HotelAdresse* löschen. Anschließend würde er das Mapping für die Klasse *Hotel*, wie in der dritten Abbildung gezeigt, aktualisieren.

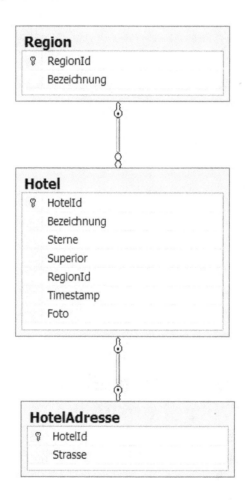

Beziehung zwischen Hotel und HotelAdresse

Hotel-Klasse mit Eigenschaft Strasse aus HotelAdresse

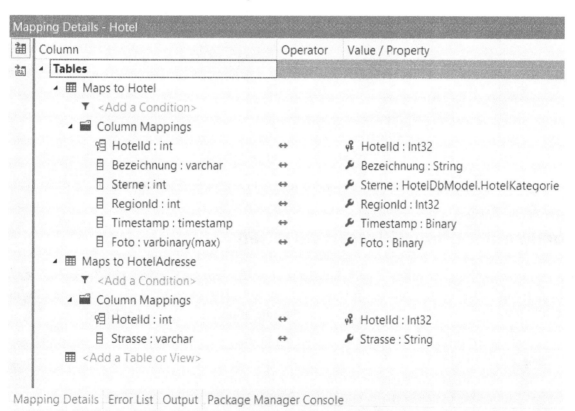

Klasse, welche auf mehrere Tabellen abgebildet wurde

Klasse auf ausgewählte Datensätze einer Tabelle abbilden

Der Entwickler hat auch die Möglichkeit, eine Klasse lediglich auf bestimmte Datensätze einer Tabelle abzubilden. Hierbei ist auch von horizontaler Partitionierung die Rede. Dazu muss der Entwickler lediglich im Rahmen der *Mapping Details* einen Filter angeben. In der nächsten Abbildung definiert dieser Filter zum Beispiel, dass die Spalte aktiv den Wert *Y* aufweisen muss. Spalten, die als Filter verwendet werden, dürfen nicht auf Eigenschaften der jeweiligen Klasse abgebildet werden. Darüber hinaus muss als Vergleichsoperator entweder *=*, *is null* oder *is not null* verwendet werden.

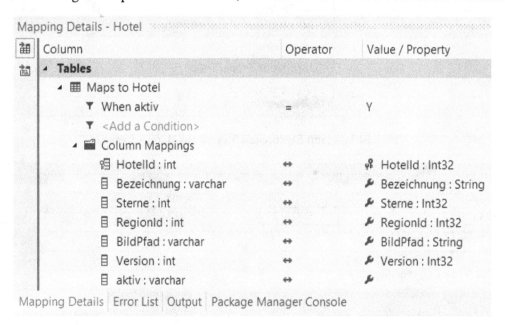

Klasse, welche auf bestimmte Einträge einer Tabelle abgebildet wurde

Tabelle auf mehrere Klassen verteilen

Die verschiedenen Spalten einer Tabelle können auch auf mehrere Klassen, welche zueinander eine 1:1-Beziehung eingehen, abgebildet werden. Dies ist vor allem dann nützlich, wenn standardmäßig nur bestimmte Spalten geladen werden sollen und alle anderen lediglich bei Bedarf zu laden sind.

Ein Beispiel dafür findet sich in der nächsten Abbildung. Hier wurde die Eigenschaft *Foto* aus der Klasse *Hotel* in eine eigene Klasse *HotelFoto* ausgelagert. Tatsächlich befindet sich die Spalte, welche sich hinter dieser Eigenschaft verbirgt, ebenfalls in der Tabelle *Hotel*. Um dies zu erreichen muss der Entwickler lediglich die gewünschten zusätzlichen Klassen einrichten und die jeweiligen Eigenschaften in diese verschieben. Daneben muss er den Primärschlüssel in jede Klasse kopieren und eine 1:1-Beziehung herstellen. Zusätzlich ist für jede so neu entstandene Klasse ein Mapping anzugeben, welches sich auf den Primärschlüssel und auf die sich in dieser Klasse befindlichen Eigenschaften bezieht (vgl. zweite Abbildung).

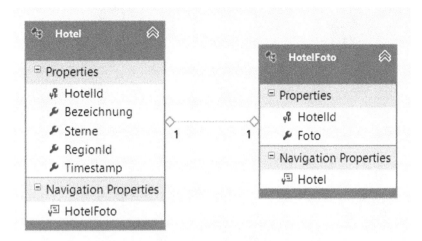

Die Eigenschaft Foto wurde in eine eigene Klasse ausgelagert

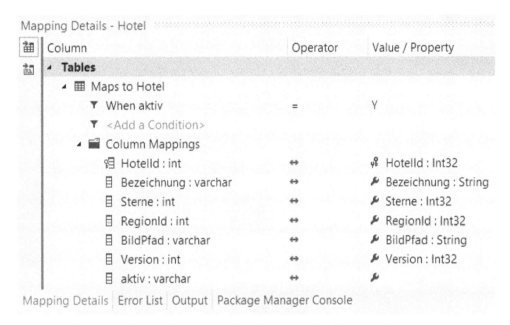

Klasse, welche auf bestimmte Einträge einer Tabelle abgebildet wurde

Gespeicherte Prozeduren und natives SQL

Neben dem direkten Zugriff auf Tabellen unterstützt das Entity Framework auch den Zugriff über gespeicherte Prozeduren. So können zum Beispiel gespeicherte Prozeduren zum Erzeugen, Aktualisieren und Löschen von Entitäten festgelegt werden. Darüber hinaus kann der Entwickler gespeicherte Prozeduren, die Daten abrufen, auf Methoden abbilden lassen, die das Entity Framework in der Datenbankkontextklasse einrichtet. Wenn alle Stricke reißen kann der Entwickler auch direkt natives SQL absetzen. Dies geht zwar zu Lasten der Datenbankunabhängigkeit, erlaubt hingegen das Nutzen sämtlicher Funktionen des gewählten Datenbanksystems.

Dieser Abschnitt zeigt diese Möglichkeiten unter Verwendung von SQL Server. Details für andere Datenbanksysteme finden sich in der Dokumentation der jeweiligen Datenbanktreiber.

Gespeicherte Prozeduren bei modellbasierter Vorgehensweise einsetzen

Bei der modellbasierten Vorgehensweise kann der Entwickler über den graphischen Designer für das Entity Data Model jene gespeicherten Prozeduren, die anstatt der von Entity Framework sonst generierten DML-Anweisungen verwendet werden sollen, angeben.

Gespeicherte Prozeduren zum Erzeugen, Aktualisieren und Löschen verwenden

Um gespeicherte Prozeduren zum Erzeugen, Aktualisieren und Löschen von Entitäten zu verwenden, wechselt der Entwickler in die *Mapping Details* und aktiviert das unscheinbare zweite Symbol auf der linken Seite (vgl. Abbildung). Hier kann er für die *Insert-*, *Update-* und *Delete-*Operation eine gespeicherte Prozedur festlegen, welche im Zuge des Reverse-Engineerings ausgewählt wurde. Anschließend weist er die Eigenschaften der jeweiligen Entität den Parametern der gespeicherten Prozedur zu. Spalten, wie zum Beispiel fortlaufende IDs oder Zeitstempel, die im Zuge einer *Insert-* bzw. *Update-*Operation von der Datenbank gesetzt und in die Entität übernommen werden sollen, sind von der ausgewählten gespeicherten Prozedur im Zuge einer *SELECT-*Anweisung zurückzuliefern (vgl. Listing). Die so abgefragten Spalten sind in den *Mapping Details* auf die jeweiligen Eigenschaften der Klasse abzubilden. Da die abgefragten Spalten, anders als die Parameter, nicht aus der Signatur der gespeicherten Prozedur abgeleitet werden können, muss der Entwickler die Namen der abgefragten Spalten manuell eintragen.

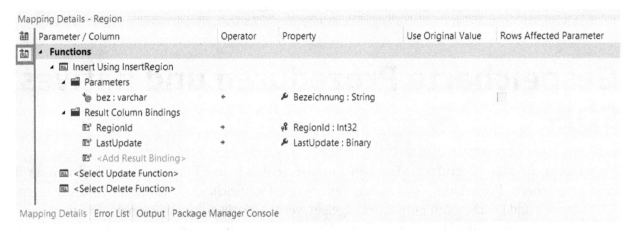

Zuweisung von gespeicherten Prozeduren zu einer Klasse

```
1   ALTER PROCEDURE [dbo].[InsertRegion](@bez varchar(50))
2   AS
3   BEGIN
4       SET NOCOUNT ON;
5
6       -- Das ! wird angehängt, um in diesem Bsp.
7       -- zu beweisen, dass die gespeicherte Prozedur verwendet wurde
8       insert into Region(Bezeichnung) values(@bez + '!');
9
10      select Bezeichnung, LastUpdate
11      from Region
12      where RegionId = @@IDENTITY;
13  END
```

 Hinweis

Beim Einsatz von M:N-Beziehungen sind analoge Einstellungen im Rahmen der *Mapping Details* für die Beziehung selbst vorzunehmen. Im Zuge dessen können gespeicherte Prozeduren angegeben werden, die die Primärschlüssel beider Seiten einer Beziehung entgegennehmen und die damit beschriebene Beziehung erzeugen bzw. löschen.

Optimistische Konflikterkennung mit gespeicherten Prozeduren

Um gespeicherten Prozeduren die Möglichkeit zu geben, Konflikte zu erkennen, kann der Entwickler bei einer *Update*-Operation angeben, dass neben den aktuellen Werten auch die ursprünglich abgerufenen Werte an bestimmte Paramter zu übergeben sind. Dazu aktiviert er die Option *Use Original Value* (vgl. folgende Abbildung). Diese Werte kann die gespeicherte Prozedur in die *WHERE*-Klausel der durchzuführenden SQL-Operation einfließen lassen. Über einen *OUT*-Parameter können diese gespeicherten Prozeduren darüber hinaus anführen, wie viele Datensätze von der Operation betroffen waren. Für diesen *OUT*-Parameter ist die Option *Rows Affected Parameter* (vgl. Abbildung) zu aktivieren. Liefert die gespeicherte Prozedur über diesen Parameter den Wert *0*, geht das Entity Framework davon aus, dass keine Datensätze aktualisiert wurden und deswegen ein Konflikt vorliegt. Der Wert *1* lässt darauf schließen, dass die Operation erfolgreich war; andere Werte sind nicht erlaubt. Ein Beispiel für solch eine gespeicherte Prozedur findet sich im nachfolgenden Listing. Sie nimmt eine neue Bezeichnung für eine Region, deren ID sowie den ursprünglichen Wert der Zeitstemplespalte *LastUpdate* entgegen. Die ID sowie der Zeitstempel fließen in die *WHERE*-Klausel der durchgeführten Update-Anweisung ein. Hat sich der Zeitstempel in der Zwischenzeit geändert, wird kein Datensatz verändert und *@@ROWCOUNT* beinhaltet den Wert *0*, welcher dem *OUT*-Parameter zugewiesen wird. Aufgrund dieses Wertes erkennt das Entity Framework, dass ein Konflikt vorliegt.

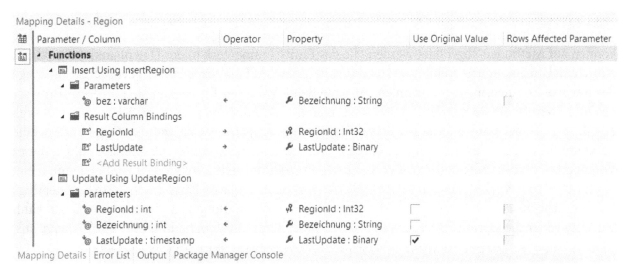

Zuweisung einer gespeicherten Prozedur zum Aktualisieren von Datensätzen

```
1  ALTER PROCEDURE [dbo].[UpdateRegion]
2      @RegionId int,
3      @Bezeichnung int,
4      @LastUpdate timestamp,
5      @RowsAffected int out
6  AS
7  BEGIN
8      SET NOCOUNT ON;
9
10     -- Das ! wird angehängt, um in diesem Bsp.
11     -- zu beweisen, dass die gespeicherte Prozedur verwendet wurde
12
13     update Region
14     set Bezeichnung = @Bezeichnung + '!'
```

```
15       where RegionId = @RegionId
16       and LastUpdate = @LastUpdate;
17
18       set @RowsAffected = @@ROWCOUNT;
19
20       select Bezeichnung, LastUpdate
21       from Region
22       where RegionId = @RegionId;
23
24   END
```

Mit gespeicherten Prozeduren Daten abrufen

Gespeicherte Prozeduren, die wie im nächsten Listing zum Abfragen von Daten eingesetzt werden, können auf Methoden abgebildet werden, die das Entity Framework in der Datenbankkontextklasse einrichtet. Um eine solche Abbildung zu bewerkstelligen, sind die gespeicherten Prozeduren im Zuge des Reverse Engineerings auszuwählen. Anschließend wählt der Entwickler sie im Model Browser aus und übernimmt sie mit dem Kontextmenübefehl *Add Function Import* ins Klassenmodell (vgl. Abbildung). Dabei kann er festlegen, ob das Ergebnis der gespeicherte Prozedur auf eine Entität, eine herkömmliche Klasse oder auf einen skalaren Wert, wie *int* oder *double*, abzubilden ist. Da dieser Vorgang beim Vorhandensein vieler gespeicherte Prozeduren sehr aufwändig ausfallen kann, bietet das Entity Framework ab Version 5 die Möglichkeit, diese Aufgabe im Zuge des Reverse Engineerings für sämtliche ausgewählten gespeicherten Prozeduren und Funktionen zu übernehmen. Dazu wählt der Entwickler die Option *Import selected stored procedures and function into the entity model* aus.

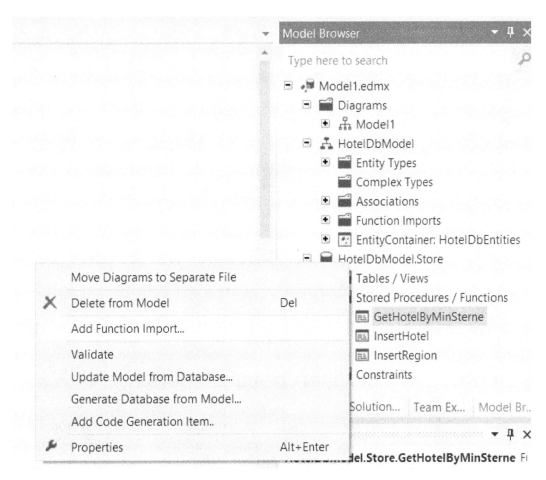

Definition eines Funktionsimports

```
1  ALTER PROCEDURE [dbo].[GetHotelByMinSterne]
2  (
3      @minSterne int
4  )
5  AS
6  BEGIN
7      select * from Hotel where Sterne >= @minSterne;
8  END
```

Anschließend kann der Entwickler die gespeicherte Prozedur über eine Methode aufrufen, die das Entity Framework in der Datenbankkontextklasse eingerichtet hat, wie in diesem Listing zu sehen ist.

```
1  var hotels = ctx.GetHotelByMinSterne(3);
2  foreach (var h in hotels)
3  {
4      Console.WriteLine(h.Bezeichnung + " " + h.Sterne);
5  }
```

Filtert der Entwickler das Ergebnis einer gespeicherten Prozedur, wie im nächsten Listing gezeigt, so wird diese Filterung im Hauptspeicher durchgeführt, nachdem sämtliche Zeilen der Ergebnismenge abgerufen wurden. Verbirgt sich hinter dem Methodenaufruf jedoch eine gespeicherte Funktion, findet die Filterung in der Datenbank statt.

```
1  var regionalHotel = ctx.GetHotelByMinSterne(3).Where(h => h.RegionId == 3);
2  foreach (var h in regionalHotel)
3  {
4      Console.WriteLine(h.Bezeichnung + " " + h.Sterne);
5  }
```

Gespeicherte Prozeduren bei Code First

Das Programmiermodell Code First schloss in seinen ersten Tagen den Einsatz von Stored Procedures zum Speichern von Entitäten aus. Diese Einschränkung wurde mit Version 6 aufgehoben, sodass der Entwickler in der Lage ist, über die Fluent-API Code Only mitzuteilen, dass Stored Procedures anstatt *INSERT-*, *UPDATE-* und *DELETE-*Anweisungen für bestimmte Entitäten zu verwenden sind.

Konventionen für das Abbilden von Entitäten auf Stored Procedures

Um dies zu bewerkstelligen, ruft der Entwickler *MapToStoredProcedures* innerhalb der Methode *OnModelCreating* des verwendeten *DbContext*-Derivats, auf:

```
1  modelBuilder.Entity<Hotel>().MapToStoredProcedures()
```

Wie sonst auch beim Einsatz von Code First gilt auch hier das Prinzip *Convention over Configuration*: Gibt der Entwickler beim Aufruf von *MapToStoredProcedures* keine Argumente an, geht Entity Framework davon aus, dass Stored Procedures mit den Namen *Entität_Insert*, *Entität_Update* und *Entität_Delete* existieren, wobei Entität für den Namen der konfigurierten Entität steht. Entity Framework erwartet auch, dass *Entität_Update* Parameter aufweist, deren Namen den Namen der Eigenschaften der jeweiligen Entität entsprechen. Eine Ausnahme bilden hier jene Eigenschaften, die der Entwickler über die Konfiguration als Eigenschaften, die von der Datenbank berechnet werden, markiert hat (*StoreGeneratedPattern: Computed*): Für diese Eigenschaften dürfen keine

Parameter existieren. Für *Entität_Insert* gilt dasselbe, wobei hier auch für jene Eigenschaften mit dem *StoreGeneratedPatternIdentity* keine Parameter existieren dürfen, zumal deren Werte beim Einfügen in die Datenbank generiert werden. *Entität_Delete* muss hingegen lediglich Parameter für jene Eigenschaften, die den Primärschlüssel bilden, aufweisen. Um berechnete Spalten zu erhalten, geht Entity Framework davon aus, dass die einzelnen Stored Procedures eine einzeilige Ergebnismenge mit ebendiesen retournieren.

 Hinweis

Im Fall von ORACLE ist die Ergebnismenge mit den berechneten Werten in Form eines *REF-Cursors* zu retournieren. Für diesen *REF-Cursor* muss der Entwickler einen *OUT*-Parameter vorsehen. Alternativ dazu kann er eine Stored Functions verwenden und den *REF-Cursor* im Rahmen deren Rückgabewerts zurückzuliefern. Informationen dazu finden Sie in der Dokumentation des von Ihnen verwendeten Treibers.

Zum Auflösen von 1:N-Beziehungen sind den Stored Procedures auch die Eigenschaften, über welche Fremdschlüsselmappings realisiert werden, zu übergeben. Macht der Entwickler von Fremdschlüsselmappings keinen Gebrauch, ist er angehalten, einen Parameter für die Primärschlüssel der benachbarten Tabellen einzurichten. Die Namen dieser Parameter entsprechen dabei entweder den Namen der adressierten Primärschlüsselspalten oder dem Namensschema *Name-der-Navigationseigenschaft_Name-der-Primärschlüsselspalte*.

Optimistische Konflikterkennung beim Einsatz von Stored Procedures unter Code First

Zur Realisierung von Optimistic Concurrency erwartet Entity Framework, dass die Stored Procedures *Entität_Update* und *Entität_Delete* für jene Eigenschaften, die der Entwickler mit *Concurrency-Check* oder *Timestamp* annotiert hat, auch einen Parameter *Eigenschaft_Original* aufweist, wobei Eigenschaft hier für den Namen der jeweiligen Eigenschaft steht. An diesen Parameter übergibt Entity Framework den ursprünglichen Wert dieser Eigenschaft, sodass die Stored Procedure prüfen kann, ob sich dieser seit dem Laden der Entität in der Datenbank geändert hat. Ist dem so, hat ein anderer Benutzer den Datensatz aktualisiert und es liegt ein Konflikt vor, worauf Entity Framework durch das Auslösen einer *Exception* im Rahmen von *SaveChanges* hinweist.

Damit Entity Framework in der Lage ist, zu erkennen, ob ein solcher Konflikt vorliegt, ist die Stored Procedure angehalten, die übergebenen ursprünglichen Werte innerhalb der *WHERE*-Klausel zu verwenden, sodass im Fall eines Konfliktes keine Datensätze anstatt des einen betroffenen Datensatzes aktualisiert werden. Entity Framework prüft standardmäßig nach dem Ausführen einer Stored Procedure, wie viele Datensätze im Rahmen deren Ausführung geändert wurden. Beim Einsatz von SQL Server wird dazu zum Beispiel die globale Variable *@@ROWCOUNT* geprüft. Wurden keine Datensätze geändert, geht Entity Framework davon aus, dass ein Konflikt vorliegt. Alternativ dazu kann, wie weiter unten beschrieben, die Stored Procedure um einen *OUT*-Parameter, der die Anzahl der geänderten Datensätze retourniert, erweitert werden. Ein Beispiel für die

Implementierung von Optimistic Concurrency unter Verwendung von Stored Procedures und Code First findet sich in den drei folgenden Listings. Das erste Listing zeigt eine Entität *Hotel* mit einer Eigenschaft *Version*, die zur Implementierung von Optimistic Concurrency-Checks herangezogen wird. Um diesen Umstand Code First wissen zu lassen, wurde *Version* mit *ConcurrencyCheck* annotiert. Darüber hinaus wurde für dieses Beispiel festgelegt, dass die Spalte *Version* von der Datenbank berechnet wird. Im hier betrachteten Fall übernimmt diese Aufgabe die Stored Procedure, indem sie die Version bei jedem Speichervorgang erhöht. Das *DbContext*-Derivat zum Speichern von Hotels findet sich im zweiten Listing. Der Aufruf von *MapToStoredProcedures* legt hier fest, dass Stored Procedures zum Einfügen, Aktualisieren und Löschen von Hotels zu verwenden sind. Die Stored Procedure zum Aktualisieren findet sich im dritten: Die *UPDATE*-Anweisung zum Aktualisieren des gegebenen Hotels erhöht die Versionsnummer und prüft in der *WHERE*-Klausel nicht nur auf die Id des Hotels sondern auch auf die ursprüngliche Versionsnummer. Hat sich diese geändert, liegt ein Konflikt vor und die *UPDATE*-Anweisung aktualisiert keine Daten. Anschließend ermittelt die Stored Procedure die neue Versionsnummer. Damit dies jedoch nur geschieht, wenn kein Konflikt vorliegt, verwendet die dazu eingesetzte *SELECT*-Anweisung innerhalb der *WHERE*-Klausel die Einschränkung *@@ROWCOUNT > 0*. Dies ist auch notwendig, damit die globale Variable *@@ROWCOUNT* im Konfliktfall nicht verändert, sondern auf dem Wert *0* belassen wird. Ohne diese Einschränkung würde SQL Server auch im Konfliktfall die Versionsnummer des betroffenen Hotels abfragen und *@@ROWCOUNT* auf 1 setzen, zumal diese Abfrage eine Zeile retourniert. Somit würde Entity Framework davon ausgehen, dass kein Konflikt vorliegt, da *@@ROWCOUNT* nun suggeriert, dass von der durchgeführten Aktion ein Datensatz betroffen war.

Eine andere Möglichkeit, solche Missverständnisse zu vermeiden, besteht darin, der Stored Procedure einen *OUT*-Parameter, der die Anzahl der betroffenen Datenstäze wiederspiegelt, zu spendieren. Auf diese Weise kann die Stored Procedure direkt den Erfolg der durchgeführten Aktion zurückmelden. Informationen dazu finden sich weiter unten.

```
1   public class Hotel
2   {
3       public int HotelId { get; set; }
4       public string Bezeichnung { get; set; }
5       public string TelNr { get; set; }
6       public int Sterne { get; set; }
7
8       [Required]
9       public Region Region { get; set; }
10
11      [ConcurrencyCheck]
12      [DatabaseGenerated(DatabaseGeneratedOption.Computed)]
13      public int Version { get; set; }
14
15  }
```

```csharp
1   public class HotelDbContext : DbContext
2   {
3       public HotelDbContext(): base("HotelDb") { }
4
5       public HotelDbContext(
6               DbConnection existingConnection, bool contextOwnsConnection)
7           :base(existingConnection, contextOwnsConnection)
8       {
9       }
10
11      public DbSet<Region> Regionen { get; set; }
12      public DbSet<Hotel> Hotels { get; set; }
13
14      protected override void OnModelCreating(DbModelBuilder modelBuilder)
15      {
16          modelBuilder.Entity<Hotel>().MapToStoredProcedures();
17      }
18  }
```

```sql
1   ALTER PROCEDURE [dbo].[Hotel_Update]
2       @HotelId [int],
3       @Bezeichnung [nvarchar](50),
4       @TelNr [nvarchar](50),
5       @Sterne [int],
6       @Version_Original [int],
7       @RegionCode [int]
8   AS
9   BEGIN
10      UPDATE [dbo].[Hotels]
11      SET
12                  [Bezeichnung] = @Bezeichnung,
13                  [TelNr] = @TelNr,
14                  [Sterne] = @Sterne,
15                  [Region_RegionCode] = @RegionCode,
16                  [Version] = [Version] + 1
17      WHERE
18                  [HotelId] = @HotelId
19                  and [Version] = @Version_Original
20
21      SELECT t0.[Version]
22      FROM [dbo].[Hotels] AS t0
```

```
23     WHERE @@ROWCOUNT > 0 AND t0.[HotelId] = @HotelId
24 END
```

Aus Konventionen ausbrechen

Kann oder möchte sich der Entwickler bei der Namensgebung für die Stored Procedures und deren Parameter nicht an die soeben aufgezeigten Konventionen halten, hat er die Möglichkeit, die gewünschten Namen an die Methode *MapToStoredProcedures* zu übergeben. Ein Beispiel dafür findet sich im nachfolgenden Listing. Es legt mit *HasName* den Namen der jeweiligen Stored Procedure fest, mit *Parameter* die Namen der jeweiligen Parameter sowie die Eigenschaften, welche auf diese Parameter abzubilden sind, und mit *Result* die Namen der zurückgelieferten Spalten sowie ebenfalls die dazugehörige Eigenschaft. Um Fremdschlüssel, für die es kein Fremdschlüsselmapping gibt, auf einen Parameter abzubilden, wird, wie im Fall des *RegionsCodes* veranschaulicht, der gegenüberliegende Primärschlüssel angeführt. *RowsAffectedParameter* definiert den Namen jenes *OUT*-Parameters, der zur optimistischen Erkennung von Konflikten angibt, wie viele Spalten von der durchgeführten Aktion betroffen waren. Das hier betrachtete Beispiel zeigt auch am Beispiel einer Beziehung zwischen Hotel und Merkmal, wie der Entwickler M:N-Beziehungen auf Stored Procedures abbilden kann. Hierzu gibt er eine Stored Procedure zum Hinzufügen einer Zuweisung sowie eine weitere zum Aufheben einer Zuweisung an. Beide Stored Procedures erhalten die Primärschlüssel der beiden zueinander zuzuweisenden Entitäten. Die hier verwendeten Namen entsprechen übrigens den Konventionen, die Entity Framework heranzieht, wenn der Entwickler die Methode *MapToStoredProcedures* ohne zusätzliche Parameter aufruft.

 Hinweis

Möchte der Entiwckler auf diese Weise Entitäten explizit auf Stored Procedures abbilden, ist er angehalten, für alle drei möglichen DML-Operationen - *insert*, *update* und *delete* - eine Stored Procedure anzugeben. Hinterlegt er für bestimmte Fälle keine Informationen, werden die damit einhergehenden Operationen zur Laufzeit von Entity Framework nicht unterstützt.

```
1 modelBuilder.Entity<Hotel>().MapToStoredProcedures(s =>
2     s.Insert(proc => proc
3                     .HasName("Hotel_Insert")
4                     .Parameter(h => h.Bezeichnung, "Bezeichnung")
5                     .Parameter(h => h.Sterne, "Sterne")
6                     .Parameter(h => h.Region.RegionCode, "RegionCode")
7                     .Result(h => h.HotelId, "HotelId")
8                     .Result(h => h.Version, "Version")
9                     )
10        .Update(proc => proc
11                    .HasName("Hotel_Update")
```

```
12                          .Parameter(h => h.HotelId, "HotelId")
13                          .Parameter(h => h.Bezeichnung, "Bezeichnung")
14                          .Parameter(h => h.Sterne, "Sterne")
15                          .Parameter(h => h.Region.RegionCode, "RegionCode")
16                          .Result(h => h.Version, "Version")
17                          .RowsAffectedParameter("RowsAffected")
18                          )
19          .Delete(proc => proc
20                          .HasName("Hotel_Delete")
21                          .Parameter(h => h.HotelId, "HotelId")
22                          .RowsAffectedParameter("RowsAffected")
23                          ));
24
25  modelBuilder
26      .Entity<Hotel>()
27      .HasMany<Merkmal>(h => h.Merkmale)
28      .WithMany(m => m.Hotels)
29      .MapToStoredProcedures(s =>
30          s.Insert(proc => proc
31                          .HasName("Hotel_Merkmale_Insert")
32                          .LeftKeyParameter(
33                              h => h.HotelId, "Hotel_HotelId")
34                          .RightKeyParameter(
35                              m => m.MerkmalId, "Merkmal_MerkmalId"))
36          .Delete(proc => proc
37                          .HasName("Hotel_Merkmale_Delete")
38                          .LeftKeyParameter(
39                              h => h.HotelId, "Hotel_HotelId")
40                          .RightKeyParameter(
41                              m => m.MerkmalId, "Merkmal_MerkmalId")));
```

Table Valued Functions (TVF)

SQL Server unterscheidet zwischen gespeicherten Prozeduren und gespeicherten Funktionen. Eine Ausprägung von gespeicherten Funktionen stellen die sogenannten Table Valued Functions (TVF) dar. Sie liefern das Ergebnis einer Abfrage retour und können – im Gegensatz zu gespeicherten Prozeduren – innerhalb von Abfrage verwendet werden.

Hinweis

Andere Datenbanksysteme, wie zum Beispiel ORACLE, sehen mitunter anders als SQL
Server keine strikte Trennung zwischen gespeicherten Prozeduren und dem, was SQL
Server als TVF bezeichnet, vor. Die meisten ORACLE-Treiber geben dem Entwickler jedoch
die Möglichkeit, gespeicherte Prozeduren, aber auch gespeicherte Funktionen, die einen
sogenannten *REF-Cursor* retournieren, als TVF zu verwenden. Details dazu findet man in
der Dokumentation des verwendeten Treibers.

Table Valued Functions in SQL Server

Table Valued Functions (TVF) heißen im vollständigen Namen „Table-Valued User-Defined Functions". In der deutschen Dokumentation des Microsoft SQL Server ist dies die „Benutzerdefinierte
Tabellenwertfunktion". Eine TVF besteht genau wie eine Stored Procedure aus einer Abfolge von
SQL-Anweisungen. Die Erstellung einer Stored Procedure und einer TVF sind sehr ähnlich (vgl.
folgende Listings). Neben dem Unterschied nach *Create* („*PROCEDURE*" oder „*FUNCTION*") fallen
bei der TVF die Zusätze „*RETURNS TABLE*" und „*RETURN*" auf.

```
1   CREATE PROCEDURE [dbo].[GetFluegeVonSP]
2   (
3            @Abflugort nvarchar(30)
4   )
5   AS
6   Select * from Flug where Abflugort = @Abflugort
7   Listing 7 10: Stored Procedure mit einem Parameter
8
9   CREATE FUNCTION [dbo].[GetFluegeVonTVF]
10  (
11           @Abflugort nvarchar(30)
12  )
13  RETURNS TABLE
14  AS
15  RETURN
16
17  Select * from Flug where Abflugort = @Abflugort
```

Der Aufruf einer Stored Procedure und einer TVF unterscheiden sich schon deutlicher: Während
man die Stored Procedure einfach über den Namen aufrufen kann,

```
1   GetFluegeVonSP 'Rom'
```

führt dies bei einer TVF nicht zum Ziel. Vielmehr verwendet man die TVF wie eine Tabelle oder
eine Sicht in einem SQL-Befehl.

```
1   select * from GetFluegeVonTVF('Rom')
```

Genau hier liegt die zusätzliche Kraft der TVF. Während die Stored Procedure mit der in der Definition hinterlegten SQL-Anweisung abgeschlossen ist, ist die TVF erweiterbar im Rahmen des Aufrufs. So kann die obige Abfrage um weitere Bedingungen oder Sortierkriterien erweitert werden, z.B.:

```
1   select * from GetFluegeVonTVF('Rom')
2   where FreiePlaetze > 10 and Zielort = 'Moskau'
3   order by FreiePlaetze desc
```

Dies bedeutet aber nicht etwa, dass der SQL Server nun die TVF ausführt, ein Resultset generiert und dann nachträglich das Resultset einschränkt. Vielmehr werden schon bei der Ausführung der Abfrage die zusätzlichen Kriterien berücksichtigt. Der obige SQL-Befehl mit TVF ist also gleichbedeutend mit der Ausführung von:

```
1   select * from Flug
2   where FreiePlaetze > 10 and Zielort = 'Moskau' and Abflugort = 'Rom'
3   order by FreiePlaetze desc
```

Der Microsoft SQL Server behandelt also einen TVF so wie eine Sicht (View). Der große Unterschied aber zwischen TVF und View ist, dass eine View keine Parameter besitzen kann, eine TVF aber schon. Mit einer TVF kann man also flexible Einschränkungen definieren, während eine View starr ist. Zudem kann cinc View immer nur aus einer *SELECT*-Anweisung bestehen. Eine TVF darf durchaus zahlreiche T-SQL-Anweisungen beinhalten – dann aber hat man eine sogenannte Multi-Statement Table Valued Function (MSTVF), siehe das nachfolgende Listing. Bei einer MSTVF reicht es nicht, den Rückgabewert einfach mit „Table" anzugeben. Vielmehr wird hier vom Datenbankentwickler erwartet, dass er das Tabellenschema mit Spaltennamen und Spaltentypen explizit angibt. Man kann nicht alle T-SQL-Befehle in einer TVF ausführen, z.B. darf man keine DML-Befehle ausführen (*INSERT, UPDATE, DELETE*), das Schema nicht mit DDL-Befehlen verändern (*CREATE, ALTER, DROP*), keine E-Mails senden und keine Stored Procedures aufrufen. Das Listing zeigt aber, dass Fallunterscheidungen erlaubt sind. Auch lokale Variablen dürfen verändert werden in einer TVF. Dies ist der wesentliche Nachteil zu den Stored Procedures, die sehr wohl SQL-Befehle der Klassen Data Manipulation Language (DML) und Data Definition Language (DDL) ausführen dürfen.

Zu beachten ist, dass die Leistung einer MSTVF deutlich schlechter ist als eine einzeilige, sogenannte Inline Table Valued Function (ITVF), die nur aus einem *SELECT*-Befehl bestehen. Im Fall einer ITVF kann der Optimizer des Microsoft SQL Server den einen auszuführenden *SELECT*-Befehl betrachten und in Hinblick auf diesen einen optimierten Ausführungsplan erstellen. Das ist im Fall einer MSTVF mit verschiedenen Befehlen nicht möglich. Bei wenigen Datensätzen ist der Unterschied zwischen ITVF und MSTVF gering; kritisch wird es aber, wenn die MSTVF viele Datensätze liefert und/oder in einem Join verwendet werden.

```
1   alter FUNCTION [dbo].[GetFluegeVonTVF4]
2   (
3          @Abflugort nvarchar(30)
4   )
5   Returns @result table (flugNr int, Abflugort varchar(100))
6   AS
7   BEGIN
8     DECLARE @a varchar(100)
9
10    SET @a = @Abflugort
11
12
13  IF @a = ''
14
15         Insert into @result
16         Select FlugNr, Abflugort from Flug
17
18  ELSE
19
20         Insert into @result
21         Select FlugNr, Abflugort from Flug where Abflugort = @Abflugort
22
23  END
```

TVF-Unterstützung bei modellbasierter Vorgehensweise

Der Entity Framework-Assistent zeigt TVFs im Ast Stored Procedures and Functions an (vgl. erste Abbildung). Durch das Häckchen *Imported selected Stored Procedures and Functions into the entity model* wird jeweils automatisch ein sogenannter *Function Import* im Modell erzeugt und dazu passende jeweils eine Methode in der Entity Framework-Kontextklasse generiert. Aktiviert man das besagte Häckchen nicht, kann der Function Import auch manuell im Model Browser erzeugt werden (vgl. zweite Abbildung).

Leider fehlt sowohl in dem Assistenten als auch in der Entity Framework-Kontextklasse eine Differenzierung zwischen Stored Procedures und TVFs. Diese wäre aber dringend notwendig, denn im Programmcode kann ein Softwareentwickler schnell schwere Fehler machen. Der Befehl

```
1  var fluege = (
2      from f in modell.GetFluegeVon("Rom")
3      where f.FreiePlaetze > 10 && f.Zielort == "Moskau"
4      select f
5      )
6  .Take(5)
7  .ToList();
```

funktioniert in LINQ, egal, ob *GetFluegeVon* eine Stored Procedure oder eine TVF ist. Beide werden als Methoden der Entity Framework-Kontextklasse angeboten und können als solche in einen LINQ-Befehle als Datenquelle eingebettet werden. Allerdings gibt es einen erheblichen Bedeutungsunterschied: Wenn *GetFluegeVon* eine TVF ist, dann werden die Bedingungen bezüglich der freien Plätze und des Zielorts, das Sortierkriterium und der hier als Take ausgedrückte Top-Befehl auf dem Datenbankserver ausgeführt – als Kombination mit dem in der TVF hinterlegten *SQL-SELECT*-Befehl. Wenn *GetFluegeVon* eine Stored Procedure ist, dann führt der Datenbankserver nur die in der Stored Procedure hinterlegten Bedingungen aus und sendet dann das Resultset an den Client, wo in Entity Framework-Objekte materialisiert wird. Erst dann kommen die Bedingungen bezüglich der freien Plätze und des Zielorts, das Sortierkriterium und der hier der Take-Befehl zum Tragen. Das heißt: Der Befehl ist dann gar kein LINQ-to-Entities Befehl, sondern ein LINQ-to-Objects-Befehl im Hauptspeicher. Bei größeren Datenmengen wird man einen erheblichen Leistungsunterschied feststellen können – ganz zu schweigen zum unnötigen RAM-Verbrauch.

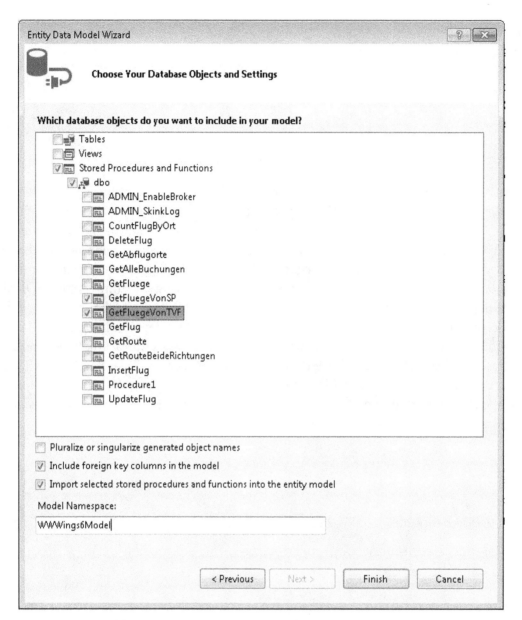

Auswahl einer TVF im Entity Framework-Assistent in Visual Studio

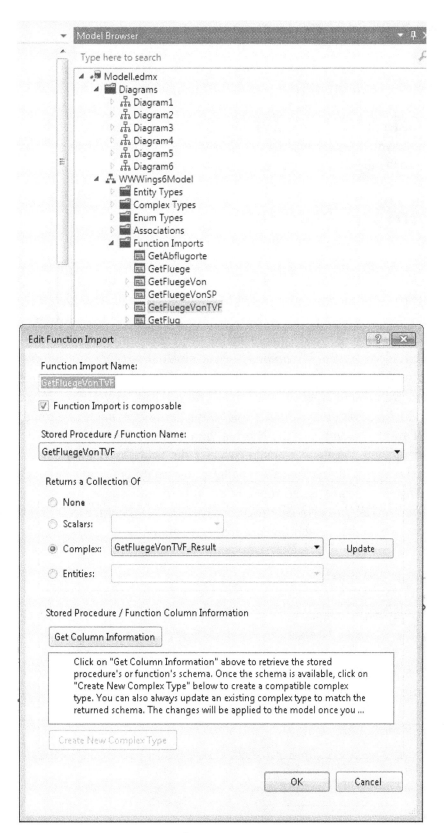

Funktion importieren

TVF-Unterstützung in Code First

Der Einsatz von TVF wird von Code First leider nicht unterstützt. Allerdings bietet Entity Framework seit Version 6.1 einen Erweiterungsmechanismus, der es Entwicklern gestattet, diese Lücke durch eigenen Code zu schließen. Das freie Projekt CodePlex[8] hat sich dieser Aufgabe angenommen. Es gibt dem Entwickler die Möglichkeit, TVF mit Code First zu nutzen und verbirgt dabei die Details des besprochenen Erweiterungsmechanismus. Wer wissen möchte, wie dieser Erweiterungsmechanius unter der Motorhaube aussieht, wird im nächsten Kapitel fündig.

Mit nativem SQL arbeiten

Während O/R-Mapper, wie das Entity Framework, das Erstellen von Datenzugriffscode erheblich vereinfachen, gibt es nach wie vor Anforderungen, die effizienter mit nativem SQL implementiert werden können. Dazu zählt das Verarbeiten von Massendaten ebenso wie Aufgaben, bei denen direkt die Möglichkeiten der eingesetzten Datenbank direkt genutzt werden müssen, wie zum Beispiel die Volltextsuche. Für diese Anforderungen bietet der Datenbankkontext über seine Eigenschaft *Database* eine Methode *ExecuteSqlCommand*, welche eine native SQL-Abfrage entgegennimmt und ausführt. Der Entwickler kann diese Abfrage auch mit Parametern versehen und deren Werte in Form zusätzlicher Parameter übergeben. Ein Beispiel für den Einsatz von *ExecuteSqlCommand* findet sich im folgenden Listing. Der erste Aufruf erfolgt ohne Parameter, beim zweiten Aufruf und dritten Aufruf kommen Parameter zum Einsatz. Hierbei werden auch die beiden Möglichkeiten skizziert, um Parameter anzugeben. Verwendet der Entwickler die Schreibweise *{0}*, *{1}* etc., so kann er die Werte der Parameter direkt übergeben. Verwendet er hingegen benannte Parameter und somit die Schreibweise *@parameterName*, ist er angehalten, Implementierungen der abstrakten Basisklasse *DbParameter* zu verwenden. Im betrachteten Fall wird SQL Server eingesetzt und somit ist an dieser Stelle *SqlParameter* als Subklasse von *DbParameter* heranzuziehen.

```
1   var ctx = new HotelDbContext();
2
3   ctx.Database.ExecuteSqlCommand(
4           "update hotel set sterne = 1 where sterne is null");
5
6   ctx.Database.ExecuteSqlCommand(
7           "update HotelBuchung set HotelId = {0} where HotelId = {1}", 1, 2);
8
9   ctx.Database.ExecuteSqlCommand(
10      "update HotelBuchung set HotelId = @newId where HotelId = @oldId",
11      new SqlParameter("newId", 1),
12      new SqlParameter("oldId", 2));
```

---

[8]https://codefirstfunctions.codeplex.com/

%% **Direkter Einsatz von SQL-Anweisungen**

Um über native SQL-Anweisungen Daten abzurufen, kann der Entwickler auf die Methode *Sql-Query*, welche ebenfalls über die Eigenschaft *Database* des Datenbankkontextes bereitgestellt wird, zurückgreifen. Ein Beispiel dafür findet sich im nächsten Listing. Als Typparameter wird jener Typ angegeben, auf welchen die Zeilen der Ergebnismenge abzubilden sind. Im betrachteten Fall kommt an dieser Stelle die Klasse *Hotel* zum Einsatz, was bedeutet, dass das Entity Framework die abgerufenen Spalten auf gleichnamige Eigenschaften von Hotel-Instanzen abbildet. Der erste Parameter enthält die auszuführende Abfrage; danach können Parameterwerte aufgelistet werden. Für die Angabe von Parametern stehen dieselben Möglichkeiten, wie bei der Methode *ExecuteSqlCommand* (siehe oben) zur Verfügung.

```
1  IEnumerable<Hotel> hotels = ctx.Database.SqlQuery<Hotel>("select * from Hotel wh\
2  ere RegionId = {0}", 3);
3  foreach (var h in hotels)
4  {
5      Console.WriteLine(h.Bezeichnung + " " + h.Sterne);
6  }
```

Entity Framework erweitern

Entity Framework verügt über ein paar Einsprungspunkte, die dem Entwickler die Möglichkeit geben, das Datenzugriffsframework aus dem Hause Microsoft an eigene Bedürfnisse anzupassen. Dieses Kapitel bespricht diese Erweiterungsmechanismen anhand von Beispielen.

Konfiguration

Während es in der Vergangenheit vereinzelt über statische Eigenschaften die Möglichkeit gegeben hat, eigene Komponenten bei Entity Framework zu registrieren, sieht Version 6 eine zentrale Klasse hierfür vor. Um solch eine Klasse einzurichten, leitet der Entwickler von *DbConfiguration* ab und hinterlegt im Konstruktor dieser Klasse. Eckdaten für die Konfiguration des Frameworks. Bei diesen Eckdaten handelt es sich in der Regel um die Angabe von austauschbaren Komponenten, die Entity Framework zur Bewerkstelligung der angeforderten Aufgaben verwendet. Das Listing demonstriert dies, indem es den im vorderen Teil des Buches besprochenen DatabaseInitializer *DropCreateDatabaseAlways* für den *HotelDbContext* registriert.

```
1  public class CustomDbConfiguration : DbConfiguration
2  {
3      public CustomDbConfiguration()
4      {
5          SetDatabaseInitializer(new DropCreateDatabaseAlways<HotelDbContext>());
6      }
7  }
```

Auf diese Art und Weise kann der Entwickler seit Version 6 eine ganze Menge an Komponenten, die Entity Framework verwendet, austauschen. Eine Übersicht zu diesen austauschbaren Komponenten findet man unter hier[9]. Während viele dieser Komponenten lediglich für Treiber-Entwickler interessant sind, gibt es doch ein paar, welche auch Datenbank-Entwickler zur Unterstützung der täglichen Arbeit nutzen können. Da sich das vorliegende Werk nicht an Treiber-Entwickler richtet, beschränkt es sich auf letztere Komponenten.

---

[9] http://tinyurl.com/p27yecd

Hinweis

Eine besondere Komponente, die Entity Framework verwendet, ist der *DependencyResolver*. Sie wird verwendet, um registrierte Komponenten, wie einen *DatabaseInitializer*, abzurufen. Entity Framework verwendet eine Kette von *DependencyResolver*-Objekten. Möchte es eine Komponente abrufen, geht es diese Kette durch und fragt jeden Resolver, ob sie die gewünschte Komponente liefern kann. Der erste Resolver, der dazu in der Lage ist, wird dazu herangezogen. Der Entwickler bekommt vom Konzept des *DependencyResolver* in der Regel nur wenig mit, zumal ihm für jene austauschbare Komponente eine eigene Methode, wie *SetDatabaseInitializer* in Listing 8 1, zur Verfügung steht. Diese Methoden fügen jedoch der Kette einen weiteren *DependencyResolver*, der nur in der Lage ist, die registrierte Komponente zu liefern, hinzu. Um einen eigenen *DependencyResolver* zu implementieren, realisiert der Entwickkler das Interface *IDbDependencyResolver*. Damit Entity Framework ihn verwendet, ist der *DependencyResolver* innerhalb einer *DbConfiguration* mit der Methode *AddDependencyResolver* oder mit der Methode *AddDefaultResolver* zu registrieren. Erstere platziert den *DependencyResolver* am Ende der Kette; zweitere am Anfang.

Pro Anwendung darf es lediglich ein einziges *DbConfiguration*-Derivat geben. Entdeckt Entity Framework mehrere, löst es eine Ausnahme aus. Ein Derivat von *DbConfiguration* zu erstellen ist jedoch nur die halbe Miete, wenn es darum geht, Entity Framework zu konfigurieren. Daneben muss der Entwickler auch noch den *DbContext* mit der gewünschten Konfiguration in Verbindung setzen. Befindet sich in jenem Projekt, in dem sich ein *DbContext*-Derivat befindet, auch ein *DbConfiguration*-Derivat, wird dieses von Entity Framework ohne Zutun des Entwicklers entdeckt und verwendet. Ist dies nicht der Fall, besteht die Möglichkeit, das *DbContext*-Derivat mit dem Attribut *DbConfigurationType* zu annotieren. Über dieses kann der Entwickler die zu verwendende DbConfiguration-Implementierung angeben:

```
1    [DbConfigurationType(typeof(CustomDbConfiguration))]
2    public class HotelDbContext : DbContext { [...] }
```

Neben der direkten Angabe des Typs der *DbConfiguration*-Implementierung kann der Entwickler auch einen String, der die vollständige Typ-Bezeichnung inkl. des Namens der sich darin befindlichen Assembly beinhaltet, angeben. Wie unter .NET üblich, wird hierzu das Format *Namespace.Klassenname, Assymblyname* verwendet. Daneben kann der Entwickler auch auf globaler Ebene eine *DbConfiguration* angeben und damit alle anderen Angaben überschatten. Dazu verwendet er entweder die statische Methode *DbConfiguration.SetConfiguration* oder den nachfolgend gezeigten Konfigurationseintrag:

```
1    <entityFramework
2        codeConfigurationType="MyNamespace.MyDbConfiguration, MyAssembly">
3        [...]
4    </entityFramework>
```

Damit der Konfigurationsabschnitt *entityFramework* zur Verfügung steht, muss der Entwickler ihn deklarieren:

```
1  <configSections>
2    <section
3      name="entityFramework"
4      type="System.Data.Entity.Internal.ConfigFile.EntityFrameworkSection, EntityF\
5  ramework, Version=6.0.0.0, Culture=neutral, PublicKeyToken=b77a5c561934e089"
6      requirePermission="false" />
7  </configSections>
```

 Hinweis

Alternativ zur Verwendung von DbConfiguration kann der Entwickler ein paar der in diesem Kapitel beschriebenen Komponenten auch über die Konfigurationdatei festlegen. Informationen hierzu finden sich im Data Development Center[10].

Interceptoren

Das in Entity Framework 6 eingeführte Interceptor-Konzept gibt dem Entwickler die Möglichkeit, die von Entity Framework beabsichtigten Aktionen abzufangen sowie stattdessen bzw. davor und/oder danach eigene Routinen zu platzieren. Somit kann er das Standardverhalten von Entity Framework anpassen. Neben dem bereits in Version 6 vorhandenen *CommandInterceptor* wartet Version 6.1 mit einer Reihe weiterer Interceptoren auf. Eine Übersicht findet sich in der Tabelle. Für jede Interceptor-Art existiert ein Interface, das seinerseits vom leeren Marker-Interface *IDbInterceptor* erbt. Um einen Interceptor zu implementieren, realisiert der Entwickler das jeweilige Interface. Damit Entity Framework diese Implementierung nutzt, registriert er es im Rahmen der Konfiguration.

Interceptor/ Interface	Beschreibung
IDbCommandInterceptor	Wird aktiv, bevor und nachdem eine SQL-Anweisung zur Datenbank gesendet wurde. Der Interceptor kann die SQL-Anweisung einsehen, abändern oder die Ausführung dieser Anweisung unterdrücken und stattdessen auf eigene Weise ein Ergebnis bereitstellen. Auch das Reagieren auf sowie Unterdrücken von Exceptions ist möglich.
IDbCommandTreeInterceptor	Wie IDbCommandInterceptor, allerdings stellt dieser Interceptor die SQL-Anweisung als Syntax-Baum dar. Dies vereinfacht die Inspektion und Abänderung der SQL-Anweisung.
IDbConfigurationInterceptor	Ermöglicht das Erweitern der Konfiguration. Beispielsweise kann ein solcher Interceptor weitere Interceptoren registrieren oder die von Entity Framework ausgewählten Komponenten austauschen.
IDbConnectionInterceptor	Wird bei Ereignissen auf Ebene der Datenbankverbindung aktiv. Beispiele hierfür sind das Öffnen und Schließen der Datenbankverbindung, das Erhalten von Verbindungstimeouts, aber auch der Start von neuen sowie die Teilnahme an bestehenden Transaktionen.

[10]http://msdn.microsoft.com/en-us/data/jj556606

Interceptor/ Interface	Beschreibung
IDbTransactionInterceptor	Während der IDbConnectionInterceptor über den Start von neuen und die Teilnahme an bestehenden Transaktionen informiert, wird dieser Interceptor bei anderen Transaktions-bezogenen Ereignissen aktiv. Beispiele dafür sind die Bestätigung oder das Zurückrollen einer Transaktion (Commit bzw. Rollback) aber auch das Abrufen des aktuellen Isolations-Levels.

Die nachfolgenden Abschnitte zeigen anhand von Beispielen, wie der Entwickler Interceptoren in der täglichen Arbeit nutzen kann.

Mit *ConnectionInterceptor* Informationen über aktuelle Datenbanksitzung festhalten

Ein Beispiel für einen einfachen *ConnectionInterceptor* findet sich im nachfolgenden Listing. Er implementiert das Interface *IDbConnectionInterceptor* und somit auch alle davon vorgegebenen Methoden. Methoden, die nicht benötigt werden, implementiert er mit einem leeren Rumpf. Aus Platzgründen werden hier die meisten dieser leeren Methoden nicht abgebildet. Entity Framework stößt jede dieser Methoden zu einem bestimmten Zeitpunkt an. *Opened* kommt zum Beispiel zur Ausführung, nachdem eine Datenbankverbindung geöffnet wurde; *Opening* hingegen, bevor Entity Framework eine Datenbankverbindung öffnet. Dieses Muster findet sich in sämtlichen Interceptoren wieder: Für jedes unterstützte Ereignis existiert eine Methode, die davor ausgeführt wird und/oder eine Methode, die danach zur Ausführung kommt. Jede dieser Methoden nimmt ein Kontext-Objekt entgegen. Dieses beinhaltet zum Beispiel eine eventuell aufgetretene Exception oder das ermittelte Ergebnis. Der Interceptor hat die Möglichkeit, diese Informationen mit eigenen zu überschreiben und so seine eigene Exception oder sein eigenes Ergebnis festzulegen. Kompensiert er eine Exception, kann er diese auch durch null ersetzen, sodass Entity Framework sie nicht an die Anwendung weiterreicht. Legt der Interceptor eine eigene Exception oder ein eigenes Ergebnis in einer Methode, die Entity Framework vor dem Ausführen eines Ereignisses anstößt, fest, wird das eigentliche Ereignis unterdrückt. Beispiele für solche Methoden sind *BeginningTransaction* oder *Opening*. Der betrachtete Interceptor im Listing führt nach dem Öffnen einer Datenbankverbindung eine eigene SQL-Anweisung aus. Diese hinterlegt den aktuellen Benutzernamen zusammen mit Informationen zur aktuellen Datenbanksitzung in einer Tabelle *session_info*, sodass zum Beispiel auch Trigger den Benutzernamen in Erfahrung bringen können. Auch wenn dies nicht zwangsläufig auf ein gutes Programm-Design schließen lässt, handelt es sich dabei dennoch um eine Anforderung, die ab und an bei Legacy-Anwendungen aufkommt. Das Schema der Tabelle *session_info* findet sich in Form eines Kommentars ebenfalls im betrachteten Quellcode. Die SQL-Anweisung, welche für SQL Server geschrieben ist, verwendet die globale Variable *@@SPID* um die Id der aktuellen Datenbanksitzung zu erhalten. Da Microsoft SQL Server Sitzungs-Ids für spätere Sitzungen wiederverwendet, wird auch der Zeitpunkt, zu dem die Sitzung gestartet wurde, aus der Systemtabelle *sys.dm_exec_sessions* entnommen.

```
1   class CustomDbConnectionInterceptor : IDbConnectionInterceptor
2   {
3       public void BeganTransaction(
4               DbConnection connection,
5               BeginTransactionInterceptionContext interceptionContext) { }
6
7       public void BeginningTransaction(
8               DbConnection connection,
9               BeginTransactionInterceptionContext interceptionContext) { }
10
11      public void Closed(
12              DbConnection connection,
13              DbConnectionInterceptionContext interceptionContext) { }
14
15      public void Closing(
16              DbConnection connection,
17              DbConnectionInterceptionContext interceptionContext) { }
18
19      public void Opened(
20              DbConnection connection,
21              DbConnectionInterceptionContext interceptionContext)
22      {
23          /*
24              create table session_info(
25                      session_id int,
26                      login_time datetime,
27                      applicationUser varchar(255),
28                      primary key(session_id, login_time)
29              );
30          */
31
32          var cmd = connection.CreateCommand();
33          {
34              var sql = "if not exists( \n"
35                      + "  select * \n"
36                      + "  from sys.dm_exec_sessions  a \n"
37                      + "     inner join session_info b \n"
38                      + "  on a.session_id = b.session_id \n"
39                      + "  and a.login_time = b.login_time \n"
40                      + "  where a.session_id = @@SPID)  \n"
41                      + "begin \n"
42                      + "  insert into session_info \n"
```

```
43                 + "    select session_id, login_time, @appUserName \n"
44                 + "    from sys.dm_exec_sessions \n"
45                 + "    where session_id = @@SPID \n"
46                 + "end;";
47
48          cmd.CommandText = sql;
49
50          var param = cmd.CreateParameter();
51          param.Direction = System.Data.ParameterDirection.Input;
52          param.ParameterName = "appUserName";
53          param.Value = Thread.CurrentPrincipal.Identity.Name;
54          cmd.Parameters.Add(param);
55
56          cmd.ExecuteNonQuery();
57        }
58      }
59
60      public void Opening(
61          DbConnection connection,
62          DbConnectionInterceptionContext interceptionContext) { }
63
64      [...]
65 }
```

Damit Entity Framework einen Interceptor auch verwendet, muss der Entwickler ihn registrieren. Dies geschieht zum Beispiel, wie im nächsten Listing dargestellt, unter Verwendung der Methode *AddInterceptor* innerhalb des Konstruktors einer Klasse, welche von *DbConfiguration* ableitet. Diese Klassen, von denen es per Definition pro Projekt nur eine einzige geben darf, werden von Entity Framework im Zuge des Initialisierens herangezogen.

```
1 class MyConfiguration: DbConfiguration
2 {
3     public MyConfiguration()
4     {
5         AddInterceptor(new CustomDbConnectionInterceptor());
6     }
7 }
```

Konfiguration mit IDbConfigurationInterceptor erweitern

Mit einem Configuration-Interceptor kann der Entwickler die Konfiguration, die über eine *DbConfiguration* bereitgestellt wurde, abändern. Das folgende Listing veranschaulicht das Grundgerüst eines solchen Interceptors. Mit *ReplaceService* kann der Entwickler eine registrierte Komponente oder eine Standardkomponente ersetzen. Dazu übergibt er einen Typ, der die Komponente auf abstrakter Ebene beschreibt, sowie den Typ der zu verwendenden Implementierung. Bei ersterem handelt es sich um das Interface oder um die abstrakte Klasse, welche von den Implementierungen zu realisieren ist. Möchte der Entwickler beispielsweise den Pluralisierungs-Service, den Code First zum Bilden von Pluralformen für Tabellennamen verwendet, austauschen, gibt er als ersten Parameter den Typ *IPluralizationService* an. Wie der später folgende Abschnitt "Pluralisierung anpassen" zeigt, ist dieses Interface zu realisieren, um einen Pluralisierungs-Service bereitzustellen. Als zweiten Parameter übergibt er hingegen die gewünschte Implementierung.

 Hinweis

Die übergebene *DbConfigurationLoadedEventArgs*-Instanz gibt dem Entwickler auch die Möglichkeit, *DependencyResolver* zu registrieren. Dazu bietet sie, analog zur *DbConfiguration* eine Methode *AddDependencyResolver* sowie eine Methode *AddDefaultResolver*. Über ihre Eigenschaft *DependencyResolver* bietet sie dem Entwickler Zugriff auf die Kette der registrierten *DependencyResolver*-Objekte.

```
1  class CustomConfigurationInterceptor : IDbConfigurationInterceptor
2  {
3      public void Loaded(
4          DbConfigurationLoadedEventArgs loadedEventArgs,
5          DbConfigurationInterceptionContext interceptionContext)
6      {
7          // loadedEventArgs.ReplaceService(...)
8      }
9  }
```

 Hinweis

Das statische Ereignis DbConfiguration.Loaded, welches Entity Framework nach dem Instanziieren der DbConfiguration auslöst, bietet die selben Möglichkeiten, wie der hier betrachtete Interceptor.

Command-Interceptoren

Bei den Command-Interceptoren, die ab Entity Framework 6 zur Verfügung stehen, handelt es sich um Interceptoren, die das Abfangen von Anweisungen, die zur Datenbank gesendet werden, erlauben. Um einen solchen Interceptor zu implementieren, stellt der Entwickler eine Realisierung des Interfaces *IDbCommandInterceptor* zur Verfügung. Dieses Interface weist sechs Methoden auf, die Entity Framework jeweils vor bzw. nach dem Ausführen einer SQL-Anweisung zur Ausführung bringt. Einen Überblick über diese Methoden bietet dieTabelle.

Methode	Beschreibung
NonQueryExecuting	Wird ausgeführt, bevor Entity Framework eine Anweisung, die keine Ergebnismenge retourniert, zur Datenbank sendet. Beispiele hierfür sind INSERT-, UPDATE- oder DELETE-Anweisungen.
NonQueryExecuted	Wird ausgeführt, nachdem Entity Framework eine Anweisung, die keine Ergebnismenge retourniert, zur Datenbank gesendet und diese die Anweisung ausgeführt hat. Innerhalb dieser Methode liegt bereits die Anzahl der Zeilen, die von dieser Anweisung betroffen waren, vor.
ReaderExecuting	Wird ausgeführt, bevor Entity Framework eine Anweisung, die eine Ergebnismenge retourniert, zur Datenbank sendet. Ein Beispiel hierfür ist eine SELECT-Anweisung.
ReaderExecuted	Wird ausgeführt, nachdem Entity Framework eine Anweisung, die keine Ergebnismenge retourniert, zur Datenbank gesendet und diese die Anweisung ausgeführt hat. Innerhalb dieser Methode liegt bereits die abgefragte Ergebnismenge vor.
ScalarExecuting	Wird ausgeführt, bevor Entity Framework eine Anweisung, die einen einzelnen (skalaren) Wert retourniert, zur Datenbank sendet (z. B. SELECT COUNT(*) FROM ...)
ScalarExecuted	Wird ausgeführt, nachdem Entity Framework eine Anweisung, die einen einzelnen (skalaren) Wert retourniert, zur Datenbank gesendet und diese die Anweisung ausgeführt hat. Innerhalb dieser Methode liegt der abgefragte Wert bereits vor.

Sämtliche Methoden, welche von *IDbCommandInterceptor* vorgegeben werden, bekommen von Entity Framework zwei Parameter übergeben: Ein *DbCommand*, welche die jeweilige SQL-Anweisung repräsentiert und ein Objekt vom Typ *DbCommandInterceptionContext*, welches Informationen über die Abfrage enthält. Unter diesen Informationen befinden sich das Ergebnis der SQL-Anweisung sowie eine eventuelle Exception, die im Zuge der Ausführung ausgelöst wurde. Setzt ein Command-Interceptor diese Eigenschaften vor der Ausführung der damit assoziierten SQL-Anweisung, führt Entity Framework diese SQL-Anweisung nicht aus, sondern behandelt den vom Interceptor gesetzten Wert als Ergebnis dieser Anweisung bzw. als Exception, im Rahmen der Ausführung dieser Anweisung aufgetreten ist. Auf diese Weise lassen sich zum Beispiel Caching-Mechanismen realisieren. In den Interceptor-Methoden, die Entity Framework nach dem Ausführen einer SQL-Anweisung anstößt, hat der Entwickler über den *DbCommandInterceptionContext* Zugriff auf das Ergebnis der Abfrage bzw. auf eine eventuell ausgelöste Exception. Auch hier kann er diese Werte setzen. Dies hat zur Folge, dass der Aufrufer nicht mit dem eigentlichen Ergebnis sondern mit den vom Interceptor gesetzten Werten konfrontiert wird.

Das folgende Listing zeigt ein Beispiel für einen einfachen Command-Interceptor. Dieser gibt die SQL-Anweisung, deren Ausführung ansteht bzw. gerade abgeschlossen wurde, sowie ausgewählte Informationen, die der *DbCommandInterceptionContext* parat hält, auf der Konsole aus. Im Falle von *NonQueryExecuting* wird als Ergebnis der Wert 42 definiert, indem der Entwickler die Eigenschaft *Result* setzt. Dies hat zur Folge, dass Entity Framework die mit diesem Methoden-Aufruf assoziierte SQL-Anweisung nicht zur Ausführung bringt, sowie davon ausgeht, dass das Ergebnis dieser Anweisung 42 ist. Da Entity Framework die Methode *NonQueryExecuting* vor der Ausführung von

DML-Anweisungen, wie *INSERT, UPDATE* oder *DELETE*, anstößt, wird dieser Wert als Anzahl der von der Anweisung betroffenen Zeilen gewertet.

Der Datentyp der hier verwendeten Eigenschaft *Result* wird durch den Typparameter von *DbCommandInterceptionContext* bestimmt. Im Fall von *NonQueryExecuting* und *NonQueryExecuted* handelt es sich dabei, wie im betrachteten Beispiel gezeigt, um einen *int*, der die Anzahl der betroffenen Zeilen repräsentiert. Bei *ReaderExecuting* und *ReaderExecuted* ist Result hingegen vom Typ *DbDataReader*. Dieser repräsentiert die Ergebnismenge der Abfrage. Bei *ScalarExecuting* und *ScalarExecuted* repräsentiert *Result* den abgefragten Wert und weist deswegen den Datentyp *Object* auf.

Die im betrachteten Beispiel auskommentierten Zeilen deuten auf weitere interessante Eigenschaften von *DbCommandInterceptionContext* hin: Bei *DbContexts* handelt es sich um eine Auflistung mit den betroffenen *DbContext*-Instanzen. In der Regel hat diese Liste genau einen einzigen Eintrag. *Exception* repräsentiert eine eventuell aufgetretene Exception. Da sowohl die Eigenschaft *Result* als auch die Eigenschaft *Exception* vom Interceptor verändert werden können, bieten *OriginalResult* und *OriginalException* Zugriff auf das eigentliche Ergebnis bzw. auf die eigentliche Exception. Die Eigenschaft *IsExecutionSuppressed*, welche nur gelesen werden kann, gibt an, ob die Ausführung der SQL-Anweisung übersprungen wird. Dies ist, wie schon erwähnt, dann der Fall, wenn der Interceptor das Ergebnis oder die Exception vor der Ausführung der SQL-Anweisung direkt setzt.

 Hinweis

Über die Eigenschaft command.Connection hat der Entwickler innerhalb der Interceptor-Methoden Zugriff, auf die aktuelle Datenbankvererbindung.

```
1   public class CustomCommandInterceptor: IDbCommandInterceptor {
2
3       public void NonQueryExecuting(
4                       DbCommand command,
5                       DbCommandInterceptionContext<int> interceptionContext) {
6           Console.WriteLine("NonQueryExecuting");
7           Console.WriteLine(command.CommandText);
8           // command.Connection
9
10          interceptionContext.Result = 42;
11
12          // interceptionContext.DbContexts
13          // interceptionContext.Exception
14          //          = new Exception("Es ist doch schon Feierabend!");
15
16          // interceptionContext.OriginalException
17          // interceptionContext.OriginalResult
```

```
18        // interceptionContext.IsExecutionSuppressed
19
20
21        Console.WriteLine("");
22    }
23
24    public void NonQueryExecuted(
25                    DbCommand command,
26                    DbCommandInterceptionContext<int> interceptionContext) {
27        Console.WriteLine("NonQueryExecuted");
28        Console.WriteLine(command.CommandText);
29        Console.WriteLine("Result: " + interceptionContext.Result);
30        Console.WriteLine("");
31
32    }
33
34
35    public void ReaderExecuting(
36            DbCommand command,
37            DbCommandInterceptionContext<DbDataReader> interceptionContext)
38    {
39        Console.WriteLine("ReaderExecuting");
40        Console.WriteLine(command.CommandText);
41        Console.WriteLine("");
42    }
43
44    public void ReaderExecuted(
45            DbCommand command,
46            DbCommandInterceptionContext<DbDataReader> interceptionContext)
47    {
48        Console.WriteLine("ReaderExecuted");
49        Console.WriteLine(command.CommandText);
50        Console.WriteLine("");
51    }
52
53
54    public void ScalarExecuting(
55            DbCommand command,
56            DbCommandInterceptionContext<object> interceptionContext)
57    {
58        Console.WriteLine("ScalarExecuting");
59        Console.WriteLine(command.CommandText);
```

```
60          Console.WriteLine("");
61      }
62
63      public void ScalarExecuted(
64                  DbCommand command,
65                  DbCommandInterceptionContext<object> interceptionContext)
66      {
67          Console.WriteLine("ScalarExecuted");
68          Console.WriteLine(command.CommandText);
69          Console.WriteLine("");
70      }
71  }
```

Damit Entity Framework einen Command-Interceptor verwendet, muss der Entwickler diesen zuvor registrieren. Dies geschieht innerhalb der Konfigurations-Klasse mit der Methode *AddInterceptor*.

```
1  public class CustomDbConfiguration : DbConfiguration
2  {
3      public CustomDbConfiguration()
4      {
5          AddInterceptor(new CustomCommandInterceptor());
6      }
7  }
```

Caching mit Command-Interceptoren

Command-Interceptoren drängen sich förmlich für zwei Anwendungsfälle auf: Logging und Caching. Während Logging auf dieser Basis bereits ab Entity Framework 6 implementiert wird, gibt es noch keine offizielle Caching-Implementierung. Dieser Abschnitt zeigt anhand eines Beispiels, wie der Entwickler Command-Interceptoren dazu nutzen kann. Der Dreh- und Angelpunkt der hier betrachteten Lösung ist eine Implementierung von *IDbCommandInterceptor*, welche den mit .NET 4 eingeführten Cache-Mechanismus nutzt (vgl. nachfolgendes Listing). Die meiste Logik findet sich in der Methode *ReaderExecuting*, welche von *IDbCommandInterceptor* vorgegeben wird, wieder. Entity Framework ruft diese Methode auf, bevor es eine Abfrage zur Datenbank sendet. Um den Cache zu nutzen, prüft *ReaderExecuting*, ob sich die Ergebnismenge der auszuführenden Abfrage bereits im Cache befindet. Dazu verwendet sie die SQL-Anweisung als Schlüssel für den Cache. Bei den Einträgen im Cache handelt es sich um *DataTables*. Aus diesen leitet *ReaderExecuting* einen *DataReader* ab und weist ihn an die Eigenschaft *Result* des übergebenen *InterceptionContext*-Objektes zu. Da Entity Framework nun auf diesem Weg ein Ergebnis erhält, sieht es davon ab, den SQL-Befehl an die Datenbank zu senden. Falls die Methode *ReaderExecuting* den gewünschten Eintrag nicht im Cache findet, führt sie die Abfrage unter Verwendung von *ExecuteQuery* aus und verstaut die Ergebnismenge in einem *DataTable*, welchen es im Cache hinterlegt. Im Zuge dessen gibt sie auch eine mittels *CreatePolicy* erzeugte Cache-Policy an. Diese führt dazu, dass der Cache-Eintrag nach einer bestimmten Zeitspanne wieder aus dem Cache entfernt wird. Über den benutzerdefinierten *VerySimpleChangeMonitor* legt die betrachtete Logik darüber hinaus fest, dass der Cache-Eintrag auch zu entfernen ist, wenn der *VerySimpleNotificationService* des Interceptors dem *VerySimpleChangeMonitor* über ein Ereignis wissen lässt, dass sich die Daten in der Datenbank geändert haben. Bei jedem Aufruf von *NonQueryExecuted* wird der *VerySimpleNotificationService* veranlasst, sämtliche *VerySimpleChangeMonitor*-Objekte darüber zu benachrichtigen, dass sich Daten geändert haben. Da Entity Framework *NonQueryExecuted* immer nach dem Ausführen eines DML- oder DDL-Befehls anstößt, wird der Cache nach jedem Schreibvorgang komplett geleert. Dies ist zwar einfach, führt jedoch auch zu unnötigen Invalidierungen. Eine effizientere, jedoch auch aufwändigere Lösung bestünde darin, zu prüfen, auf welche Cache-Einträge sich ein Schreibvorgang auswirkt und nur diese aus dem Cache zu entfernen. Lösungen dazu findet man in den folgenden Blog-Beiträgen des Autors:

- http://www.softwarearchitekt.at/post/2013/12/20/Cache-Invalidierung-fur-Second-Level-Cache-in-Entity-Framework-6-mit-SqlDependency-.aspx
- http://www.softwarearchitekt.at/post/2013/12/30/Cache-Invalidierung-fur-Second-Level-Cache-in-Entity-Framework-6-ohne-SqlDependency-und-dessen-Einschrankungen.aspx

Innerhalb der Methode *ReaderExecuted* hat ebenfalls eine Invalidierung des Caches zu erfolgen. Der Grund dafür ist, dass Entity Framework sowohl *ReaderExecuting* als auch *ReaderExecuted* für Batches, die neben DML-Anweisungen auch SELECT-Anweisungen enthalten, ausführt. Ein Beispiel dafür ist ein *INSERT* gefolgt von einem *SELECT*, welches die gerade eingefügten Daten retourniert.

 Hinweis

Der Abschnitt über Command-Tree-Interceptoren in diesem Buch zeigt, wie der Entwickler auf einfache Weise herausfinden kann, welche Tabellen von einer SQL-Anweisung betroffen sind. Diese Information ist nützlich, wenn man im Zuge einer DML-Anweisung nur jene Cache-Einträge entfernen möchte, die ihren Ursprung in den zugrundeliegenden Tabellen haben.

```
1  public class SimpleCachingCommandInterceptor : IDbCommandInterceptor
2  {
3      private MemoryCache cache = MemoryCache.Default;
4      private DbProviderFactory factory;
5      private int absoluteExpirationInMinutes;
6      private VerySimpleNotificationService notificationService =
7                                          new VerySimpleNotificationSer\
8  vice();
9
10     private void InvalidateCache() {
```

```
11
12          Debug.WriteLine("Invalidate Cache");
13
14          lock (this)
15          {
16              notificationService.Notify();
17          }
18      }
19
20      public SimpleCachingCommandInterceptor(
21                      DbProviderFactory factory, int absoluteExpirationInMinutes)
22      {
23          this.factory = factory;
24          this.absoluteExpirationInMinutes = absoluteExpirationInMinutes;
25      }
26
27      public void NonQueryExecuted(
28          DbCommand command,
29          DbCommandInterceptionContext<int> interceptionContext)
30      {
31          this.InvalidateCache();
32      }
33
34      public void NonQueryExecuting(
35          DbCommand command,
36          DbCommandInterceptionContext<int> interceptionContext)
37      {
38      }
39
40      public void ReaderExecuting(
41          DbCommand command,
42          DbCommandInterceptionContext<DbDataReader> interceptionContext)
43      {
44          // ReaderExecuting is also called for batches
45          // like 'insert into [...]; select @@identity'
46
47          var sql = command.CommandText.ToLower();
48          if (!sql.StartsWith("select "))
49          {
50              return;
51          }
52
```

```
53          if (cache.Contains(command.CommandText))
54          {
55              var table = (DataTable)cache[command.CommandText];
56              interceptionContext.Result = table.CreateDataReader();
57              Console.ForegroundColor = ConsoleColor.Green;
58              Console.WriteLine("Cache hit");
59              Console.ForegroundColor = ConsoleColor.Gray;
60          }
61          else
62          {
63              var table = ExecuteQuery(command);
64              var policy = CreatePolicy(command);
65
66              cache.Add(command.CommandText, table, policy);
67
68              interceptionContext.Result = table.CreateDataReader();
69          }
70      }
71
72      private DataTable ExecuteQuery(DbCommand command)
73      {
74          var table = new DataTable();
75          var adapter = factory.CreateDataAdapter();
76          adapter.SelectCommand = command;
77          adapter.Fill(table);
78          return table;
79      }
80
81      private CacheItemPolicy CreatePolicy(DbCommand command)
82      {
83          var sql = command.CommandText;
84          var policy = new CacheItemPolicy();
85
86          policy.AbsoluteExpiration =
87              DateTimeOffset.Now.AddMinutes(absoluteExpirationInMinutes);
88
89          var changeMonitor = new VerySimpleChangeMonitor(notificationService);
90          policy.ChangeMonitors.Add(changeMonitor);
91          return policy;
92      }
93
94      public void ReaderExecuted(
```

```
 95            DbCommand command,
 96            DbCommandInterceptionContext<DbDataReader> interceptionContext)
 97        {
 98            // ReaderExecuting is also called for batches
 99            // like 'insert into [...]; select @@identity'
100
101            var sql = command.CommandText.ToLower();
102            if (!sql.StartsWith("select "))
103            {
104                // Invalidate Cache
105                this.InvalidateCache();
106            }
107
108        }
109
110        public void ScalarExecuted(
111            DbCommand command,
112            DbCommandInterceptionContext<object> interceptionContext)
113        {
114        }
115
116        public void ScalarExecuting(
117            DbCommand command,
118            DbCommandInterceptionContext<object> interceptionContext)
119        {
120        }
121    }
```

Der Vollständigkeit halber finden sich die beiden hier verwendeten Hilfs-Klassen *VerySimpleChangeMonitor* und *VerySimpleNotificationService* in den nächsten beiden Listings.

```
 1    public class VerySimpleNotificationService
 2    {
 3        public event OnChange OnChange;
 4
 5        public void Notify()
 6        {
 7            if (OnChange != null)
 8            {
 9                OnChange(null);
10            }
11        }
12    }
```

```
1   public class VerySimpleChangeMonitor : ChangeMonitor
2   {
3       private string id = Guid.NewGuid().ToString();
4       private VerySimpleNotificationService simpleNotificationService;
5
6       public VerySimpleChangeMonitor(VerySimpleNotificationService service)
7       {
8           this.simpleNotificationService = service;
9           this.simpleNotificationService.OnChange +=
10              simpleNotificationService_OnChange;
11          this.InitializationComplete();
12      }
13
14      void simpleNotificationService_OnChange(string tableName)
15      {
16              this.simpleNotificationService.OnChange -=
17                  simpleNotificationService_OnChange;
18              Debug.WriteLine("Cache invalidation");
19              this.OnChanged(this);
20      }
21
22      protected override void Dispose(bool disposing)
23      {
24      }
25
26      public override string UniqueId
27      {
28          get { return id; }
29      }
30  }
```

Damit Entity Framework den Command-Interceptor auch verwendet, ist dieser innerhalb eines
DbConfiguration-Derivats zu registrieren.

```
1  public class CustomDbConfiguration : DbConfiguration
2  {
3
4      public CustomDbConfiguration()
5      {
6          AddInterceptor(new SimpleCachingCommandInterceptor(
7                             SqlClientFactory.Instance, 60 * 8));
8      }
9  }
```

Die hier gezeigte Implementierung demonstriert die Realisierung eines einfachen Caching-Mechanismus unter Verwendung eines Command-Interceptors in Entity Framework 6. Sofern sämtliche Daten über die selbe Instanz von Entity Framework verwendet werden, kommt der Benutzer neben dem Performance-Vorteil auch in den Genuss von aktuellen Daten. Greifen mehrere Anwendungen über Entity Framework auf dieselbe Datenbank zu, müsste die diskutierte Implementierung erweitert werden, sodass sie einen verteilten Cache, wie *memcached* oder *AppFabric* verwendet, damit auch in diesem Fall jeder Benutzer zu jeder Zeit aktuelle Daten zu Gesicht bekommt. Alternativ dazu könnte der Entwickler zur Invalidierung des Caches, ähnlich wie der Caching-Mechanismus unter ASP.NET, *SqlDependency*-Objekte verwenden, um darüber informiert zu werden, wenn sich in der Datenbank etwas ändert. Eine weitere Lösung wäre das periodische Pollen einer Tabelle, welche Informationen über den Zeitpunkt des letzten Schreibevorgangs innerhalb der einzelnen Tabellen enthält. Um nicht den gesamten Cache bei Schreibevorgängen löschen zu müssen, könnte die Implementierung auch die abgefangenen SQL-Anweisungen parsen, um herauszufinden, welche Tabellen davon betroffen sind. Informationen hierzu folgen in weiteren Postings. Überlegungen zur Implementierung dieser Strategien finden sich unter:

- http://www.softwarearchitekt.at/post/2013/12/20/Cache-Invalidierung-fur-Second-Level-Cache-in-Entity-Framework-6-mit-SqlDependency-.aspx
- http://www.softwarearchitekt.at/post/2013/12/30/Cache-Invalidierung-fur-Second-Level-Cache-in-Entity-Framework-6-ohne-SqlDependency-und-dessen-Einschrankungen.aspx

Soft-Delete mit *IDbCommandTreeInterceptor*

Wie weiter oben erwähnt, kann der Entwickler mit *CommandTreeInterceptoren* SQL-Anweisungen abfangen und abändern. Im Gegensatz zu *CommandInterceptoren* stellen *CommandTreeInterceptoren* die SQL-Anweisung jedoch nicht in Form eines Strings sondern in Form eines Syntax-Baumes dar. Dies vereinfacht das Abändern der Anweisung. Auf diese Weise lassen sich globale Filter definieren. Ein solcher globaler Filter könnte zum Beispiel festlegen, dass nur Datensätze mit einem bestimmten Status oder nur Datensätze eines bestimmten Mandanten geladen werden. Dazu müsste der Interceptor jede Abfrage um eine entsprechende Einschränkung erweitern. Auf der Teched 2014 hat Entity-Framework-Programm-Manager Rowan Miller ein Beispiel präsentiert, in dem er einen *CommandTreeInterceptor* zur Implementierung von Soft-Deletes nutzt. Hierunter versteht man Fälle, in denen Anwendungen obsolete Datensätze nicht tatsächlich löschen, sondern nur als gelöscht markieren. Den Quellcode dieses Beispiels findet man auf Github[11]. Da es sich bei Soft-Deletes um eine häufig anzutreffendes Muster im Bereich der Datenbankprogrammierung handelt und Entity Framework hierfür keine Boardmittel bietet, demonstriert dieser Abschnitt den Einsatz von *CommandTreeInterceptoren* anhand von Auszügen dieses Beispiels.

Um den Einsatz von Soft Delete für ausgewählte Entitäten zu aktivieren, sieht das besprochene Beispiel ein Attribut *SoftDeleteAttribute* vor (vgl. Listing). Damit werden die jeweiligen Entitäten annotiert. Über die Eigenschaft *ColumnName* gibt der Entwickler den Namen der Spalte, welche Auskunft darüber gibt, ob der Datensatz als gelöscht gilt, an. Standardmäßig wird hierfür der Name *IsDeleted* angenommen. Die statische Hilfsmethode *GetColumnName* nimmt einen *EdmType*, welcher im Entity Data Model eine Entität repräsentiert, entgegen und liefert den zuvor erwähnten Spaltennamen für diese Entität retour. Sie geht davon aus, dass diese Information unter dem Schlüssel *customannotation:SoftDeleteColumnName* in den im Model für diesen Typ hinterlegten Metadaten zu finden ist. Damit dies auch der Fall ist, konfiguriert der Entwickler für den verwendeten *DbContext* innerhalb der Methode *OnModelCreating* die Konvention *AttributeToTableAnnotationConvention*:

```
1  var conv =
2          new AttributeToTableAnnotationConvention<SoftDeleteAttribute, string>(
3              "SoftDeleteColumnName",
4              (type, attributes) => attributes.Single().ColumnName);
5  modelBuilder.Conventions.Add(conv);
```

Mit dieser Konvention legt er fest, dass Entity Framework die Eigenschaft *ColumnName* des Attributes *SoftDeleteAttribute* in die Metadaten der Entität aufnehmen soll. Als Schlüssel gibt er hierfür *SoftDeleteColumnName* an; der zuvor betrachtete Präfix *customannotation* wird von dieser Konvention standardmäßig vergeben.

```
1  public class SoftDeleteAttribute: Attribute
2  {
3      public SoftDeleteAttribute()
4      {
5          ColumnName = "IsDeleted";
6      }
7
8      public string ColumnName { get; set; }
9
10     public static string GetColumnName(EdmType type)
11     {
12         var prop = type
```

---

[11]https://github.com/rowanmiller/Demo-TechEd2014

```
13                    .MetadataProperties
14                    .Where(p =>
15                        p.Name
16                            .EndsWith("customannotation:SoftDeleteColumnName"))
17                    .FirstOrDefault();
18
19          string columnName = (prop != null) ? (string) prop.Value : null;
20
21          return columnName;
22      }
23  }
```

Richtig spannend wird das betrachtete Beispiel, wenn der *CommandTreeInterceptor* ins Spiel kommt. Diesen findet man im nächsten Listing. Er bietet eine Methode *TreeCreated* an. Diese führt Entity Framework aus, nachdem es den Syntax-Baum für eine SQL-Anweisung erstellt hat. Die betrachtete Implementierung prüft zunächst, ob *TreeCreated* für das Store Model ausgeführt wird und somit einen Syntax Baum, aus dem später direkt SQL abgeleitet wird, beinhaltet. Ist dem nicht so, wird die Methode abgebrochen. Anschließend greift sie auf die Eigenschaft *Result* des von Entity Framework übergebenen Kontextes zu. Diese Eigenschaft beinhaltet den Syntax-Baum und ist vom abstrakten Typ *DbCommandTree*. Die hier tatsächlich verwendete Subklasse gibt Auskunft über die Art der zugrunde liegenden SQL-Anweisung. Handelt es sich um ein *SELECT*, kommt die konkrete Subklasse *DbQueryCommandTree* zum Einsatz. Für den Aufruf einer Stored Procedure oder Stored Function verwendet Entity Framework hingegen das Derivat *DbFunctionCommandTree* und für DML-Anweisungen (*INSERT, UPDATE, DELETE*) die abstrakte Klasse *DbModificationCommandTree*, von der die konkreten Klassen *DbInsertCommandTree, DbUpdateCommandTree* und *DbDeleteCommandTree* ableiten. Die Namen sind dabei Programm. Da das hier behandelte Beispiel jedes *SELECT* erweitern muss, sodass nur Datensätze, die nicht als gelöscht markiert wurden, geladen werden, prüft es, ob es sich beim Baum um einen *DbQueryCommandTree* handelt. Ist dem so, wendet es auf den Baum einen *SoftDeleteQueryVisitor* an, indem sie ihn an dessen Methode *Accept* übergibt. Dies geht konform mit dem für solche Aufgaben häufig eingesetzten Entwurfs-Muster *Visitor* (Besucher). Implementierungen dieses Musters durchlaufen die Knoten eines Baums und übergeben diese an eine Komponente, welche als Visitor bezeichnet wird. Der Visitor besucht demnach die einzelnen Knoten. Dieser Visitor kann nun entscheiden, ob er die Daten des erhaltenen Knotens auswertet bzw. den Knoten abändert. Im betrachteten Fall kümmert sich der verwendete Visitor, welcher weiter unten genauer beschrieben wird, um das Hinzufügen der besprochenen Einschränkung. Das Ergebnis von *Accept* verpackt die betrachtete Implementierung in einem neuen *DbQueryCommandTree*. Diesen hinterlegt es in der Eigenschaft *Result* des Kontextes, was zur Folge hat, dass Entity Framework damit und nicht mit dem ursprünglichen Baum vorliebnimmt. Die betrachtete Implementierung prüft auch, ob der an *TreeCreated* übergebene Syntax-Baum einem *DELETE* entspricht. In diesem Fall formt es dieses zu einem *UPDATE*, welches den Datensatz als gelöscht markiert, um.

```
1   class CustomCommandTreeInterceptor : IDbCommandTreeInterceptor
2   {
3       public void TreeCreated(
4               DbCommandTreeInterceptionContext interceptionContext)
5       {
6           if (interceptionContext.OriginalResult.DataSpace
7                                       != DataSpace.SSpace) return;
8
9           var tree = interceptionContext.Result as DbQueryCommandTree;
10
11          if (tree != null)
12          {
13              var newQuery = tree.Query.Accept(new SoftDeleteQueryVisitor());
14
15              interceptionContext.Result = new DbQueryCommandTree(
16                  tree.MetadataWorkspace,
17                  tree.DataSpace,
18                  newQuery);
19          }
20
21          var deleteCommand = interceptionContext.OriginalResult
22                                      as DbDeleteCommandTree;
23
24          if (deleteCommand != null)
25          {
26              var column =
27                      SoftDeleteAttribute
28                          .GetColumnName(
29                              deleteCommand.Target.VariableType.EdmType);
30
31              if (column != null)
32              {
33                  var setClause =
34                      DbExpressionBuilder.SetClause(
35                          DbExpressionBuilder.Property(
36                              DbExpressionBuilder.Variable(
37                                  deleteCommand.Target.VariableType,
38                                  deleteCommand.Target.VariableName),
39                              column),
40                          DbExpression.FromBoolean(true));
41
42                  var update = new DbUpdateCommandTree(
```

```
43                  deleteCommand.MetadataWorkspace,
44                  deleteCommand.DataSpace,
45                  deleteCommand.Target,
46                  deleteCommand.Predicate,
47                  new List<DbModificationClause> { setClause }.AsReadOnly(),
48                  null);
49
50              interceptionContext.Result = update;
51          }
52      }
53   }
54 }
```

Die Umsetzung des *SoftDeleteQueryVisitors* findet sich im folgenden Listing. Sie leitet von der Klasse *DefaultExpressionVisitor*, welche Entity Framework als Basis-Klasse für Visitor-Implementierungen anbietet, ab und überschreibt die Methode *Visit*. Da es von Visit zahlreiche Überladungen gibt, ist zu betonen, dass es sich hier um jene Überladung von Visit, welche eine *DbScanExpression* entgegennimmt, handelt. Diese Methode ruft Entity Framework immer dann auf, wenn der jeweils besuchte Knoten das Abfragen von Daten einer Entität repräsentiert. Die Methode *Visit* ermittelt mit der zuvor besprochenen Methode *GetColumnName* die für die betroffene Entität hinterlegte Spalte. Ist dieser Wert *null*, geht *Visit* davon aus, dass für die betrachtete Entität keine Soft-Deletes zum Einsatz kommen sollen und delegiert lediglich an die geerbte Basis-Implementierung. Ansonsten erweitert *Visit* die *DbScanExpression* um einen Filter, aus dem hervor geht, dass nur Datensätze bei denen die festgelegte Spalte den Wert *true* hat, zu laden und liefert sie retour.

```
1  public class SoftDeleteQueryVisitor : DefaultExpressionVisitor
2  {
3      public override DbExpression Visit(DbScanExpression expression)
4      {
5          var columnName =
6                  SoftDeleteAttribute.GetColumnName(expression.Target.ElementType);
7
8          if (columnName != null)
9          {
10             var binding = DbExpressionBuilder.Bind(expression);
11
12             return DbExpressionBuilder.Filter(
13                 binding,
14                 DbExpressionBuilder.NotEqual(
15                     DbExpressionBuilder.Property(
16                         DbExpressionBuilder.Variable(
17                             binding.VariableType, binding.VariableName),
```

```
18                    columnName),
19                DbExpression.FromBoolean(true)));
20        }
21        else
22        {
23            return base.Visit(expression);
24        }
25    }
26 }
```

Die hinter diesem Beispiel stehende Idee wurde mittlerweile auch von der Community aufgegriffen. Auf Github[12] findet man beispielsweise ein Projekt, welches das Definieren von globalen Filtern für Entity Framework erlaubt. Es verbirgt die Komplexität der benötigten Interceptoren und Visitatoren vor dem Entwickler, indem er die Möglichkeit bekommt, Filter mit ein paar Zeilen Code zu hinterlegen.

Interceptoren per Konfiguration aktivieren

Seit Entity Framework 6.1 muss der Entwickler Interceptoren nicht mehr über den Code konfigurieren, sondern kann diese auch in der Konfigurationsdatei hinterlegen. Somit kann er auch nach dem Ausliefern einer Anwendung Interceptoren bei Bedarf aktivieren. Besonders nützlich erscheint dies bei Interceptoren, die sich um das Protokollieren von Informationen kümmern, zu sein. Wie das nächste Listing zeigt, kommt hierzu der Eintrag *entityFramework/interceptors/interceptor* zum Einsatz. Über diesen Eintrag gibt der Entwickler den Typ des zu verwendenden Interceptors an. Über das optionale Unterelement *parameters* kann der Entwickler Parameter angeben, die an den Konstruktor des Interceptors zu übergeben sind. Dabei muss die Reihenfolge der angegebenen Werte mit der Parameterreihenfolge im Quellcode übereinstimmen. Das hier betrachtete Beispiel aktiviert den Interceptor *DatabaseLogger*, welcher sämtliche von Entity Framework verwendete SQL-Anweisungen eine Datei schreibt. Der erste Parameter gibt den Namen dieser Datei an; der zweite gibt an, dass eine eventuell bestehende Datei nicht überschrieben werden soll.

```
1 <configuration>
2   <configSections>
3     <section name="entityFramework" type="System.Data.Entity.Internal.ConfigFile\
4 .EntityFrameworkSection, EntityFramework, Version=6.0.0.0, Culture=neutral, Publ\
5 icKeyToken=b77a5c561934e089" requirePermission="false" />
6   </configSections>
7
8   <entityFramework>
9     <interceptors>
```

---

[12]https://github.com/jbogard/EntityFramework.Filters

```
10          <interceptor type="System.Data.Entity.Infrastructure.Interception.Database\
11  Logger, EntityFramework">
12              <parameters>
13                  <parameter value="C:\temp\eflogs.txt"/>
14                  <parameter value="true" type="System.Boolean"/>
15              </parameters>
16          </interceptor>
17      </interceptors>
18    </entityFramework>
19  </configuration>
```

Mit eigenem *DatabaseInitializer* Datenbank auf bestimmte Version migrieren

Entity Framework Code First bietet seit seinen ersten Tagen die Möglichkeit, eine Datenbank bei Verwendung des Kontextes zu initialisieren. Um hiervon Gebrauch zu machen, legt der Entwickler einen sogenannten Database-Initializer fest. Entity Framework bietet die folgenden Database-Initializer an, wobei der Name jeweils Programm ist: *DropCreateDatabaseAlways*, *DropCreateDatabaseIfModelChanges*, *CreateDatabaseIfNotExists*, *MigrateDatabaseToLatestVersion*. Letzterer migriert die Datenbank unter Verwendung von *Migrations* auf die aktuellste Version, sofern sie nicht ohnehin bereits in dieser vorliegt. Um einen eigenen Database-Initializer bereitzustellen, implementiert der Entwickler das Interface *IDatabaseInitializer<T>*. Der Typ-Parameter T steht hier für den Typ des jeweiligen Kontextes.

Ein Beispiel für einen benutzerdefinierten Database-Initializer findet sich im Listing. Dieses zeigt einen Initializer, der im Gegensatz zum *MigrateDatabaseToLatestVersion* nicht auf die letzte Version sondern auf eine an den Konstruktor zu übergebende Version migriert. Diese Implementierung weist zwei Typ-Parameter auf: *TContext* repräsentiert den Typ des jeweiligen Kontextes und *TMigrationsConfiguration* den Typ der Konfigurationsklasse, welche im Zuge der Aktivierung von Migrations generiert wird. Den ersten Typ-Parameter delegiert die betrachtete Implementierung an das Interface *IDatabaseInitializer*. Daneben schränkt sie diesen auf den Typ *DbContext* und dessen Subklassen ein. Den zweiten Typ-Parameter schränkt sie hingegen auf den Typ *DbMigrationsConfiguration<TContext>* ein. Daneben legt sie für diesen Typ-Parameter fest, dass der hierdurch repräsentierte Typ einen parameterlosen Konstruktor aufzuweisen hat. Der Konstruktor der betrachteten Implementierung nimmt die Version, auf die zu migrieren ist, entgegen und instanziiert die *TMigrationsConfiguration*. Die Methode *InitializeDatabase* ist der Dreh- und Angelpunkt der diskutierten *IDatabaseInitializer*-Implementierung, zumal sie Entity Framework aufruft, um die Datenbank zu initialisieren. Sie führt unter Verwendung der Klasse *DbMigrator* die Migration auf die angegebene Ziel-Version aus.

```
1   public class MigrateDatabaseToSpecifictVersion
2                        <TContext, TMigrationsConfiguration>:
3                        IDatabaseInitializer<TContext>
4                           where TContext : DbContext
5                           where TMigrationsConfiguration :
6                                 DbMigrationsConfiguration<TContext>, new()
7   {
8       private DbMigrationsConfiguration config;
9       private string version;
10
11      public MigrateDatabaseToSpecifictVersion(string version)
12      {
13          this.version = version;
14          this.config = new TMigrationsConfiguration();
15      }
16
17      public void InitializeDatabase(TContext context)
18      {
19          var dbMigrator = new DbMigrator(this.config);
20          dbMigrator.Update(version);
21      }
22  }
```

Damit Entity Framework diesen Database-Initializer auch verwendet, ist der Entwickler angehalten, ihn zu registrieren. Dies geschieht entweder über die statische Methode *Entity Framework* oder ab Version 6 alternativ dazu innerhalb einer zentralen Konfigurationsklasse, welche von DbConfiguration erbt, unter Verwendung der Methode *SetDatabaseInitializer* (siehe Listing).

```
1   public class CustomDbConfiguration : DbConfiguration
2   {
3       public CustomDbConfiguration()
4       {
5           SetDatabaseInitializer(new MigrateDatabaseToSpecifictVersion
6                                   <HotelDbContext, Configuration>("v1"));
7       }
8   }
```

Mit ConnectionFactory Verbindung zur Datenbank aufbauen

Für den Aufbau der Datenbankverbindung ist beim Einsatz von Code First eine Connection-Factory verantwortlich. Dabei handelt es sich um eine Implementierung des Interfaces *IDbCon-*

nectionFactory. Die Connection-Factory, welche standardmäßig herangezogen wird, sucht nach einer Datenbankverbindungszeichenfolge in der Applikationskonfigurationsdatei. Kann sie diese nicht finden, verwendet sie eine lokale SQL-Express-Instanz. Um dieses Verhalten abzuändern, implementiert der Entwickler seine eigene Instanz von *IDbConnectionFactory.* Dabei stellt er auch die vom Interface vorgegebene Methode *CreateConnection,* welche den Namen einer Datenbank entgegennimmt, und eine *DbConnection* zum Zugriff auf diese retourniert, zur Verfügung. Als Name übergibt Entity Framework jenen Namen, den das verwendete *DbContext*-Derivat an seinen Basis-Konstruktor delegiert. Auf diese Weise kann der Entwickler zum Beispiel bei einem mandantenfähigen System die Anwendung mit der Datenbank des aktuellen Mandanten verbinden. Um eine benutzerdefinierte Connection-Factory zu registrieren, weist der Entwickler eine Instanz dieser entweder zur statischen Eigenschaft *Database.DefaultConnectionFactory* zu oder übergibt diese innerhalb des zur Konfiguration verwendeten *DbConfiguration*-Derivates an die Methode *SetDefaultConnectionFactory.*

Pluralisierung anpassen

Beim Einsatz von Code First bildet Entity Framework standardmäßig Entitäten, deren Namen in der Regel im Singular gehalten sind, auf Tabellen, deren Namen dem Plural der Entitäts-Bezeichnungen entsprechen, ab. Dazu muss Entity Framework versuchen, den Plural zu bilden, was standardmäßig nur bei englischen Namen funktioniert. Mit Entity Framework 6 kann der Entwickler nun jene Komponente, die für die Pluralisierung verantwortlich ist, austauschen. Dazu implementiert er das Interface *IPluralizationService.* Dieses gibt zwei Methoden vor: *Pluralize* nimmt ein Wort im *Singular* entgegen und retourniert den dazugehörigen Plural und *Singularize* nimmt ein Wort im Plural entgegen und liefert die dazu passende Singular-Form zurück. Unter Verwendung einer solchen Implementierung sowie eines freien Online-Wörterbuches ist es dem Entwickler möglich, Entity Framework zur korrekten Handhabung nicht-englischer Wörter zu bringen. Ein Beispiel solch einer Implementierung, welche eine korrekte deutsche Pluralisierung ermöglicht, findet sich im Blog des Autors[13]. Um einen benutzerdefinierten *Pluralization*-Service zu registrieren, verwendet der Entwickler die Methode *SetPluralizationService* innerhalb der zur Konfiguration genutzten *DbConfiguration*-Implementierung.

Eigene Migrations-Anweisungen

Migrations bietet einige Anweisungen zum Generieren von SQL-Code für die Migration von Datenbanken. In Fällen, in denen der Entwickler damit nicht auskommt, kann er sich eigene Anweisungen zurechtlegen. Dazu leitet er, wie im folgenden Listing gezeigt, von *MigrationOperation* ab und verpasst seiner Implementierung Eigenschaften, welche den jeweiligen *Migrations*-Vorgang beschreiben. Im Zuge dessen überschreibt er auch die beiden geerbten Eigenschaften *IsDestructive-Change* sowie *Inverse.* Erstere liefert *true,* wenn im Zuge der *Migrations*-Operation Daten verloren

---

[13]http://www.softwarearchitekt.at/post/2013/11/30/Deutsche-Pluralisierung-in-Entity-Framework-Code-First.aspx

gehen; letztere liefert eine andere *MigrationOperation*, welche die von der implementierten Klasse angestoßene Aktion rückgängig macht, sofern dies möglich ist. Das Beispiel im Listing zeigt eine *MigrationOperation*, welche eine Änderung einer Spalte, im Zuge derer sowohl ihr Name als auch ihr Datentyp geändert wird, beschreibt.

```
1   public class RenameColumnAndChangeTypeOperation : MigrationOperation
2   {
3       public string Table { get; set; }
4       public string CurrentColumnName { get; set; }
5       public string NewColumnName { get; set; }
6       public string NewType { get; set; }
7
8       public override bool IsDestructiveChange { [...] }
9       public override MigrationOperation Inverse { [...] }
10  }
```

Während *MigrationOperation*-Objekte die nötigen Migrations-Schritte lediglich beschreiben, zieht Entity Framework Implementierungen von *MigrationSqlGenerator* zum Generieren von SQL-Anweisungen für Migrationen heran. Für SQL-Server-Datenbanken verwendet Entity Framework standardmäßig die Klasse *SqlServerMigrationSqlGenerator*. Um eigene *MigrationOperation*-Implementierungen zu unterstützen, ist der Entwickler angehalten, einen eigenen *MigrationSqlGenerator* zu erstellen oder zumindest einen bestehenden zu erweitern. Das nächste Listing zeigt eine Klasse *CustomSqlServerMigrationSqlGenerator*, welche den *SqlServerMigrationSqlGenerator* um eine Unterstützung für die im vorigen Listing gezeigte *RenameColumnAndChangeTypeOperation* erweitert.

```
1   public class CustomSqlServerMigrationSqlGenerator:
2                           SqlServerMigrationSqlGenerator {
3
4       protected override void Generate(MigrationOperation migrationOperation)
5       {
6           if (migrationOperation is EF6Samples.RenameColumnAndChangeTypeOperation)
7           {
8               var renameOp = migrationOperation
9                   as EF6Samples.RenameColumnAndChangeTypeOperation;
10
11              Statement(string.Format("alter table {0} add {1} {2}",
12                  renameOp.Table, renameOp.NewColumnName, renameOp.NewType));
13
14              Statement(string.Format("update {0} set {1} = {2}",
15                  renameOp.Table, renameOp.NewColumnName,
16                  renameOp.CurrentColumnName));
```

```
17
18          Statement(string.Format("alter table {0} drop column {1}",
19              renameOp.Table, renameOp.CurrentColumnName));
20          }
21      }
22  }
```

Neben der Unterstützung zusätzlicher *MigrationOperation* kann der Entwickler benutzerdefinierte *MigrationSqlGeneratoren* auch heranziehen, um die Generierung von SQL-Anweisungen für bestehende *MigrationOperationen* anzupassen oder zu erweitern. Beispielsweise könnte eine eigene *MigrationSqlGenerator*-Implementierung für sämtliche Datenbanktabellen eine zusätzliche Historisierungs-Tabelle anlegen und auch sämtliche Änderungen, die an dieser Tabelle vorgenommen werden, auch auf die Historisierungs-Tabelle anwenden. Ein Beispiel hierfür findet sich wiederum im Blog[14]. Damit *Migrations* einen benutzerdefinierten *MigrationSqlGenerator* verwendet, muss der Entwickler diesen in der Konfigurations-Klasse, die beim Aktivieren von *Migrations* generiert wird, registrieren. Dazu ruft er innerhalb des Konstruktors dieser Konfigurations-Klasse die geerbte Methode *SetSqlGenerator* auf. Als ersten Parameter übergibt er an diese Methode den sogenannten Invariant-Name jenes Datenbank-Providers, für den der *MigrationSqlGenerator* entwickelt wurde (z. B. *System.Data.SqlClient* beim Einsatz von SQL Server). An den zweiten Parameter übergibt er eine Instanz des *MigrationSqlGenerators*.

Öffentliche Mapping-API

Zum Abbilden von Entitäten auf Tabellen stützt sich Entity Framework bekannter Weise auf ein sogenanntes Entity Data Model. Dieses Modell liegt entweder explizit als XML-Datei vor oder es wird – im Fall von Code First – aus dem Quellcode abgeleitet. Genau genommen handelt es sich dabei nicht um ein einziges Modell sondern um drei Modelle: Das Conceptual Model beschreibt die Entitäts-Klassen, das Store Model beschreibt die verwendeten Datenbankobjekte, wie Tabellen oder Stored Procedures, und das Mapping beschreibt, wie Elemente aus dem einen Modell auf Elemente des anderen Modells abzubilden sind.

Da das Entity Data Model beim Einsatz von Code First nicht explizit vorliegt, konnten Entwickler bei Wahl dieser Spielart vor Version 6.1 darauf keinen direkten Einfluss nehmen. Ab Version 6.1 erhalten Entwickler über eigene Konventionen sowohl lesenden als auch schreibenden Zugriff auf das Entity Data Model. Prinzipiell kann der Entwickler hierzu eine *ConceptualModelConvention* oder eine *StoreModelConvention* verwenden. Da das Entity Data Model aber erst beim Ausführen der *StoreModelConvention*-Implementierung vollständig zur Verfügung steht, ist es ratsam, sich auf diese Art der Konventionen zu beschränken.

Das folgende Listing zeigt, wie der Entwickler auf die drei Modelle des Entity Data Models innerhalb einer *StoreModelConvention* zugreifen kann. Die Arbeit mit diesem vor Version 6.1 internen

---

[14]http://www.softwarearchitekt.at/post/2013/12/03/Automatisch-Historisierungs-Tabellen-mit-Entity-Framework-6-und-Migrations-erstellen.aspx

Objektmodell gestaltet sich recht schwierig, zumal man zum einen herausfinden muss, wo sich die gewünschten Aspekte in den drei Modellen befinden und zum anderen dann auch noch wissen muss, wie das Objektmodell diese Stellen wiederspiegelt. Informationen darüber finden sich in der Dokumentation des Entity Data Models[15] sowie in der Dokumentation der im Listing gezeigten Klassen, welche das Entity Data Model repräsentieren. Allerdings sind künftig Erweiterungen zu erwarten, welche basierend auf der Möglichkeit, das Entity Data Model zu bearbeiten, die Grenzen von Entity Framework dehnen. Eine solche Erweiterung ist hier[16] zu finden. Sie gibt dem Entwickler die Möglichkeit, Stored Functions beim Einsatz von Code First zu verwenden. Dabei handelt es sich um ein Feature von Entity Framework, das bis dato noch nicht den Weg in die Welt von Code First gefunden hat.

```
1   public class CustomFunctionsConvention : IStoreModelConvention<EntityContainer>
2   {
3       public void Apply(EntityContainer item, DbModel model)
4       {
5           EdmModel conceptualModel = model.ConceptualModel;
6           EdmModel storeModel = model.StoreModel;
7           EntityContainerMapping mapping = model.ConceptualToStoreMapping;
8
9           // Modell lesen und abändern
10      }
11  }
```

Stored Functions/ Table Valued Functions mit Entity Framework Code First nutzen

Während Entity Framework prinzipiell mit Stored Functions bzw. Table Valued Functions, die innerhalb von Abfragen eingesetzt werden können, umgehen kann, hat diese Möglichkeit noch nicht den Weg in die Welt von Code First geschafft. Allerdings können Entwickler seit Entity Framework 6.1 auf die Mapping API zugreifen. Dabei handelt es sich um ein Objektmodell, welches in vergangenen Versionen lediglich intern zur Verfügung stand und sowohl lesenden als auch schreibenden Zugriff auf das Entity Data Model gewährt. Dies kann man sich zunutze machen, um eine Unterstützung für Stored Functions bzw. Table Valued Functions zu implementieren. Da das Entity Data Model und seine Repräsentation durch die Mapping API recht komplex sind, handelt es sich bei dieser Aufgabe nicht um etwas, das man nebenbei erledigen kann. Glücklicherweise hat sich darum bereits jemand angenommen und das Ergebnis dieses Unterfangens als freies Projekt bereitgestellt. Dieses findet man hier[17]. Es bietet für die Konfiguration von Stored Functions bzw. Table Valued Functions in Code-First-Szenarien eine einfache API, welche die Komplexität der

---

[15] http://tinyurl.com/nr5tjr8

[16] https://codefirstfunctions.codeplex.com/

[17] https://codefirstfunctions.codeplex.com

Mapping-API verbirgt. Jenen, die wissen möchten, wie dieses Projekt die Mapping-API verwendet oder die nicht von einem externen Projekt abhängig sein wollen, bietet dieser Beitrag eine nähere Beschreibung des von diesem Projekt verfolgten Ansatzes. Für jede gewünschte Stored Function ist eine Methode in der verwendeten *DbContext*-Implementierung einzurichten (siehe Listing). Diese kann beliebige Parameter, die sich auf primitive Typen abstützen, entgegennehmen und liefert ein *IQueryable<T>* retour. Obwohl es sich bei T um einen primitiven Typen oder auch um einen komplexen Typen handeln könnte, gehen die nachfolgenden Beispiele davon aus, dass T den Typ einer Entität wiederspiegelt. Die einzige Aufgabe dieser Methoden besteht darin, an die Methode *CreateQuery* zu delegieren, damit diese die gewünschte Stored Function aufruft. *CreateQuery* ist Teil des vom *DbContext* verwendeten *ObjectContext*-Objektes. Im betrachteten Beispiel wird auf diese Weise die Stored Function GetHotels angestoßen.

```
1  public virtual IQueryable<Hotel> GetHotels(int? regionId)
2  {
3      var regionIdGenerator = regionId.HasValue ?
4          new ObjectParameter("regionId", regionId.Value) :
5          new ObjectParameter("regionId", typeof(string));
6
7      return ((IObjectContextAdapter)this).ObjectContext
8          .CreateQuery<Hotel>(
9              string.Format(
10                 "[{0}].{1}",
11                 GetType().Name,
12                 "[GetHotels](@regionId)"),
13                 regionIdGenerator);
14 }
```

Damit Entity Framework die aufgerufene Stored Function kennt, muss der Entwickler dafür sorgen, dass sie im Entity Data Model definiert wird. Dazu kommt eine *StoreModelConvention*, welche dem Entwickler Zugriff auf die Mapping-API gibt, zum Einsatz . Da diese Implementierung auch den verwendeten *DbContext* benötigt, erhält sie einen Typparameter T, über den der Konsument ihren Typ angeben kann.

```
1  public class CustomFunctionsConvention<T> :
2      IStoreModelConvention<EntityContainer>
3      where T : DbContext
4  {
5      [...]
6  }
```

Das Interface *IStoreModelConvention* gibt eine Methode *Apply* vor, welche zu implementieren ist. Das nachfolgende Beispiel zeigt eine Implementierung, welche die zuvor erwähnte Stored

Function *GetHotels* sowohl zum Store Model als auch zum Conceptual Model des Entity Data Models hinzufügt und eine Verbindung über das Mapping herstellt. Dieses Beispiel stützt sich auf zwei nachfolgend beschriebene Hilfsmethoden: *CreateConceptualFunctionDefinition* erzeugt die Definition für das Conceptual Model und *CreateStoreFunctionDefinition* erstellt das Gegenstück für das Store Model.

```
1    public void Apply(EntityContainer item, DbModel model)
2    {
3        var functionImportDefinition
4            = CreateConceptualFunctionDefinition (model);
5
6        var storeFunctionDefinition
7            = CreateStoreFunctionDefinition(model);
8
9        model.ConceptualModel
10           .Container.AddFunctionImport(functionImportDefinition);
11
12       model.StoreModel.AddItem(storeFunctionDefinition);
13
14
15       var mapping = new FunctionImportMappingComposable(
16                   functionImportDefinition,
17                   storeFunctionDefinition,
18                   new FunctionImportResultMapping(),
19                   model.ConceptualToStoreMapping);
20
21
22       model.ConceptualToStoreMapping.AddFunctionImportMapping(mapping);
23   }
```

Die Methode *CreateConceptualFunctionDefinition* findet sich im nächsten Listing. Sie erzeugt Beschreibungen der Übergabeparameter und des Rückgabewertes. Um zu den Beschreibungen der hiervon betroffenen Datentypen zu gelangen, stützt sie sich auf die Hilfsmethoden *GetPrimitiveType* und *GetEntityType*, welche weiter unten abgebildet sind. Die Variable *functionPayload* repräsentiert die gesamte Stored Function inkl. Parameter und Rückgabewerte. Interessant sind hier die Eigenschaften *IsComposable* und *IsFunctionImport*, welche auf *true* gesetzt werden. Erstere gibt an, dass es sich hierbei um eine Funktion handelt, die von SQL-Anweisungen (z. B. innerhalb eines *SELECT*s) aufgerufen werden kann. Letztere gibt an, dass es sich hiermit eine Stored Function auf konzeptioneller Ebene handelt. Die Funktion *EdmFunction.Create* erzeugt mit der *functionPayload* ein Objekt vom Typ *EdmFunction* und liefert dieses retour. Im Zuge dessen wird auch der Name der Funktion angegeben sowie die Tatsache, dass es sich hiermit um ein Element für das Conceptual Model handelt, durch Angabe von *DataSpace.CSpace* unterstrichen.

```csharp
1   private EdmFunction CreateConceptualFunctionDefinition(DbModel model)
2   {
3       // Describe In-Parameter
4       var parameterType = GetPrimitiveType(typeof(int));
5
6       var parameter = FunctionParameter.Create(
7                       "regionId", parameterType, ParameterMode.In);
8
9       // Describe returnValue
10
11      var returnValueType = GetEntityType(model, "Hotel");
12
13      var returnValue = FunctionParameter.Create(
14                              "ReturnParam",
15                              returnValueType.GetCollectionType(),
16                              ParameterMode.ReturnValue);
17
18      // Betroffene EntitySets
19
20      var entitySets = model
21                          .ConceptualModel
22                          .Container
23                          .EntitySets
24                          .Where(s => s.ElementType == returnValueType)
25                          .ToList();
26
27      var functionPayload = new EdmFunctionPayload {
28              Parameters = new [] { parameter },
29              ReturnParameters = new[] { returnValue },
30              IsComposable = true,
31              IsFunctionImport = true,
32              EntitySets = entitySets
33      };
34
35      return EdmFunction.Create(
36          "GetHotels",
37          model.ConceptualModel.Container.Name,
38          DataSpace.CSpace,
39          functionPayload,
40          null);
41  }
```

GetPrimitiveType findet in einer von Entity Framework vordefinierten Auflistung, welche sämtliche primitive Datentypen beinhaltet, eine Beschreibung für den übergebenen CLR-Typen.

```csharp
1  private static PrimitiveType GetPrimitiveType(Type type)
2  {
3      var parameterType = PrimitiveType
4                                  .GetEdmPrimitiveTypes()
5                                  .Where(pt => pt.ClrEquivalentType == type)
6                                  .First();
7      return parameterType;
8  }
```

GetEntityType muss hingegen im Entity Data Model nach der Beschreibung des Typs, welcher die gewünschte Entität wiederspiegelt, suchen. Dazu wird die Auflistung *EntityTypes* verwendet. Für komplexe Typen und Enum-Typen stehen analog dazu weitere Auflistungen zur Verfügung.

```csharp
1  private static EntityType GetEntityType(DbModel model, string name)
2  {
3      var returnValueType = (EntityType) model.ConceptualModel
4                                  .EntityTypes
5                                  .Where(t => t.Name == name)
6                                  .First();
7
8      return returnValueType;
9  }
```

Die Methode *CreateStoreFunctionDefinition* erzeugt eine Beschreibung der Stored Function für das Store Model. Sie ist analog zur oben betrachteten Funktion *CreateConceptualFunctionDefinition* aufgebaut. Allerdings verwendet sie anstatt der Beschreibungen der Typen aus dem Conceptual Model Beschreibungen der Typen der jeweiligen Datenbank, welche über die Methode *GetStoreType* in Erfahrung gebracht werden. Der Rückgabewert, bei dem es sich im Conceptual Model um eine Entität handelt, wird hier durch einen *RowType*, der aus verschiedenen Spalten besteht, beschrieben.

```
1   private EdmFunction CreateStoreFunctionDefinition(DbModel model)
2   {
3       // Describe In-Parameter
4       var conceptualParameterType = GetPrimitiveType(typeof(int));
5       var parameterUsage =
6           TypeUsage.CreateDefaultTypeUsage(conceptualParameterType);
7       var parameterType =
8           model.ProviderManifest.GetStoreType(parameterUsage).EdmType;
9
10      var parameter = FunctionParameter.Create(
11          "regionId", parameterType, ParameterMode.In);
12
13
14      // Describe returnValue
15      var conceptualReturnType = GetEntityType(model, "Hotel");
16      var returnProperties = new List<EdmProperty>();
17
18      var propertyToStoreTypeUsage =
19          FindStoreTypeUsages(conceptualReturnType, model);
20
21      foreach (var p in conceptualReturnType.Properties)
22      {
23
24          var usage = propertyToStoreTypeUsage[p];
25          returnProperties.Add(EdmProperty.Create(p.Name, usage));
26      }
27
28      var returnValueType = RowType.Create(returnProperties, null);
29
30      var returnValue = FunctionParameter.Create(
31                                  "ReturnParam",
32                                  returnValueType.GetCollectionType(),
33                                  ParameterMode.ReturnValue);
34
35      var functionPayload = new EdmFunctionPayload
36      {
37          Parameters = new[] { parameter },
38          ReturnParameters = new[] { returnValue },
39          IsComposable = true,
40          Schema = "dbo"
41      };
42
```

```
43      return EdmFunction.Create(
44          "GetHotels",
45          "CodeFirstDatabaseSchema",
46          DataSpace.SSpace,
47          functionPayload,
48          null);
49
50  }
```

Um die richtigen Typen hierfür zu finden, stützt sich das betrachtete Beispiel auf die Hilfsmethode *FindStoreTypeUsages*, welche von https://codefirstfunctions.codeplex.com[18] übernommen wurde.

```
1   private Dictionary<EdmProperty, TypeUsage> FindStoreTypeUsages(
2       EntityType entityType, DbModel model)
3   {
4       var propertyToStoreTypeUsage = new Dictionary<EdmProperty, TypeUsage>();
5
6       var entityTypeMapping =
7           model.ConceptualToStoreMapping.EntitySetMappings
8               .SelectMany(s => s.EntityTypeMappings)
9               .Single(t => t.EntityType == entityType);
10
11      foreach (var property in entityType.Properties)
12      {
13          var propertyMapping = (ScalarPropertyMapping)entityTypeMapping
14              .Fragments.SelectMany(f => f.PropertyMappings)
15              .Single(p => p.Property == property);
16
17          propertyToStoreTypeUsage[property] = TypeUsage.Create(
18              propertyMapping.Column.TypeUsage.EdmType,
19              propertyMapping.Column.TypeUsage.Facets.Where(
20                  f => f.Name != "StoreGeneratedPattern"
21                      && f.Name != "ConcurrencyMode"));
22      }
23
24      return propertyToStoreTypeUsage;
25  }
```

Diese unter Schweiß geschaffene Konvention ist am Ende noch in der Methode *OnModelCreating* des *DbContextes* zu registrieren.

---

[18]https://codefirstfunctions.codeplex.com

```
1  protected override void OnModelCreating(DbModelBuilder modelBuilder)
2  {
3      [...]
4
5      modelBuilder.Conventions.Add(
6          new CustomFunctionsConvention<HotelDbContext>());
7  }
```

Überlegungen zur Performance

Dieses Kapitel diskutiert einige Aspekte, die der Entwickler in Hinblick auf die Leistung des mit Entity Framework entwickelten Datenzugriffscodes berücksichtigen sollte. Dabei geht es auch erneut auf Punkte ein, die in den vorangegangenen Kapitels bereits erwähnt wurden, und betrachtet diese vor dem Hintergrund der Leistungsoptimierung.

Indizes

Bei all den Möglichkeiten, die zeitgemäße Datenzugriffsframeworks, wie Entity Framework, bieten, vergisst man gerne in punkto Performance auf die grundlegendste Möglichkeit, um die Performance von Datenbanken zu beeinflussen. Gemeint sind damit Indizes, die viele Datenbankszenarien insb. den Einsatz relationaler Datenbanken erst möglich machen. Indizes werden meist direkt in der Datenbank, also ohne O/R-Mapper, definiert. Wie man dabei vorgeht und wie man sich durch Werkzeuge unterstützen lassen kann, findet sich in der Literatur über die einzelnen Datenbanksysteme. Da dies mit Entity Framework nichts zu tun hat, geht das vorliegende Werk hierauf auch nicht näher ein. Für Entity-Framework-Entwickler ist es jedoch mitunter interessant zu wissen, dass Sie seit Version 6.1 Indizes auch mit Code First und Migrations definieren können. Mit einem neuen Index-Attribut können sie beim Einsatz von Code First angeben, welche Attribute zu indizieren sind. Pro Index gibt der Entwickler einen Namen an, sowie die Tatsache, ob es sich hierbei um einen eindeutigen Index handelt. Werden mehrere Spalten in einen Index einbezogen, ist auch eine Ordnungszahl, aus der hervorgeht, an welcher Stelle im Index die jeweilige Spalte vorkommt, anzugeben.

Da Indizes häufig im Produktivbetrieb, wenn realistische Datenmengen vorliegen, zum Optimieren der Datenbank definiert werden und diese nach einiger Zeit ggf. an neue Charakteristika der vorliegenden Daten anzupassen sind, scheint sich das Index-Attribut in erster Linie für die Definition initialer Indizes, von denen der Entwickler sich eine Steigerung der Performance erhofft, zu eignen.

Wahl einer passenden Lade-Strategie

Vorher im Buch wurden drei Ladestrategien für benachbarte Objekte vorgestellt: Lazy Loading lädt benachbarte Objekte bei Bedarf nach, Eager Loading lädt benachbarte Objekte mittels Outer-Joins sofort und Pre-Loading lädt verschiedene Objekte hintereinander und verbindet diese anschließend im Kontext. Lazy Loading bietet sich für Fälle an, in denen die Anwendung nur die Nachbarn weniger Objekte benötigt und man nicht vorhersagen kann, welche Nachbarn das sein werden. Werden die Nachbarn sämtlicher Objekte benötigt, ergibt sich beim Einsatz von Lazy Loading ein Problem, dass man als 1+N-Problem bezeichnet. Der Name legt nahe, dass der O/R-Mapper hier 1+N einzelne Abfragen ausführt: Eine Abfrage für die benötigten Objekte sowie für jedes der N abgefragten

Objekte eine Abfrage zum Ermitteln der Nachbarn. Dieses Problem kann durch den Einsatz von Eager Laoding und Pre-Loading umgangen werden. Während bei Eager Loading die einzelnen Daten durch einen Outer-Join ausgekreuzt werden und sich die Ergebnismenge somit aufblähen kann, führt Pre-Loading mehrere Abfragen aus. Welche Option am besten für ein bestimmtes Szenario geeignet ist, muss der Entwickler von Fall zu Fall austarieren. Generell ist es jedoch wichtig, dass der Entwickler weiß, welche Strategie wann zum Einsatz kommt, sowie, dass er sich bewusst für diese Strategien entscheidet. Dabei helfen die Entity-Framework-internen Möglichkeiten zur Protokollierung der an die Datenbank gesendeten SQL-Anweisungen und Werkzeuge, wie der EF-Profiler.

Daten ohne Änderungsverfolgung laden (*NoTracking*)

Wie im Kapitel "Entitäten verwalten" beschrieben, führt der *DbContext* Buch über sämtliche Entitäten, die ihm bekannt sind. Das sind Entitäten, die er geladen oder gespeichert hat, sowie Entitäten, die die Anwendung zum Kontext hinzugefügt (*attached*) hat. Dazu verwaltet er diese Entitäten mit Zustandsinformationen in einer internen Datenstruktur. Dies erzeugt einen Overhead, der gerade bei der Arbeit mit größeren Datenmengen spürbar wird. Der Entwickler kann diesen Overhead für Objekte, die er lädt, vermeiden, indem er im Zuge von LINQ-Abfragen die Methode *AsNoTracking* aufruft:

```
1   var hotels = ctx.Hotel.Where(h => h.RegionId == 3).AsNoTracking().ToList();
```

Dies hat zur Folge, dass der *DbContext* die Objekte im Zustand *detached* lädt und somit Änderungen an ihnen nicht erkennt. Möchte der Entwickler solche Objekte speichern, muss er sie zuerst zum *DbContext* hinzufügen (*attached*) und ihn anschließend über ihren Zustand informieren.

Wahl der Strategie für Änderungsverfolgung (*AutoDetectChanges*)

Der Kontext ist beim Entity Framework der Dreh- und Angelpunkt für alle Operationen. Er bildet den Einstieg für alle Datenbankabfragen (egal ob per LINQ, per SQL, via Stored Procedure oder Entity SQL) und er stellt mit der Methode *SaveChanges()* die universelle Speichermethode bereit, die alle Änderungen zur Datenbank sendet. Die in eigenen Anwendungen verwendete Kontextklasse ist von einer Basisklasse abgeleitet. Ursprünglich in der ersten Version des Entity Frameworks war diese Basisklasse immer die Klasse *System.Data.Objects.ObjectContext*. Seit Version 4.1 gibt es als Alternative die Basisklasse *System.Data.Entity.DbContext*. Und seit einiger Zeit verkündet Microsoft auch: „The DbContext Generator is now the recommended template for new applications". Für die Code First-Vorgehensweise ist nur die *DbContext*-Basisklasse möglich. Vergleicht man aber nun die Leistung der beiden Kontextklassen in verschiedenen Anwendungsszenarien (siehe Tabelle), so stellt man fest, dass der *DbContext* immer langsamer ist als der *ObjectContext*. Beim Einfügen von

Datensätzen ist er sogar sehr extrem viel langsamer (Faktor 14!). Bei dem Leistungsvergleich wurde natürlich streng darauf geachtet, dass hier nicht Äpfel mit Birnen verglichen werden: In beiden Fällen wurde also mit Reverse Engineering gearbeitet und natürlich mit den gleichen Datenbanktabellen sowie der gleichen Befehlsfolge im Client.

Operation	ObjectContext	DbContext
Lesen 1x100 Datensätze	3 ms	4 ms
Lesen 1x10.000 Datensätze	140 ms	381 ms
Lesen 1x100.000 Datensätze	1520 ms	1794 ms
Lesen 500x1 Datensatz	356 ms	421 ms
Einfügen 500 Datensätze	737 ms	10271 ms
Ändern 500 Datensätze	546 ms	707 ms

Wrapper

Der Grund für den Leistungsverlust ist zunächst pauschal erklärbar: Die Klasse *DbContext* ist ein Wrapper um die Klasse *ObjectContext* (siehe Abbildung). Dies beweist auch ein Blick in den Quellcode des Entity Frameworks (siehe nachfolgende Listings). Ein Wrapper ist nun naturgemäß immer etwas langsamer als seine Innereien.

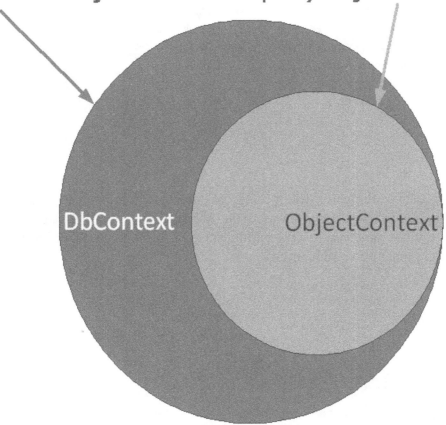

Schematischer Aufbau der Klasse DbContext als Wrapper um ObjectContext

```
57    public class DbContext : IDisposable, IObjectContextAdapter
58    {
59        #region Construction and fields
60
61        // Handles lazy creation of an underlying ObjectContext
62        private InternalContext _internalContext;
63
64        /// <summary>
65        /// Constructs a new context instance using conventions to create the name of the database to
66        /// which a connection will be made.  The by-convention name is the full name (namespace + class name)
67        /// of the derived context class.
68        /// See the class remarks for how this is used to create a connection.
69        /// </summary>
70        [SuppressMessage("Microsoft.Reliability", "CA2000:Dispose objects before losing scope")]
71        protected DbContext()
72        {
73            InitializeLazyInternalContext(new LazyInternalConnection(GetType().DatabaseName()));
74        }
75
```

Ausschnitt aus dem Quellcode des Entity Framworks (Quelle: http://entityframework.codeplex.com/SourceControl, Klasse DbContext.cs)

```
396        /// <summary>
397        /// Saves all changes made in this context to the underlying database.
398        /// </summary>
399        /// <returns> The number of objects written to the underlying database. </returns>
400        public virtual int SaveChanges()
401        {
402            try
403            {
404                if (ValidateOnSaveEnabled)
405                {
406                    var validationResults = Owner.GetValidationErrors();
407                    if (validationResults.Any())
408                    {
409                        throw new DbEntityValidationException(
410                            Strings.DbEntityValidationException_ValidationFailed, validationResults);
411                    }
412                }
413
414                var shouldDetectChanges = AutoDetectChangesEnabled && !ValidateOnSaveEnabled;
415                var saveOptions = SaveOptions.AcceptAllChangesAfterSave |
416                                  (shouldDetectChanges ? SaveOptions.DetectChangesBeforeSave : 0);
417
418                return ObjectContext.SaveChanges(saveOptions);
419            }
420            catch (UpdateException ex)
421            {
422                throw WrapUpdateException(ex);
423            }
424        }
```

Ausschnitt aus dem Quellcode des Entity Framworks (Quelle: http://entityframework.codeplex.com/SourceControl, Klasse InternalContext.cs)

```
328  /// <summary>
329  /// Returns the Entity Framework ObjectContext that is underlying this context.
330  /// </summary>
331  /// <exception cref="InvalidOperationException">Thrown if the context has been disposed.</exception>
332  [SuppressMessage("Microsoft.Design", "CA1033:InterfaceMethodsShouldBeCallableByChildTypes")]
     -references
333  ObjectContext IObjectContextAdapter.ObjectContext
334  {
335      get
336      {
337          // When dropping down to ObjectContext we force o-space loading for the types
338          // that we know about so that code can use the ObjectContext with o-space metadata
339          // without having to explicitly call LoadFromAssembly. For example Dynamic Data does
340          // this--see Dev11 142609.
341          InternalContext.ForceOSpaceLoadingForKnownEntityTypes();
342          return InternalContext.ObjectContext;
343      }
344  }
```

Ausschnitt aus dem Quellcode des Entity Framworks (Quelle: http://entityframework.codeplex.com/SourceControl, Klasse DbContext.cs)

Ein Blick in das zweite Listing zeigt auch am Beispiel der Methode *SaveChange()*, dass beim *DbContext* noch einiges passiert (z.B. die Validierung des Entitätsobjects) bevor das Speichern an die innere Instanz von *ObjectContext* delegiert wird. Nun implementiert die Klasse *DbContext* die Schnittstelle *IObjectContextDatapter*, die den inneren *ObjectContext* nach außen reicht, siehe die vorangegangene Abbildung und das dritte Listing. Man könnte aber auf die Idee kommen, den *DbContext* überlisten zu wollen, indem man statt *dbCtx.SaveChanges()* aufruft:

```
1  var oCtx = (dbCtx as IObjectContextAdapter).ObjectContext;
2  int count = oCtx.SaveChanges();
```

Dies bringt aber leider nur einen marginalen Geschwindigkeitsvorteil, siehe blauer Balken in der Abbildung im Vergleich zum roten Balken.

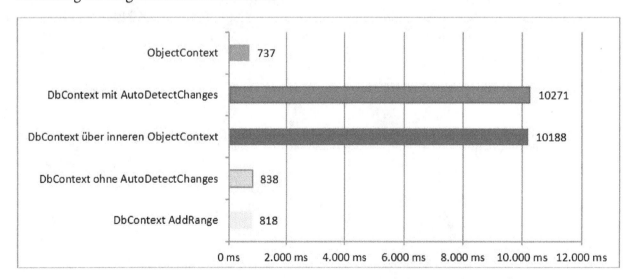

Geschwindigkeitsvergleich für die Operation „Einfügen 500 Datensätze"

Der Trick mit dem man den *DbContext* beim Einfügen und Ändern fast zur gleichen Geschwindigkeit bringt wie den *ObjectContext*, ist ein ganz anderer: Die Zeile *dbCtx.Configuration.AutoDetectChangesEnabled = false*; hilft (siehe oranger Balken). Diese Option ist im Standard eingeschaltet und kann vom Entwickler abgeschaltet werden.

Change Tracking-Optionen

Um die Option *AutoDetectChangesEnabled* zu verstehen, muss man etwas ausholen zum Thema Change Tracking, also der Frage, wie das Entity Framework feststellt, welche Objekte neu, geändert und gelöscht sind. In Entity Framework 1.0 war das Change Tracking nur über die Basisklasse *EntityObject* möglich, die jede Entitätsklasse realisieren musste. Diese Basisklasse hat über den *INotifyPropertyChanged*-Mechanismus dafür gesorgt, dass alle Änderungen an den Change Tracker im Entity Framework-Kontext gemeldet wurden. Seit Entity Framework 4.0 kann auf die Basisklasse *EntityObject* verzichtet werden und echte *Plain Old CLR Objects* (POCOs) schaffen, also Entitätsklassen, die von keiner Basisklasse erben müssen und auch keine Schnittstelle realisieren müssen. In diesen Fällen muss das Entity Framework also dann auf andere Weise feststellen, was sich an den Entitätsobjekten geändert hat.

Es gibt dafür zwei eingebaute Mechanismen (vgl. Abbildung):

- Ein sich um das Entitätsobjekt legender .NET Runtime Proxy wird automatisch eingesetzt, wenn alle Properties der Entitätsklasse mit „virtual" deklariert sind.
- Wenn nicht alle Properties der Entitätsklasse mit „virtual" deklariert sind, dann verwendet das Entity Framework das „Snapshot Tracking". Dabei hält der Change Tracker eine Kopie des Ausgangszustandes eines jeden Objekts. Das Entity Framework vergleicht dann das alte Objekt mit dem aktuellen Objekt, um die Veränderungen zu erkennen.

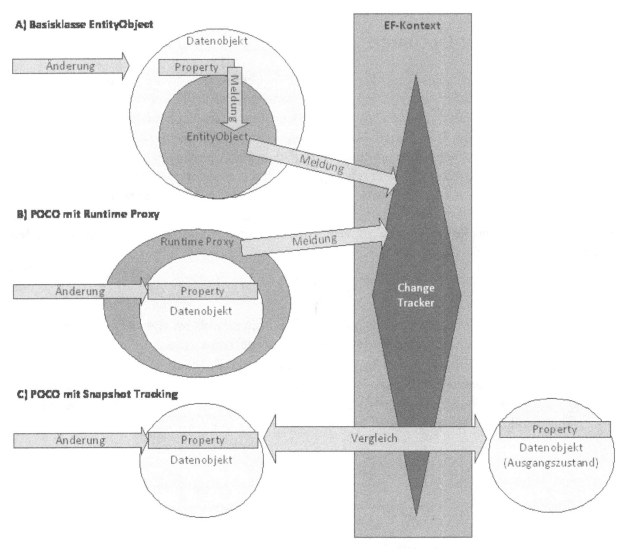

Change Tracking-Optionen beim Entity Framework

© Dr. Holger Schwichtenberg
www.IT-Visions.de 2013

A) Basisklasse EntityObject

Änderung

Datenobjekt

Property

Meldung

EntityObject

Meldung

EF-Kontext

B) POCO mit Runtime Proxy

Runtime Proxy

Meldung

Änderung

Property

Datenobjekt

Change Tracker

C) POCO mit Snapshot Tracking

Änderung

Property

Datenobjekt

Vergleich

Property

Datenobjekt
(Ausgangszustand)

Change Tracking-Optionen bei Entity Framework 4.1 und höher

Überflüssige Vergleiche

Dieser Vergleich beim Snapshot Tracking findet vor *SaveChanges()* statt, wie das zuvor gezeigte (zweite) Listing in Zeile 414 bis 418 zeigt, wo die Option *System.Data.Objects.SaveOptions. DetectChangesBeforeSave* an die *SaveChanges()*-Methode der inneren *ObjectContext*-Instanz weitergereicht wird, wenn *AutoDetectChangesEnabled* den Wert *true* hat. Aber der Vergleich des Snapshot Trackings wird nicht nur bei *SaveChanges()*, sondern vielen anderen Methoden des Entity Framework-APIs auch aufgerufen, z.B. bei *Find(), Local, Remove(), Add(), Attach(), GetValidatio-*

nErrors(), Entry(), Entries(). Das nächste Listing beweist dies anhand der Methode *Find()* der Klasse *DbSet<T>*.

```
74          /// key values for the entity type to be found.</exception>
            /// <exception cref="InvalidOperationException">Thrown if the context has been disposed.</exception>
            3 references
75          public TEntity Find(params object[] keyValues)
76          {
77              InternalContext.ObjectContext.AsyncMonitor.EnsureNotEntered();
78
79              // This DetectChanges is useful in the case where objects are added to the graph and then the user
80              // attempts to find one of those added objects.
81              InternalContext.DetectChanges();
```

Ausschnitt aus dem Quellcode des Entity Framworks (Quelle: http://entityframework.codeplex.com/SourceControl, Klasse DbSet'.cs)

Die Intention von Microsoft für den ständigen Aufruf von *DetectChanges()* ist gut im Quellcode dokumentiert: Man will erreichen, dass der Entwickler auch stets mit den aktuellen Objektständen arbeitet, also bei *Find()* auf den aktuellen Beständen sucht. Der Snapshot Tracking-Vergleich findet aber auch schon bei einem Hinzufügen eines Objects zum *DbSet<T>* mit *Add()* statt. Das bedeutet: Beim Hinzufügen von 500 Objekten (siehe nächstes Listing) findet der Vergleich ganze 500 Mal statt. Und dabei ist er 500 Mal völlig überflüssig, denn in der Zwischenzeit wird keine andere Methode des Entity Framework-APIs aufgerufen, die an einem absolut aktuellen Zustand des Change Trackers interessiert sein könnte. Man kann also in Fällen wie diesem ohne irgendwelche Nachteile die Option *AutoDetectChangesEnabled* auf *false* setzen.

```
1    public static void EFDBContext_Insert(bool AutoDetectOff)
2    {
3     var db = new ModellDbContext.Modell_WWWings4.WWWings4Entities_DBContext();
4     if (AutoDetectOff)
5     {
6      db.Configuration.AutoDetectChangesEnabled = false;
7     }
8
9     for (int f = 1; f <= 500; f++)
10    {
11     var flug = new ModellDbContext.Modell_WWWings4.Flug();
12     flug.FlugNr = f;
13     flug.Abflugort = "Abflugort";
14     flug.Zielort = "Zielort";
15     flug.Plaetze = 250;
16     flug.FreiePlaetze = 250;
17     flug.Datum = DateTime.Now;
18     flug.NichtRaucherFlug = true;
19     db.Fluege.Add(flug);
20    }
21    int count = db.SaveChanges();
```

```
22      db.Dispose();
23    }


1  public static void EFDBContext_RangeInsert(bool AutoDetectOff = false)
2    {
3      var db = new ModellDbContext.Modell_WWWings4.WWWings4Entities_DBContext();
4      if (AutoDetectOff)
5      {
6        db.Configuration.AutoDetectChangesEnabled = false;
7      }
8
9      var tempListe = new List<ModellDbContext.Modell_WWWings4.Flug>();
10
11     for (int f = 1; f <= 500; f++)
12     {
13       var flug = new ModellDbContext.Modell_WWWings4.Flug();
14       flug.FlugNr = f;
15       flug.Abflugort = "Abflugort";
16       flug.Zielort = "Zielort";
17       flug.Plaetze = 250;
18       flug.FreiePlaetze = 250;
19       flug.Datum = DateTime.Now;
20       flug.NichtRaucherFlug = true;
21       // neue Objekte erst in eine temporäre Liste
22       tempListe.Add(flug);
23     }
24
25     // Nun die Liste in einem Rutsch anfügen (möglich ab EF 6.0)
26     db.Fluege.AddRange(tempListe);
27
28     int count = db.SaveChanges();
29
30     db.Dispose();
31   }
```

Sodann stellt sich die Frage, ob man *AutoDetectChangesEnabled* überhaupt in der „*true*"-Einstellung braucht. Man betrachte dazu folgenden Dreizeiler:

```
1   ctx.Configuration.AutoDetectChangesEnabled = false;
2   f.FreiePlaetze--;
3   ctx.SaveChanges();
```

In diesem Fall würde keine Änderung zur Datenbank gesendet, denn das Entity Framework hat von der Änderung der Platzanzahl nichts mitbekommen. Damit dieser Code dennoch funktioniert, gibt es vier alternative Lösungen:

1. Das Change Tracking muss über Runtime Proxies laufen, indem man alle Properties in der Entitätsklasse mit „*virtual*" deklariert.
2. Vor Speichern muss man *AutoDetectChangesEnabled* wieder einschalten.
3. Vor Speichern muss man explizit *ctx.ChangeTracker.DetectChanges()* aufrufen.
4. Man muss die Änderung über das Entity Framework-API vornehmen: ctx.Entry(f).Property(p ⇒ p.FreiePlaetze).CurrentValue –

Variante 4 ist sicherlich die unschönste Lösung. Es stellt sich dann aber auch noch die Frage, wieso denn im ersten Listing die Änderungen zur Datenbank gesendet werden, auch wenn weder *Runtime Proxies*, noch *AutoDetectChangesEnabled = true* noch *DetectChanges()* im Programmcode vorkommen. Des Rätsels Lösung ist, dass es sich in dem Listing um den Fall 4 handelt: *Add()* ist eine Methode des Entity Framework-API.

Dem ein oder anderen stellt sich nun sicherlich die Frage, warum Microsoft *AutoDetectChangesEnabled* nicht im Standard ausgeschaltet hat bzw. diesen ständigen Vergleich erst gar nicht vorgesehen hat wie im *ObjectContext*, wo *DetectChanges()* nur von *SaveChanges()* aufgerufen wurde. *DetectChanges()* sorgt nicht nur für eine konsistente Sicht des Change Trackers, sondern auch das Relationship Fixup zwischen Navigationseigenschaften, also die beidseitige Konsistenz bei der Navigation zwischen Objekten. Der automatische Aufruf von *DetectChanges()* ist also eine Komfortfunktion, zu Gunsten des Entwicklers für die sich Microsoft aktiv entschieden hat.

AddRange

Und um der Vielfalt der Möglichkeiten noch eins draufzusetzen, sei noch erwähnt, dass es seit Entity Framework Version 6.0 eine weitere Möglichkeit gibt, das Hinzufügen von vielen Objekten performanter zu gestalten: die Methode *AddRange()* in der Klasse *DbSet<T>*. Wie das letzte Listing zeigt, speichert man in diesem Fall alle neuen Objekte erst in einer temporären Liste, die man dann mit einem *AddRange()* an den Entity Framework-Kontext übergibt. Die Leistung ist in diesem Fall genauso gut wie beim Ausschalten von *AutoDetectChanges()*. Der Grund dafür liegt darin, dass bei *AddRange()* nur ein einziges Mal intern *DetectChanges()* aufgerufen wird. Ein Blick in die Interna soll alle vorgenannten Aussagen noch bestätigen: Im Quellcode sieht man im nächsten Listing in Zeile 351 ff., dass im *Add(object entity)* eine Methode *ActOnSet()* (siehe Zeile 419 ff. im zweiten Listing) aufruft, die *DetectChanges()* in Zeile 428 aufruft. *DetectChanges()* prüft, ob *AutoDetectChanges()* aktiv ist und delegiert dann weiter an *DetectChanges()* im *ObjectContext* delegiert. Bei der neuen Methode *AddRange(IEnumerable entities)* wird hingegen direkt am Anfang *DetectChanges()* gerufen (siehe Zeile 363 im ersten Listing). Dann wird die Liste an eine Überladung von *ActOnSet()* übergeben, die aber dann nicht mehr *DetectChanges()* ruft, siehe Zeile 442ff. in Listing 9 9.

```
351    public virtual void Add(object entity)
352    {
353        DebugCheck.NotNull(entity);
354
355        ActOnSet(
356            () => InternalContext.ObjectContext.AddObject(EntitySetName, entity), EntityState.Added, entity, "Add");
357    }
358
       3 references
359    public virtual void AddRange(IEnumerable entities)
360    {
361        DebugCheck.NotNull(entities);
362
363        InternalContext.DetectChanges();
364
365        ActOnSet(
366            entity => InternalContext.ObjectContext.AddObject(EntitySetName, entity), EntityState.Added, entities,
               "AddRange");
367    }
```

Ausschnitt aus dem Quellcode des Entity Frameworks (Quelle: http://entityframework.codeplex.com/SourceControl, Klasse DbSet'.cs)

```
419    private void ActOnSet(Action action, EntityState newState, object entity, string methodName)
420    {
421        DebugCheck.NotNull(entity);
422
423        if (!(entity is TEntity))
424        {
425            throw Error.DbSet_BadTypeForAddAttachRemove(methodName, entity.GetType().Name, typeof(TEntity).Name);
426        }
427
428        InternalContext.DetectChanges();
429
430        ObjectStateEntry stateEntry;
431        if (InternalContext.ObjectContext.ObjectStateManager.TryGetObjectStateEntry(entity, out stateEntry))
432        {
433            // Will be no-op if state is already newState.
434            stateEntry.ChangeState(newState);
435        }
436        else
437        {
438            action();
439        }
440    }
441
       2 references
442    private void ActOnSet(Action<object> action, EntityState newState, IEnumerable entities, string methodName)
443    {
444        DebugCheck.NotNull(entities);
445
446        foreach (var entity in entities)
447        {
448            Check.NotNull(entity, "entity");
449
450            if (!(entity is TEntity))
451            {
452                throw Error.DbSet_BadTypeForAddAttachRemove(methodName, entity.GetType().Name, typeof(TEntity).Name);
453            }
454
455            ObjectStateEntry stateEntry;
456            if (InternalContext.ObjectContext.ObjectStateManager.TryGetObjectStateEntry(entity, out stateEntry))
457            {
458                // Will be no-op if state is already added.
459                stateEntry.ChangeState(newState);
460            }
461            else
462            {
463                action(entity);
464            }
465        }
466    }
```

Ausschnitt aus dem Quellcode des Entity Frameworks (Quelle: http://entityframework.codeplex.com/SourceControl, Klasse DbSet'.cs)

```
630    /// <summary>
631    /// Calls DetectChanges on the underlying <see cref="ObjectContext" /> if AutoDetectChangesEnabled is
632    /// true or if force is set to true.
633    /// </summary>
634    /// <param name="force">
635    /// if set to <c>true</c> then DetectChanges is called regardless of the value of AutoDetectChangesEnabled.
636    /// </param>
       11 references
637    public virtual void DetectChanges(bool force = false)
638    {
639        if (AutoDetectChangesEnabled || force)
640        {
641            ObjectContext.DetectChanges();
642        }
643    }
```

Ausschnitt aus dem Quellcode des Entity Frameworks (Quelle: http://entityframework.codeplex.com/SourceControl, Klasse InternalContext.cs)

Weitere Leistungsmessungen findet man auf diesem Blog[19]. Dort wird insbesondere auch festgehalten, dass bei kleinen Objektmengen das *DetectChanges()*-Problem zu vernachlässigen ist und mit zunehmender Objektmenge überprotortial steigt.

Bulk-Inserts

O/R-Mapper stoßen bei zeitkritischen Massendatenoperationen an ihre Grenzen. Immer dann, wenn in kurzer Zeit viele Objekte aktualisiert oder importiert werden müssen, empfieht es sich, über den Einsatz von nativem SQL nachzudenken. Für das Importieren von Massendaten empfiehlt sich der Einsatz von Techniken, wie *BULK INSERT* bei SQL Server order *SQL Loader* bei ORACLE, zumal deren Leistung jene von herkömmlichen INSERT-Anweisungen bei weitem übersteigt. Daneben stellt die Community mit EntityFramework.BulkInsert[20] eine Erweiterung zur effizienten Durchführung solcher Aktionen zur Verfügung.

Massenaktualisierungen

Entity Framework bietet in seiner Grundausstattung keine Unterstützung für Massenoperationen auf mehr als einem Datensatz, sondern behandelt für das Löschen und Ändern jeden Datensatz einzeln. Das nachfolgende erste Listing zeigt die sehr inperformante Variante des Löschens aller Datensätze aus einer Tabelle „Flug", bei denen der Primärschlüssel einen Wert größer als 20000 hat: Alle Datensätze müssen zunächst geladen und in .NET-Objekten materialisiert werden. Jedes einzelne .NET-Objekt wird dann über die *Remove()*-Methode zum Löschen markiert und die Löschung wird dann von dem Entity Framework-Kontext bei der Ausführung der Methode *SaveChange()* einzeln für jedes Objekt in einen *DELETE*-Befehl umgesetzt. Wenn 1000 Flüge zu löschen sind, löst dies also 1001 Rundgänge zum Datenbankmanagementsystem aus.

Nur ein SQL-Befehl notwendig

Wesentlich effizienter ist es in so einer Situation, einen einzelnen klassischen SQL-Befehl abzusetzen. Dies erledigt der Entwickler entweder auf die klassische Art über ein ADO.NET-Command mit Parameter-Objekt (siehe erstes Listing) oder – prägnanter – über die direkte SQL-Unterstützung im Entity Framework (zweites Listing) mit der Methode *ExecuteSqlCommand()* im Unterobjekt Database des Entity Framework-Kontextes. Dabei ist hervorzuheben, dass die an *String.Format()* angelehnte Platzhaltersyntax ebenso gut gegen SQL-Injektionsangriffe schützt, wie die Parametrisierung im ersten Listing, denn hier werden eben nicht einfach Zeichenketten zusammengesetzt, wie die Syntax suggeriert, sondern intern ebenfalls SQL-Parameter-Objekte erzeugt. Nachteil der Vorgehensweise im zweiten und dritten Listing ist natürlich, dass nun wieder SQL-Zeichenketten zum Einsatz kommen, für die es keine Compilerprüfung gibt und somit die Gefahr von Syntax- und Typfehlern besteht, die erst zur Laufzeit auffallen.

---

[19]http://blog.staticvoid.co.nz/2012/5/7/entityframework_performance_and_autodetectchanges

[20]https://efbulkinsert.codeplex.com/

```
 1  public static void MassenloeschenLINQ()
 2    {
 3      using (var ctx = new WWWings6Entities())
 4      {
 5        var grenze = 20000;
 6        var flugListe =
 7            ctx.Flug
 8                .Where(x => x.FlugNr > grenze).ToList();
 9        foreach (var f in flugListe)
10        {
11          ctx.Flug.Remove(f);
12        }
13        ctx.SaveChanges();
14      }
15    }
```

```
 1  public static void MassenloeschenSQLKlassisch()
 2    {
 3      var connectionString = @"data source=.\sqlexpress;initial
 4  catalog=WWWings66;integrated
 5  security=True;multipleactiveresultsets=True;connect timeout=5";
 6      var grenze = 20000;
 7      using (SqlConnection connection = new
 8  SqlConnection(connectionString))
 9      {
10        connection.Open();
11        SqlCommand command = new SqlCommand("Delete Betrieb.Flug where
12  FlugNr > @Grenze", connection);
13        command.Parameters.Add(new SqlParameter("@Grenze", grenze));
14        var anz = command.ExecuteNonQuery();
15      }
16    }
```

Lamdba-Ausdrücke für Update und Delete

Das Projekt *EntityFramework.Extended* auf nuget.org bietet hier ein Gegenmittel an. Die aktuelle Version 6.1 vom 12.9.2014 basiert auf Entity Framework 6.1. Implementierungen für ältere Entity Framework-Versionen sind verfügbar. Das Paket *EntityFramework.Extended* realisiert Erweiterungsmethoden mit Namen *Update()* und *Delete()*. Um diese zu aktivieren, ist ein *using EntityFramework.Extensions;* notwendig. Hier ist zu beachten, dass es „Extensions" nach dem Punkt heißen muss, nicht „Extended" wie im Paketnamen.

Die Erweiterungsmethode *Delete()* kann man auf einer Klasse *DbSet* unter Angabe eines Lambda-Ausdrucks anwenden (siehe Listing 9 14) oder auf einem IQueryable anwenden (siehe erstes und zweites Listing). Bei der Erweiterungsmethode *Update()* sind zwei Lambda-Ausdrücke anzugeben: Einer für die Selektion, der andere für die Aktualisierung. Die zu aktualisierenden Werte legt man dabei in einem partiell befüllten Objekt fest. Im zur Datenbank gesendeten Update-Befehl (siehe letztes Listing) sind dann nur diese neuen Werte enthalten.

Wie die beiden letzten Listings zeigt, sind die von *EntityFramework.Extended* erzeugten SQL-Befehle aber leider suboptimal: Sie arbeiten immer mit einem geschachtelten *SELECT*, obwohl dies gar nicht notwendig wäre. Aus der Sicht der Autoren von *EntityFramework.Extended* war dies aber die einfachste Implementierung, weil man einfach auf die vorhandene SELECT-Befehl-Generierung von Entity Framework aufsetzen kann. Die meisten Datenbankmanagementsysteme werden die Befehle dennoch performant ausführen, da sie selbst hier die unnötige Schachtelung wegoptimieren. Im letzten Listing fallen auch völlig unnötige Typkonvertierungen zwischen *short* und *int* im SQL-Update-Befehl auf. Hier spiegelt sich wieder, was man auch im C#-Code in den Listings sieht: Die Zahlen werden als Integer-Werte behandelt und müssen bei der Zuweisung auf *(short)* konvertiert werden.

```
1    public static void MassenloeschenSQLEF()
2    {
3     using (var ctx = new WWWings6Entities())
4     {
5      var grenze = 20000;
6      var anz = ctx.Database.ExecuteSqlCommand(
7          "Delete Betrieb.Flug where FlugNr > {0}", grenze);
8     }
9    }
```

```
1     using (var ctx = new WWWings6Entities())
2     {
3      var grenze = 20000;
4      var anz1 = ctx.Flug.Delete(x=>x.FlugNr>grenze);
5     }
```

```
1    using (var ctx = new WWWings6Entities())
2     {
3      var grenze = 20000;
4      var anz2 = ctx.Flug.Where(x => x.FlugNr > grenze).Delete();
5     }
```

```
1   using (var ctx = new WWWings6Entities())
2     {
3      var grenze = 20000;
4      var q = ctx.Flug.Where(x => x.FlugNr > grenze);
5      var anz3 = q.Delete();
6     }
```

```
1    using (var ctx = new WWWings6Entities())
2     {
3      var grenze = 20000;
4      var anz1 = ctx.Flug
5                    .Update(
6                        x => x.FlugNr > grenze,
7                        y => new Flug {
8                          FreiePlaetze = (short)(y.FreiePlaetze.Value-1),
9                          NichtRaucherFlug = true });
10    }
```

```
1   using (var ctx = new WWWings6Entities())
2     {
3      var grenze = 20000;
4      var anz2 = ctx.Flug.Where(x => x.FlugNr > grenze)
5                      .Update(y => new Flug {
6                          FreiePlaetze = (short)(y.FreiePlaetze.Value - 1),
7                          NichtRaucherFlug = true });
8     }
```

```
1   using (var ctx = new WWWings6Entities())
2     {
3      var grenze = 20000;
4      var q = ctx.Flug.Where(x => x.FlugNr > grenze);
5      var anz3 = q.Update(
6                    y => new Flug {
7                      FreiePlaetze = (short)(y.FreiePlaetze.Value - 1),
8                      NichtRaucherFlug = true });
9     }
```

```
1  exec sp_executesql N'DELETE [Betrieb].[Flug]
2  FROM [Betrieb].[Flug] AS j0 INNER JOIN (
3  SELECT
4      [Extent1].[FlugNr] AS [FlugNr]
5      FROM [Betrieb].[Flug] AS [Extent1]
6      WHERE [Extent1].[FlugNr] > @p__linq__0
7  ) AS j1 ON (j0.[FlugNr] = j1.[FlugNr])',N'@p__linq__0 int',@p__linq__0=20000
```

```
1  exec sp_executesql N'UPDATE [Betrieb].[Flug] SET
2  [FreiePlaetze] = CAST(  CAST( [FreiePlaetze] AS int) - 1 AS smallint) ,
3  [NichtRaucherFlug] = @p__update__0
4  FROM [Betrieb].[Flug] AS j0 INNER JOIN (
5  SELECT
6      [Extent1].[FlugNr] AS [FlugNr]
7      FROM [Betrieb].[Flug] AS [Extent1]
8      WHERE [Extent1].[FlugNr] > @p__linq__0
9  ) AS j1 ON (j0.[FlugNr] = j1.[FlugNr])',
10 N'@p__linq__0 int,@p__update__0 bit'
11 ,@p__linq__0=20000,@p__update__0=1
```

Erste Verwendung des Kontextes

Bei der ersten Verwendung des *DbContext*-Derivates hat Entity Framework alle Hände voll zu tun, denn es gilt das Entity Data Model zu laden oder – bei Code First – aus Entitäten und Konfigurationscode abzuleiten. Damit diese aufwändige Aufgabe nicht wiederholt werden muss, speichert Entity Framework das Ergebnis dieses Unterfangens in statsichen Strukturen. Ab der zweiten Instanziierung des *DbContext*-Derivates profitiert hiervon die Performance. Allerdings ändert dies nichts daran, dass diese Aufgabe bei der ersten Instanziierung zu erledigen ist und auch einiges an Zeit beansprucht. Um dieses Problem vor dem Benutzer zu verstecken, bietet es sich an, den *DbContext* möglichst früh ein erstes Mal zu instanziieren. Windows-Anwendungen könnten sich hierum beispielsweise im Zuge des Starts, während sie einen Begrüßungsbildschirm einblenden, darum kümmern. Server-basierte Anwendungen können sich hierum ebenfalls im Zuge des Hochfahrens, noch bevor sie Anfragen von Benutzern entgegennehmen, kümmern.

Abfragen generieren (View-Generation)

Eine weitere zeitraubende Aufgabe, welche ein *DbContext*-Derivat zu erledigen hat, ist die sogenannte View-Generation. Damit ist gemeint, dass sich der *DbContext* für jeden verwalteten Entitätstypen eine Abfrage zum Zugriff auf die darunterliegenden Tabellen zurecht legen muss. Auch das Ergebnis dieser Aufgabe wird zwischengespeichert, sodass sie nicht immer und immer wieder stattfinden muss. Es besteht jedoch auch die Möglichkeit, diese Aufgabe bereits im Zuge der Entwicklung durchzuführen. Dazu generiert der Entwickler eine Klasse mit den benötigten Abfragen. Während einige T4-Vorlagen von Drittanbietern diese Aufgabe übernehmen, kann der Entwickler hierzu auch die Entity Framework Power Tools, welche über den Erweiteurngsmanager zu beziehen sind, einsetzen (wie bereits in diesem Buch besprochen).

Dies funktioniert sowohl bei der modellbasierten Vorgehensweise als auch beim Einsatz von Code First. Um eine View-Generation für einen *DbContext* durchzuführen, wählt der Entwickler aus dem Kontextmenü der Quellcodedatei, welche den *DbContext* beinhaltet, den Befehl *Entity Framework | Generate Views* (siehe Abbildung). Daraufhin erzeugen die Power Tools eine Quellcodedatei, welche die nötigen Abfragen beinhaltet und zur Laufzeit vom *DbContext* entdeckt und verwendet wird.

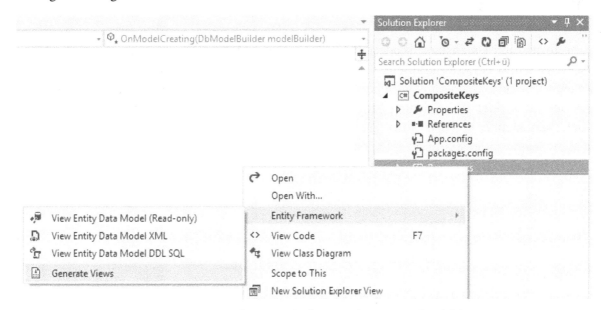

Mit Entity Framework Power Tools View-Generation durchführen

Während der Einsatz von View Generation ein wenig Performance bringt, ist hierbei auch Vorsicht geboten, denn der Entwickler muss darauf achten, nach jeder Änderung am Entity Data Model die View Generation erneut anzustoßen.

Natives SQL und Stored Procedures

Es liegt auf der Hand, dass sowohl mit nativem SQL als auch mit Stored Procedures sparsam umzugehen ist: Natives SQL schränkt die Datenbankunabhängigkeit ein und verlagert viele Aufgaben, die man eigentlich an den O/R-Mapper delegieren möchte, zum Entwickler. Stored Procedures schränken ebenfalls die Datenbankunabhängigkeit ein und verteilen Geschäftslogik zwischen der Anwendung und der Datenbank.

Wenn alle Stricke reißen, muss man jedoch darauf zurückgreifen. Natives SQL ist gerade bei Massendatenoperationen eine Überlegung wert. Darüber hinaus muss der Entwickler sogar natives SQL einsetzen, wenn er Datenbank-spezifische Möglichkeiten, die Entity Framework nicht unterstützt, nutzen möchte. Ein Beispiel hierfür sind Volltext-Indizes, welche die Performance einer Anwendung positiv beeinflussen können. Aber auch gespeicherte Prozeduren können sich positiv auf die Performance auswirken. Neben der Tatsache, dass sie vorab von der Datenbank kompiliert werden, kann der Entwickler damit auch unnötige Round-Trips vermeiden. Ein Beispiel dafür sind Situationen, in denen Abfragen nur gemacht werden, um mit der erhaltenen Ergebnismenge weitere Anfragen anzustoßen. Aufgrund der genannten Nachteile von Stored Procedures empfehlen die Autoren, diesen Optimierungsmechanismus nur einzusetzen, wenn alle anderen Optionen ausgeschöpft wurden.

Protokollierung

Um performanten Datenzugriffscode mit Entity Framework schreiben zu können, muss der Entwickler wissen, was Entity Framework macht. Wissen über die Ideen und Konzepte hinter Entity Framework, welche in diesem Werk beschrieben werden, sind hierzu unerlässlich. Darüber hinaus muss der Entwickler in Erfahrung bringen, welche Abfragen Entity Framework zur Datenbank sendet. Dazu kann er von den Entity-Framework-internen Möglichkeiten zur Protokollierung sowie von Werkzeugen, wie dem EF-Profiler, Gebrauch machen.

Werkzeuge

Die Arbeit mit Entity Framework kann durch Einsatz einiger Werkzeuge erheblich vereinfacht werden. Dieser Abschnitt stellt zwei populäre kommerzielle Werkzeuge vor: Den Entity Framework Profiler, der unter anderem beim Aufspüren von Engpässen hilft, und den Entity Developer, der bei der Arbeit mit Datenbanken von Drittanbietern, allen voran ORACLE, sehr hilfreich ist, aber auch bei Verwendung von SQL Server ein paar Vorteile bringt.

Entity Framework Profiler

Fast alle OR-Mapper verwenden eigene Abfragesprachen, z.B. HQL bei nHibernate und LINQ-to-Entities oder Entity SQL bei dem ADO.NET Entity Framework. Diese Sprachen arbeiten auf dem datenbankneutralen Objektmodell und der OR-Mapper sorgt für die Umwandlung in den SQL-Dialekt des jeweiligen Datenbankmanagementsystems. Gerade diese automatisierte Erzeugung von SQL-Befehlen ist immer wieder ein Ansatzpunkt für grundsätzliche Kritik am ORM, insbesondere aus dem Lager der "SQL-Optimierer". Tatsächlich sind nicht immer alle vom OR-Mapper erzeugten SQL-Befehle optimal. Zudem arbeiten OR-Mapper fast zwangsweise mit Lazy Loading, da sie beim Laden eines Objekts nicht automatisch alle verbundenen Objekte mitladen können. Würden Sie das tun, wären Sie deutlich langsamer und ineffizienter, denn sie würden viele Objekte laden, die gar nicht gebraucht werden. OR-Mapper sind daher im Standard bewusst "faul" und laden Objekte genau in dem Moment nach, in dem diese Objekte auch explizit im Programmcode Verwendung finden. Das kann aber auch ineffizient sein, wenn man Objekt per Lazy Loading nachlädt, die man sowieso braucht und daher hätte auch direkt mitladen können. Nicht optimales SQL und ungünstige Ladestrategien aufzuspüren gehört zu den Aufgaben eines jeden Softwareentwicklers, der OR-Mapper einsetzt. Entity Framework bietet hierzu lediglich das bereits im Buch beschriebene *Delegate Log*, bei der sich der Entwickler registrieren kann, um über sämtliche an die Datenbank gesendeten SQL-Befehle informiert zu werden. Mehr Komfort bietet der konstenpflichtige Entity Framework Profiler von Hibernating Rhinos[21].

Erste Schritte mit dem Entity Framework Profiler

Damit der Entity Framework Profiler überhaupt die Aktivitäten zwischen OR-Mapper und Datenbankmanagementsystem mitschneiden kann, muss die zu überwachende Anwendung "instrumentiert" werden. Dazu sind zwei Änderungen notwendig:

1. Der Entwickler muss eine Referenz zu *HibernatingRhinos.Profiler.Appender.dll* erstellen.

---

[21]http://www.hibernatingrhinos.com/products/efprof

2. Zu Beginn muss die Zeile `HibernatingRhinos.Profiler.Appender.EntityFramework.EntityFrameworkPr` im Programmcode erscheinen.

Nun startet man die WPF-basierte Entity Framework Profiler-Benutzeroberfläche (EFProf.exe) vor der zu überwachenden Anwendung. Nach Start der zu überwachenden Anwendung sieht man dann im Entity Framework Profiler in der Liste links alle erzeugten Kontext-Instanzen. Leider sind die einzelnen Kontextinstanzen nicht benannt; die Benennung muss der Nutzer selbst in der Entity Framework Profiler-Benutzeroberfläche vornehmen. Jeweils zu einem Kontext sieht man die Anzahl der über den Kontext ausgeführten SQL-Befehle mit den jeweiligen Ausführungszeiten sowohl in dem DBMS selbst als auch die Gesamtzeit, also inklusive Materialisierung der Objekte im RAM. In der Abbildung erkennt man zum Beispiel sofort das Problem, dass viele Objektkontexte erzeugt werden, ohne dass überhaupt irgendein Befehl darüber zur Ausführung kommt.

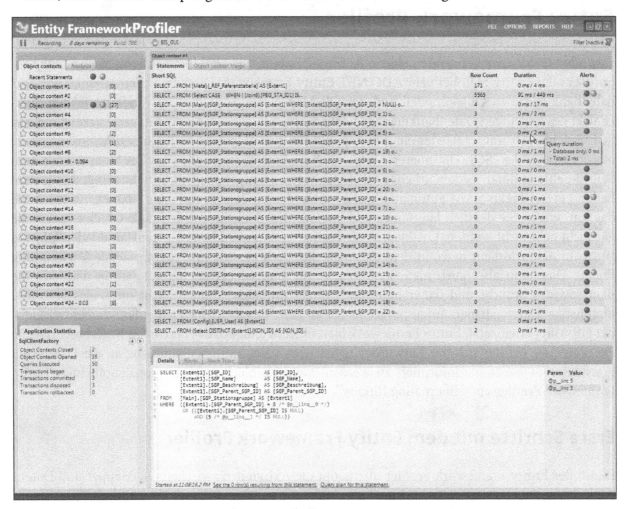

Entity Framework Profiler in Aktion

Im rechten Teil des Bildschirms findet man zu dem aktuell gewählten Kontext dann eine Liste der ausgeführten Befehle. Unter "Details" kann man den kompletten SQL-Befehl mit Parametern und den zugehörigen Ausführungsplan sehen (siehe Abbildung).

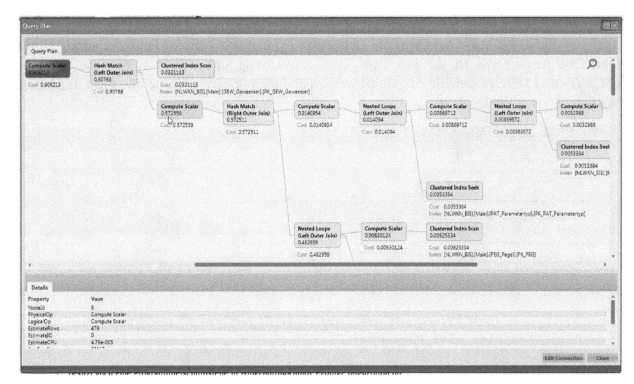

Ausführungsplan des Datenbankmanagementsystems im Entity Framework Profiler

"Stack Trace" offenbart, welche Methode einen einzelnen SQL-Befehl ausgelöst hat. Sehr nett ist, dass ein Doppelklick auf einen Eintrag im "Stack Trace" direkt zu der passenden Codestelle im geöffneten Visual Studio führt. Damit findet man dann sehr schnell den LINQ-to-Entities- oder Entity SQL-Befehl, der den SQL-Befehl ausgelöst hat. Der Entity Framework Profiler setzt aber nicht voraus, dass die Anwendung im Visual Studio-Debugger läuft. Die Aufzeichnung funktioniert auch, wenn die Anwendung direkt gestartet wird – sogar wenn Sie im "Release"-Modus kompiliert wurde. Entscheidung ist nur die eine Zeile Instrumentierungscode. Man kann die Anwendung also so gestalten, dass der Instrumentierungscode bei Bedarf aufgerufen wird, z.B. gesteuert über eine Konfigurationsdatei.

Warnungen vor potentiellen Problemen

Eine besondere Beachtung sind die grauen (Vorschläge) und roten Kreise (Warnungen) wert. Hier will der Entity Framework Profiler ein potentielles Problem entdeckt haben. In Abbildung 1 ist das – so wie er es nennt – "SELECT N+1"-Problem. Eine Vielzahl gleichartiger SQL-Befehle, die nacheinander ausgeführt werden, deutet darauf hin, dass hier fehlerhafterweise Lazy Loading zum Einsatz kommt. Man sollte Eager Loading in Erwägung ziehen. Ein anderes Problem, das der Entity Framework Profiler sehr gut aufzeigt, ist die wirklich nicht empfohlene Verwendung eines *ObjectContext*-Objekts in verschiedenen Threads. Andere Hinweise gibt es, wenn eine Abfrage viele Joins verwendet, mit einem Platzhalter (like "%xy") beginnt, viele Datensätze zurückliefert und keine TOP-Anweisung enthält ("*Unbounded Result Sets*"). Gerade über den letzten Punkt kann man wirklich streiten. Intention dieses Vorschlags ist, dass ein Entwickler nicht in Gefahr laufen sollte, dass er viel mehr Datensätze abfragt, als er wirklich erwartet und braucht. Aber in der Praxis lässt sich (außer bei Anwendungen, die Datensätze explizit mit Blättern-Funktion anzeigen) oft keine Obergrenze festlegen, die dauerhaft gilt. Eine Warnung gibt es auch, wenn viele *INSERT-*, *UPDATE-* und *DELETE-*Befehle ausgeführt werden und man prüfen sollte, ob dies nicht durch eine Massenoperation abbildbar ist.

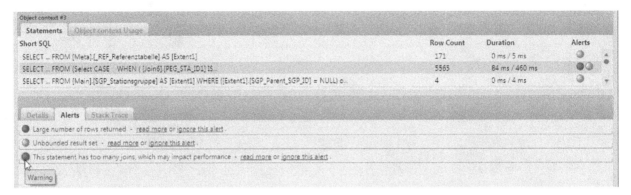

Warnungen und Vorschläge im Entity Framework Profiler

Analysefunktionen

Sehr hilfreich sind die Analysefunktionen in der Registerkarte "Analysis". Hier gibt es Auswertungen, die zeigen wie * welche Methoden im Programmcode welche SQL-Befehle ausgelöst haben (Queries by Method). * viele verschiedene Befehle es gab (trotz des Namens *Unique Queries* erscheinen hier auch *INSERT-*, *UPDATE-* und *DELETE-*Befehle!) * welche Befehle am längsten gedauert haben (Expensive Queries)

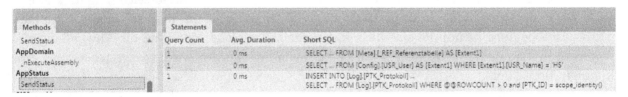

Analyse "Queries by Method"

Eine sehr interessante Funktion verbirgt sich im Menü *File/Export to File*. Hierdurch entsteht eine mit JavaScript angereicherte HTML-Seite, in der man eine ähnliche Oberfläche wie im Entity Framework Profiler sieht. Man kann alle Kontext und die SQL-Befehle betrachten und die Analyseergebnisse aufrufen. Es fehlen aber der Stack Trace und die Warnungen. Die normale Speicherfunktion erzeugt eine Binär mit der Dateinamenserweiterung *.efprof*. Eine solche Datei kann auch der zu überwachende Programmcode direkt erzeugen, indem man im Startbefehls statt *Initialize()* die Methode *InitializeOfflineProfiling(Dateiname.efprof)* aufruft. Dann muss die Entity Framework Profiler-Benutzeroberfläche nicht laufen, während die Anwendung läuft. Ein Profiling ist also auch auf Zielsystemen problemlos möglich. Im Sinne von Continous Integration kann man den Entity Framework Profiler auch von der Kommandozeile ausführen. Man braucht aber pro Rechner eine Lizenz. Der Profiler selbst besitzt auch eine Programmierschnittstelle in *HibernatingRhinos.Profiler.Integration.dll.*

LINQPad

Von dem Query Editor im Microsoft SQL Server Management Studio sind es Softwareentwicker und Datenbankadministratoren gewöhnt: Man gibt den SQL-Befehl ein, drückt die F5-Taste (oder klickt auf *Execute*) und sieht das Ergebnis. Microsoft hatte auch mal angedacht, auf gleiche Weise die Ausführung von LINQ-to-Entities für das Entity Framework im Management Studio zu erlauben. Erschienen ist davon aber bisher nichts. Diese Lücke stopft das Werkzeug LINQPad.

Überblick

LINQPad gibt es als kostenfreie Freeware-Version. Wer sich aber von Intellisense-Eingabeunterstützung im Stil von Visual Studio verwöhnen lassen will, muss eine Professional- oder Premium-Variante kaufen. In der Premium-Variante gibt es zusätzlich zahlreiche mitgelieferte Programmcodeschnippsel. Ebenso kann man in der Premium-Variante Abfragen auch über mehrere Datenbanken definieren. LINQPad präsentiert nach dem Start links oben ein Fenster für die Verbindungen (siehe Abbildung). Darunter kann man aus einer mitgelieferten Beispielsammlung (aus dem Buch „C# 5.0 in a Nutshell") wählen oder selbsterstellte Befehle abspeichern unter „MyQueries"). Im Hauptbereich findet man oben den Editor und unten den Ausgabebereich (siehe Mitte/Rechts in der Abbildung).

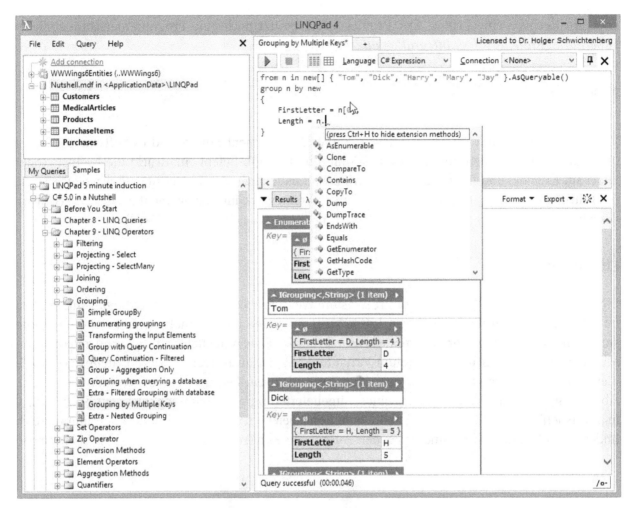

LINQPad in Aktion mit LINQ-to-Objects

LINQPad unterstützt die Syntax der Sprachen C#, Visual Basic und F#. Aber eine IntelliSense-Eingabeunterstützung gibt es leider nur für C#.

Datenquellen einbinden

Für einen LINQ-to-Entities-Befehl muss man zunächst einen Entity Framework-Kontext einbinden (siehe erste Abbildung). Unterstützt werden sowohl die seit Entity Framework 1.0 verfügbar Basisklasse *ObjectContext* als auch die erst seit Version 4.1 verfügbare Basisklasse *DbContext*. Einen solchen Kontext mit den zugehörigen Entitätsklassen muss ein Entwickler vorher in eine .NET-Assembly kompilieren. LINQPad selbst erstellt keine Modelle für Entity Framework. Die Abbildung zeigt den Einbindevorgang, in dem neben der Assembly auch der Namen der Kontextklasse und der Standort der Entity Data Model-Artefakte anzugeben ist. Zusätzlich sind die üblichen Verbindungsdaten zur Datenbank notwendig.

Die Ausführung eines LINQ-to-Entities-Befehl auf dieser Verbindung zeigt die dritte Abbildung. Neben der Ergebnisansicht kann man sich den LINQ-to-Entities-Befehl auch in Microsoft Intermediate Language (IL) ausgeben lassen. Auch die zur Datenbank gesendeten SQL-Befehle sind einsehbar. Einige LINQ-to-Entities-Befehle kann man direkt im Kontextmenü der Entitätsklassen im Verbindungsexplorer oben links starten. Alternativ zu LINQ-to-Entities kann man Befehle auch in SQL-Syntax oder Entity SQL-Syntax erfassen; dies stellt man über das Auswahlmenü „Language" ein. Ergebnisse können in den Formaten HTML, Word und Excel exportiert werden.

Neben LINQ-to-Entities sind als Datenquelle auch LINQ-to-SQL-Datenkontexte, WCF Data Services (inkl. Microsoft DataMarket-Dienste). Für LINQ-to-SQL kann LINQPad auch Ad-hoc einen Kontext erzeugen. Über eine integrierte Add-in-Verwaltung kann der Nutzer weitere Provider für LINQPad herunterladen:

- die relationalen Datenbanken Oracle, MySQL, SQLite, RavenDB,
- die Cloud-Dienste Microsoft StreamInsight und Azure Table Storage
- Event Traces for Windows (ETW) und
- die ORM-Mapper Mindscape LightSpeed, LLBLGen Pro, DevExpress XPO, DevForce sowie
- die NoSQL-Datenbank FileDb.

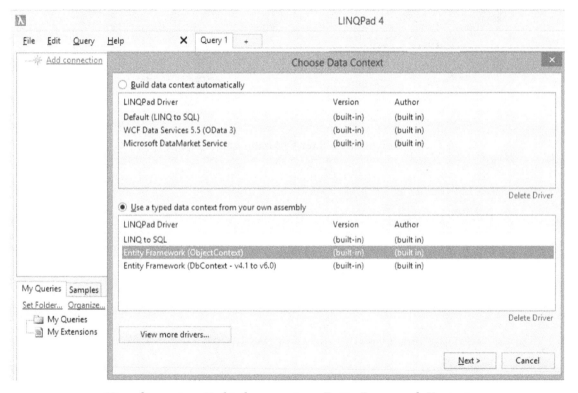

Hinzufügen einer Verbindung zu einem Entity Framework-Kontext

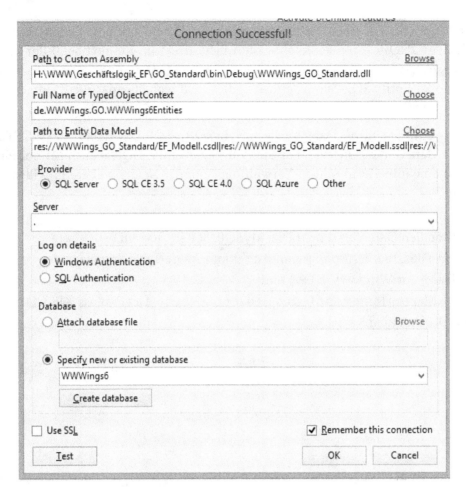

Konfiguration einer Verbindung in LINQPad

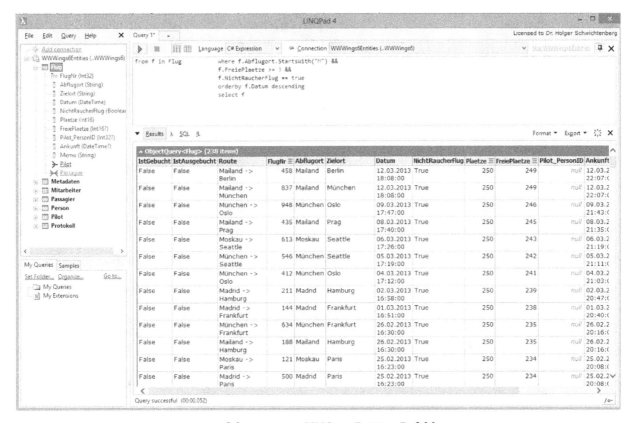

Ausführung eines LINQ-to-Entities-Befehl

Interaktive Programmcodeeingabe

Neben der Ausführung von LINQ-Befehlen kann das Werkzeug LINQPad auch beliebige andere C#-, F#- und Visual Basic-Befehle ausführen. Man wählt dabei unter „Language" zwischen dem Expression Mode und dem Statement Mode. Im Expression Mode erfasst man einzelne Ausdrücke, deren Ergebnis dann ausgegeben werden, z.B. *System.DateTime.Now.ToString(new CultureInfo("ja-JP")).* Diese Ausdrücke sind nicht durch ein Semikolon abzuschließen. Man kann immer nur einen Ausdruck ausführen. Wenn man im Editor mehrere Ausdrücke hat, muss man den auszuführenden Ausdruck vorher markieren. Im „Statement Mode" erfasst man hingegen komplette Programmcodeschnippsel, bei denen jeder Befehl durch ein Semikolon abgeschlossen ist, siehe z.B. im Listing. Ausgaben erfolgen mit

```
1  Console.WriteLine().
2  for (int i = 0; i < 10; i++)
3  {
4      Console.WriteLine(i);
5  }
```

Kleines Testprogramm für LINQPad

Auch die Definition eigener Typen (z.B. Klassen, siehe nächstes Listing) ist möglich, allerdings muss man hier beachten, dass LINQPad den erfassten Code in seinem eigenen Standardcode einbettet. Daher gelten folgende Regeln:

- Der auszuführende Hauptprogrammcode muss oben stehen.
- Er muss mit einer zusätzlichen geschweiften Klammer abgeschlossen sein von den folgenden Typdefinitionen.
- Die Typdefinitionen müssen am Ende stehen und die allerletzte Typdefinition darf keine schließende geschweifte Klammer besitzen.

LINQPad ergänzt also intern offensichtlich eine Typdefinition mit einem *Main()* ganz oben und eine geschweifte Klammer unten.

```
1   var e = new Berechnungsergebnis() { a=1, b=20 };
2
3   for (int i = 0; i < e.b; i++)
4   {
5           e.a += i;
6           Console.WriteLine(i + ";" + e.a);
7   }
8   } // Diese zusätzliche Klammer ist Pflicht!
9
10  // Die Typdefinition muss nach dem Hauptprogramm stehen!
11  class Berechnungsergebnis
12   {
13   public int a { get; set; }
14   public int b { get; set; }
15  // hier muss man die Klammer weglassen!
```

Kleines Testprogramm für LINQPad mit Klassendefinition. Die Klammernsetzung sieht falsch aus, ist aber für LINQPad genau richtig (vgl. Text).

Devart Entity Developer

Die Firma Devart hat sich einen Namen gemacht als Anbieter von Datenbanktreibern. Mit dem Entity Developer bietet Devart auch ein grafisches Design-Werkzeug für Entity Framework-Modelle, das einige Funktionen mehr bietet als der in Visual Studio integrierte Designer. Devart bietet auf der Website[22] eine kostenfreie 30-Tages-Testversion von Entity Developer. Nach dem Start von Entity Developer erhält der Entwickler die Auswahl, ein Modell für vier verschiedene Objekt-Relationale

---

[22]http://www.devart.com

Mapper zu erstellen (siehe Abbildung): ADO.NET Entity Framework (ab Version 1.0), nHibernate (ab Version 3.0), LINQ-to-SQL (ab Version 1.0) und LinqConnect (ab Version 1.0). LinqConnect ist eine von Devart entwickelte Variante von LINQ-to-SQL, die im Gegensatz zum Microsoft-Original nicht nur für Microsoft SQL Server, sondern auch für andere Datenbanken funktioniert. Welche Datenbanken dann im Entity Developer verwendet werden können, hängt von den installierten Treibern ab. Neben der eigenen dotConnect-Reihe für Oracle, SQL Server, MySQL, PostgreSQL, SQLLite und Salesforce unterstützt DevArt die bei .NET mitgelieferten Treiber sowie die offiziellen Treiber von Oracle, Firebird sowie IBM (für DB2).

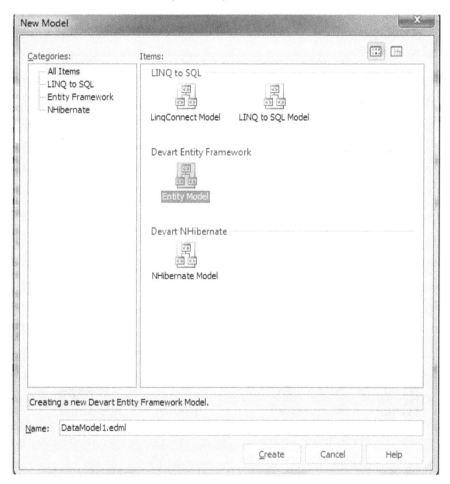

Modelloptionen bei Devart Entity Developer 5.5

Vorgehensweisen zur Auswahl

Abhängig von der gewählten Modell-Option präsentiert Entity Developer dann weitere Dialoge. Bei Entity Framework gibt es die Wahl zwischen Reverse Engineering mit Database First oder Forward Engineering mit Model First. Bei nHibernate gibt es eine zusätzliche Option zum Import bestehender Mapping-Dateien. Bei Database First wählt man eine Datenbank und dann die zu importierenden Datenbankobjekte. Entity Developer bietet hier gegenüber dem in Visual Studio

integrierten Designer eine getrennte Ansicht für Stored Procedures und Table Valued Functions
an. Die Gruppierung nach Schema kann man auch abschalten. Ein weiterer Unterschied: Im
Standard sind alle Datenbankobjekte angehakt, während der Microsoft-Designer im Standard nichts
angewählt hat. Nach der Auswahl der Datenbankobjekte folgt dann ein weiterer Dialog (vgl.
Abbildung), in dem der Entwickler diverse Festlegungen für die Namen der Entitäten und die
Properties vornehmen kann. Solch eine Option fehlt fast gänzlich im Microsoft-Designer. Dort kann
man nur die Pluralbildung aktivieren, die aber lediglich für englische Namen sinnvoll ist (aus „Flug"
wird „Flugs", aus „Person" wird „People").

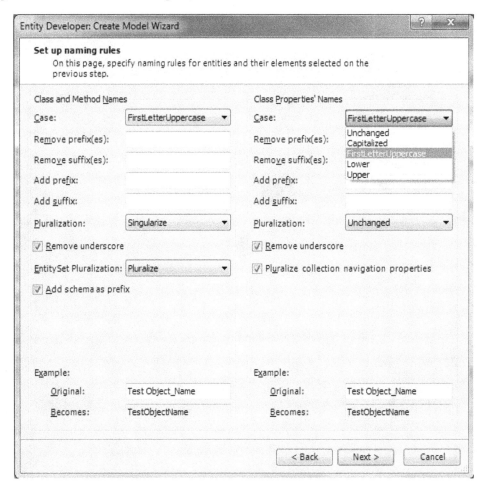

Naming Rules

Auch im nun folgenden Dialog gibt es wieder Optionen, die der Microsoft-Designer nicht kennt.
So kann man hier zum Beispiel deaktivieren, dass bei N:M-Beziehungen die Zwischentabelle keine
eigene Entität wird. Wenn man „Detect Many-to-Many associations" deaktiviert, erhält man die
Zwischentabelle als eigene Entität im Modell. Die Option „Detect Table per Type inheritances", die
verspricht, zu erkennen, wann eine Beziehung zwischen Datenbanktabellen als Vererbung modelliert
werden kann, versagte im Test. Bei Tabellen mit 0..1/1-Beziehung und gleichem Primärschlüssel
erstellte Entity Developer trotzdem eine Assoziation im Modell statt einer Vererbung.

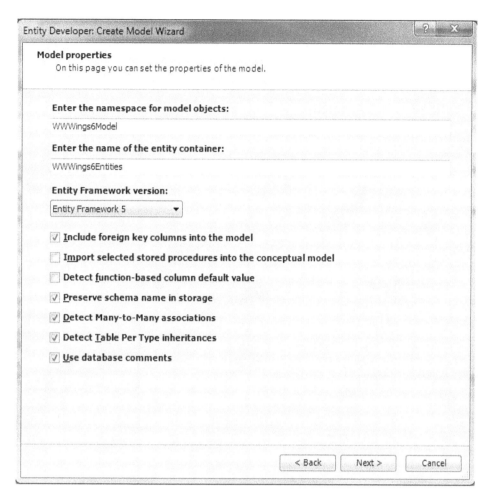

Optionen für die Modellerstellung

Entity Developer verwendet für die Code-Generierung eine leichte Abwandlung des Text Template Transformation Toolkits (T4), das Microsoft in Visual Studio einsetzt. Bei Entity Developer kann der Entwickler schon im Rahmen des Reverse-Engineering-Assistenten eine oder mehrere Code-Generierungs-Vorlagen auswählen. Neben den aus Visual Studio bekannten Vorlagenarten (*Entity Object, DBContext, POCO, Self-Tracking Entities*) bietet Entity Developer auch weitere interessante Vorlagen, die Code für die Datenzugriffsschicht, Geschäftslogik und die Präsentationsschicht erstellen, z.B. einen WCF RIA Service, Metadatenklassen mit .NET Data Annotations sowie View und/oder Controller für ASP.NET MVC. Die beiden Listings zeigen exemplarisch den Programmcode, den man mit der Vorlage „Repository and Unit of Work" erhält. Bei dieser Implementierung kann man jedoch aus architektonischer Sicht darüber streiten, ob die generierte Repository-Klasse den Entity Framework-Kontext nach außen durchreicht. Die Entity Developer-Vorlagen lassen sich aber genau wie die T4-Vorlagen bei Visual Studio auf eigene Bedürfnisse anpassen. Interessant ist, dass jede dieser Vorlagen noch zahlreiche Optionen besitzt, die man im Rahmen des Assistenten auswählen kann. Die Optionen lassen sich später aber auch noch verändern. Als Beispiel für eine Option sei hier „*Use Db Context*" in der Vorlage „*Repository And Unit of Work*" genannt. Wenn diese Option nicht auf „*True*" gestellt wird, erzeugt die Vorlage immer Programmcode für die ältere Kontextbasisklasse *ObjectContext*. In der Vorlage „*DbContext*" kann man beispielsweise steuern, ob Kontextklasse und Entitätsklasse in verschiedene Dateien oder sogar in verschiedene Dateisystemordner generiert werden sollen. Ebenso kann man hier steuern, ob die erzeugten Entitätsklasse *INotifyPropertyChanged*, *INotifyPropertyChanging* und *IClonable* sowie WCF Data Contract-Attributierung implementieren´.

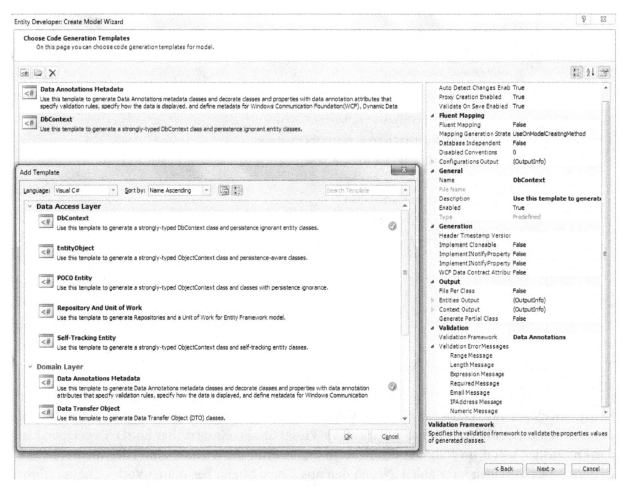

Auswahl der Code-Generierungs-Vorlagen

```csharp
1   using System;
2   using System.Linq;
3   using System.Collections.Generic;
4   using System.Data.Objects;
5
6   namespace WWWings6Model
7   {
8       public partial class FlughafenRepository :
9           EntityFrameworkRepository<Flughafen>, IFlughafenRepository
10      {
```

```
11          public FlughafenRepository(WWWings6Entities context) : base(context)
12          {
13          }
14
15          public virtual ICollection<Flughafen> GetAll()
16          {
17              return objectSet.ToList();
18          }
19
20          public virtual Flughafen GetByKey(string _Name)
21          {
22              return objectSet.SingleOrDefault(e => e.Name == _Name);
23          }
24
25          public new WWWings6Entities Context
26          {
27              get
28              {
29                  return (WWWings6Entities)base.Context;
30              }
31          }
32      }
33  }
```

Code-Generierung "Repository and Unit of Work" für eine Entität Flug

```
1  using System;
2  using System.Collections.Generic;
3  using System.Data.Objects;
4  using System.Data.Entity;
5
6  namespace WWWings64Model
7  {
8      public partial class EntityFrameworkRepository<T> :
9          IRepository<T> where T : class
10     {
11         private DbContext context;
12         protected DbSet<T> objectSet;
13
14         public EntityFrameworkRepository(DbContext context)
15         {
16
```

```
17        if (context == null)
18        {
19            throw new ArgumentNullException("context");
20        }
21
22        this.context = context;
23        this.objectSet = context.Set<T>();
24    }
25
26    public virtual void Add(T entity)
27    {
28
29        if (entity == null)
30        {
31            throw new ArgumentNullException("entity");
32        }
33        objectSet.Add(entity);
34    }
35
36    public virtual void Remove(T entity)
37    {
38
39        if (entity == null)
40        {
41            throw new ArgumentNullException("entity");
42        }
43
44        objectSet.Remove(entity);
45    }
46
47    public DbContext Context
48    {
49        get
50        {
51            return context;
52        }
53    }
54    }
55 }
```

Die in Listing 1 verwendete Basisklasse EntityFrameworkRepository

Diagrammfenster

Nach Abschluss der vielen Assistentenschritte sieht der Entwickler das Diagrammfenster (vgl. Abbildung), das ebenfalls einige Schmankerl bereithält. So kann der Entwickler weitere Tabellen, Sichten, Prozeduren und Funktionen direkt per Drag & Drop aus dem Database Explorer (in der Abbildung ganz rechts) in das Model aufnehmen statt wie bei Visual Studio dafür immer wieder den Assistenten aufrufen zu müssen. Entity Developer kann genau wie Visual Studio mehrere Diagramme pro Modell mit sich überschneidenden Entitäten verwalten. Zoomen ist in der Diagrammfläche möglich. Zusätzlich bietet Entity Developer eine praktische Miniatur-Gesamtübersicht über das Modell (in der Abbildung rechts unten). Die Reihenfolge der Properties in einer Entität kann man per Drag&Drop verändert. In Visual Studio geht die Reihenfolgeänderung kurioserweise nur ganz umständlich per Kontextmenü oder zugehörigem Tastatur-Shortcut. Auch zwischen verschiedenen Entitäten ist Drag&Drop von Properties möglich, was bei der Bearbeitung von Table Splittings oder Vererbungsszenarien sinnvoll ist. Anders als bei Visual Studio lassen sich bei Entity Developer Kommentartexte auf der Diagrammfläche ablegen.

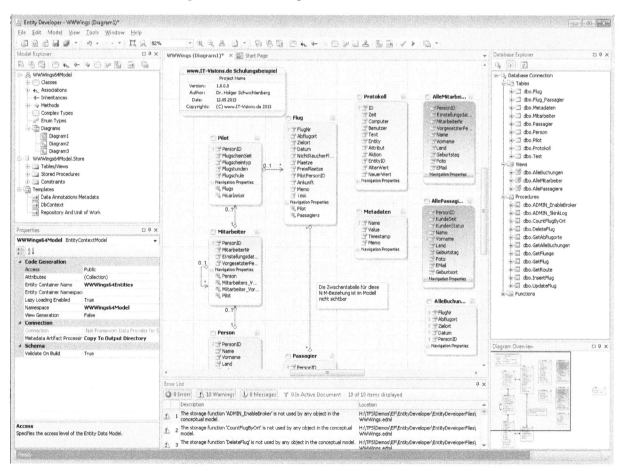

Diagrammoberfläche im Entity Developer

Der „Model Explorer" auf der linken Seite in der Abbildung ist einer erweiterte Fassung des „Model Browsers" aus Visual Studio. In dem Eigenschaftsfenster kann man zusätzliche Eigenschaften festlegen, z.B. für die Data Annotations das Display Format, den Display Name und einen UI Hint sowie Validierungsbedingungen (siehe folgende Abbildung). Interessant ist auch, dass der Entwickler das Propertygrid um beliebige Einstellungen erweitern kann. Diese Einstellungen können dann bei der Codegenerierung in Betracht gezogen werden. Zusätzliche Einstellungen definiert man im Menü *Model/Settings/Model* im dort angezeigten Baum unter „ *Model/Extended Properties*" . Die Entitäten lassen sich auf der Diagrammfläche einfärben. Die Einfärbung gilt dann für alle Diagramme, in denen die Entität vorkommt. Der Model Explorer zeigt auch die angewendeten Codegenerierungsvorlagen an und erlaubt, diese zu verändern, nachdem man sie mit *Copy to Model Folder* kopiert hat. Für die Bearbeitung der Vorlagen liefert Devart direkt einen Editor mit Syntaxhervorhebung und IntelliSense-Eingabeunterstützung mit; auch das hebt Entity Developer von Visual Studio ab, wo es immer noch keinen mitgelieferten T4-Editor gibt.

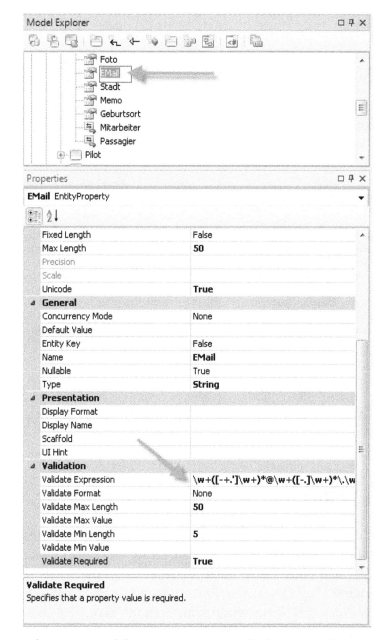

Festlegung von Validierungsannotationen direkt im Model Explorer

Sehr hilfreich ist auch die Datenvorschau („Retrieve Data") inklusive Navigation zu verbundenen Datensätzen und hierarchischem Aufklappen. Die Datenvorschau kann direkt aus dem Diagramm heraus im Kontextmenü einer jeden Entität oder aus einer Tabelle bzw. Sicht im Database Explorer aufgerufen werden.

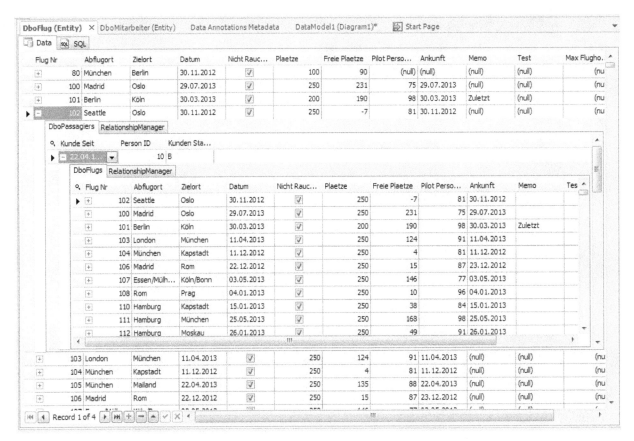

Datenvorschau

Die Stunde der Wahrheit

Irgendwann hat man dann sein Modell im Entity Developer fertig konfiguriert und möchte es in Visual Studio nutzen. Im Dateisystem hinterlässt der Entity Developer zunächst nur eine .EDML-Datei, eine .EDPS-Datei und eine .VIEW-Datei für jedes Diagramm. Man findet dort weder die aus Visual Studio bekannte .EDMX-Datei noch irgendwelchen generierten Programmcode. Wenn man sich die Innereien der .EDML-Datei ansieht, erkannt man, das diese Datei der .EDMX-Datei von Visual Studio entspricht. Die .EDPS-Datei enthält zusätzliche Einstellungen von Entity Developer. Zu Programmcodedateien in C# oder Visual Basic .NET kommt man mit der Funktion *Model/Generate Code* bzw. dem grünen Pfeil in der Menüleiste. Hier entstehen im Standard auch eigenständige Dateien für SSDL, MSL und CSDL. Die generierten Dateien (.cs/vb sowie .ssdl, .msl und .csdl) kann man nun in ein Visual Studio-Projekt aufnehmen – wahlweise, indem man das Generierungsziel der Entity Developer-Vorlagen in den Pfad des Visual Studio-Projekts legt, oder aber, indem man sich aus dem Visual Studio-Projekt heraus mit an einem anderen Ort befindlichen Dateien verlinkt. Das Diagramm kann man aber nicht in Visual Studio betrachten, denn Visual Studio kann weder mit der *.EDML*-Datei noch den *.VIEW*-Dateien etwas anfangen. Wenn man nicht zusätzlich zu Visual Studio mit einem getrennten Entity Developer-Fenster arbeiten möchte, sondern alles unter dem Dach von Visual Studio sehen möchte, gibt es grundsätzlich die Möglichkeit, den Entity Developer auch in Visual Studio zu „hosten". Man legt dann in einem beliebigen Visual Studio-Projekt ein neues Element vom Typ *Devart Entity Model, Devart LINQ to SQL Model, Devart LinqConnect Model* oder *Devart nHibernate Model* an. Der Autor dieses Beitrags muss jedoch immer wieder feststellen, dass diese Funktion nicht in allen Visual Studio-Installationen funktioniert. Auf einigen Systemen passiert nach Auswahl einer der o.g. Elementvorlagen einfach absolut gar nichts. Weitere Highlights in Entity Developer sind die eingebauten Assistenten für Vererbung und Tabellenauftrennung (Table Splitting). Entity Developer unterstützt neben den Vererbungs-Mappingarten Table-per-Hierarchy (TPH) und Table-per-Type (TPT) auch die Spielart Table-per-concrete type (TPC), die man in Visual Studio nicht designen kann. Auch die Erfassung von ESQL-Abfragen als Basis für Entitäten (Query Views) ist möglich. Das geht in Visual Studio nur durch manuelle Bearbeitung der EDMX-Datei auf XML-Ebene. Auch Stored Procedures mit mehreren verschiedenen Ergebnissen kann man ohne die in Visual Studio dafür notwendige XML-Bearbeitung nutzen. An vielen Stellen hat Devart mitgedacht, um die Produktivität des Benutzers zu steigern: So kann man beim Mapping von Stored Procedures diejenigen Stored Procedures ausblenden, die bereits gemappt sind, um dann schneller die übrigen zu finden. Mit „Select Storage" kann man von einer Entität im Diagramm schnell zum zugehörigen Storage-Eintrag im Model Explorer springen. Ebenfalls kann man in den Model Settings schon die „View Generation" automatisch aktivieren. Dafür muss man in Visual Studio die Entity Framework Power Tools installieren und nach Änderungen am Modell immer wieder die Funktion auslösen.